Theorien der Fotografie zur Einführung

Peter Geimer

Theorien der Fotografie zur Einführung

JUNIUS

Junius Verlag GmbH
Stresemannstraße 375
22761 Hamburg
www.junius-verlag.de

Umschlaggestaltung: Florian Zietz
Titelbild: Andreas Feininger

Satz: Junius Verlag GmbH
Printed in the EU 2021
ISBN 978-3-88506-666-8
6., unveränderte Auflage 2021

Bibliografische Information der Deutschen Nationalbibliothek
Die Deutsche Nationalbibliothek verzeichnet diese Publikation in der Deutschen Nationalbibliografie; detaillierte bibliografische Daten sind im Internet über http://dnb.dnb.de abrufbar

Zur Einführung ...

... hat diese Taschenbuchreihe seit ihrer Gründung 1978 gedient. Zunächst als sozialistische Initiative gestartet, die philosophisches Wissen allgemein zugänglich machen und so den Marsch durch die Institutionen theoretisch ausrüsten sollte, wurden die Bände in den achtziger Jahren zu einem verlässlichen Leitfaden durch das Labyrinth der neuen Unübersichtlichkeit. Mit der Kombination von Wissensvermittlung und kritischer Analyse haben die Junius-Bände stilbildend gewirkt.

Von Zeit zu Zeit müssen im ausufernden Gebiet der Wissenschaften neue Wegweiser aufgestellt werden. Teile der Geisteswissenschaften haben sich als Kulturwissenschaften reformiert und neue Fächer und Schwerpunkte wie Medienwissenschaften, Wissenschaftsgeschichte oder Bildwissenschaften hervorgebracht; auch im Verhältnis zu den Naturwissenschaften sind die traditionellen Kernfächer der Geistes- und Sozialwissenschaften neuen Herausforderungen ausgesetzt. Diese Veränderungen sind nicht bloß Rochaden auf dem Schachbrett der akademischen Disziplinen. Sie tragen vielmehr grundlegenden Transformationen in der Genealogie, Anordnung und Geltung des Wissens Rechnung. Angesichts dieser Prozesse besteht die Aufgabe der Einführungsreihe darin, regelmäßig, kompetent und anschaulich Inventur zu halten.

Zur Einführung ist für Leute geschrieben, denen daran gelegen ist, sich über bekannte und manchmal weniger bekannte Autor(inn)en und Themen zu orientieren. Sie wollen klassische

Fragen in neuem Licht und neue Forschungsfelder in gültiger Form dargestellt sehen.

Zur Einführung ist von Leuten geschrieben, die nicht nur einen souveränen Überblick geben, sondern ihren eigenen Standpunkt markieren. Vermittlung heißt nicht Verwässerung, Repräsentativität nicht Vollständigkeit. Die Autorinnen und Autoren der Reihe haben eine eigene Perspektive auf ihren Gegenstand, und ihre Handschrift ist in den einzelnen Bänden deutlich erkennbar.

Zur Einführung ist in verstärktem Maß ein Ort für Themen, die unter dem weiten Mantel der Kulturwissenschaften Platz haben und exemplarisch zeigen, was das Denken heute jenseits der Naturwissenschaften zu leisten vermag.

Zur Einführung bleibt seinem ursprünglichen Konzept treu, indem es die Zirkulation von Ideen, Erkenntnissen und Wissen befördert.

Michael Hagner
Dieter Thomä
Cornelia Vismann

Inhalt

Einleitung

»Nicht der Schrift-, sondern der Fotografie-Unkundige wird der Analphabet der Zukunft sein«, bemerkt der ungarische Fotograf László Moholy-Nagy.[1] Aber welche Kompetenz, welches Wissen vermittelt die Kenntnis der Fotografie? Die Reflexion dieser Frage setzt mit der Erfindung der Fotografie im frühen 19. Jahrhundert ein, sie betrifft ihren Status als mechanischen Abdruck oder Kunst und reicht bis in die Debatten über das digitale Bild hinein. Aber sind alle diese Überlegungen bereits von sich aus theoretischer Natur? Was ist überhaupt eine Theorie? Setzt sie notwendigerweise eine systematische Ausarbeitung, ein Set abstrakter Definitionen und ein in sich geschlossenes Regelwerk von Begriffen voraus? Versteht man ›Theorie‹ in diesem strikten Sinne, wäre wohl kaum eine sachgerechte ›Theorie der Fotografie‹ zu nennen. »Überaus rudimentär«, schreibt Walter Benjamin in seiner *Kleinen Geschichte der Photographie*, seien »die Versuche, der Sache theoretisch Herr zu werden« (KGP: 369), und der amerikanische Künstler und Kritiker Victor Burgin äußert noch gegen Ende des 20. Jahrhunderts die Ansicht, eine Theorie der Fotografie existiere noch gar nicht.[2] Beide Einschätzungen sind zweifelhaft, und beide Autoren dementieren ihre Diagnose durch ihre eigenen fototheoretischen Schriften im Grunde selbst. Trotzdem ist der theoretische Status der Fotografie ungewiss. Das hat vor allem mit den beiden verschiedenen, aber nur mühsam voneinander zu trennenden Bedeutungen ihres Gegenstandsbereichs zu tun. ›Fotografie‹ kann das *allgemeine* Phänomen bezeichnen, *die* Fotografie als solche, das Abstraktum unabhängig von seiner konkreten Realisierung in zahllosen, einzelnen Bildern – dasjenige also, was Rosalind Krauss »das Fotografische« genannt hat. ›Fotografie‹ meint aber auch: *eine* Fotografie, eine bestimmte Aufnahme, deren singuläre Bedeutung nicht mit »dem Fotografischen« als Kollektivsingular zur Deckung kommen muss. Die verschiedenen Theorien der Fotografie stehen also vor der Herausforderung, dass sie von *Fotografien* ausgehen müssen, andererseits aber die *Fotografie* in den Blick nehmen wollen.

Was folgt aus diesem Zirkel für die Möglichkeiten der Theoriebildung? Wie können wir, so fragt Siegfried Kracauer, »das ›Wesen‹ des fotografischen Mediums erfassen?« Kracauers strikte Antwort lautet: »Eine phänomenologische Beschreibung, die sich auf intuitive Einsicht gründet, dürfte kaum zum Kern des Gegenstandes hinführen.« (TF: 27) Kracauer erlegt sich (und uns) hier eine begriffliche Strenge auf, an die er selbst sich zum Glück nicht gehalten hat. Wenn schon jede »phänomenologische Beschreibung« am »Kern« der Sache vorbeigeht, wie sollte dann erst jene »ungenaue, nachlässige, sogar zynische Phänomenologie« (HK: 29), die Roland Barthes zur Grundlage seiner Fototheorie gemacht hat, den Reinheitstest bestehen? Barthes beschreibt seine Abhandlung als einen Versuch, »die ganze PHOTOGRAPHIE (ihre ›Natur‹) aus dem einzigen Foto ›hervorzuholen‹, das für mich mit Bestimmtheit existierte« – dem Bild eines unbekannten Fotografen, das seine Mutter als Fünfjährige in einem Wintergarten zeigt. Diese Fotografie wird – gemeinsam mit anderen Bildern – für Barthes zum »Leitfaden« seiner Untersuchung (HK: 83). Wollte man mit Kracauers methodischer Strenge Ernst machen, würde Barthes' grundlegender Beitrag zweifellos aus der Fototheorie herausfallen. Anhänger eines strikten Theoriebegriffs seien deshalb bereits an dieser Stelle gewarnt. Die folgende Darstellung ist kein Versuch, *die Fotografie* so unabhängig wie möglich von *Fotografien* darzustellen. Theoretische Reflexion beginnt nicht erst dort, wo die Phänomene eingetrocknet werden, um den Bodensatz der Begriffe zu sortieren. Sie ist auch nicht ›rein‹, allgemein oder notwendigerweise unanschaulich. Sie kann Charles Sanders Peirces zeichentheoretische Definition des fotografischen Index umfassen, aber ebenso Susan Sontags Vergleich von Fotografie und Reliquie oder die Bemerkung des kanadischen Künstlers Jeff Wall, seine Fotografien seien »beinahe dokumentarisch«. Das Nachdenken über Eigenarten der Fotografie muss auch nicht zwangsläufig in systematischen Abhandlungen erfolgen, sondern kann eher beiläufig in Essays, Tagebuchnotizen oder Briefen seinen Ausdruck finden. In diesem Sinne liegt diesem Buch eine eher lockere Auslegung des Projekts »Theorien der Fotografie« zugrunde.

Andererseits ist der vorliegende Band aber auch keine weitere *Geschichte* der Fotografie. Die historische Dimension der Fotografie, ihre Entstehung, ihre wechselnden Anwendungen und Funktionen kommen deshalb nur am Rande vor. Zwar haben auch Theorien ihre Zeit. Baudelaires Verdammung der Fotografie beispielsweise lässt sich kaum von der historischen Situation abtrennen, in der sie 1859 formuliert wurde. Trotzdem macht Baudelaire Aussagen, die nicht in der Beschreibung dieser Situation aufgehen und deshalb aus einer rein historischen Perspektive auch nicht angemessen darzustellen sind. Der amerikanische Kunsthistoriker Douglas Crimp hat zweifellos recht, wenn er daran erinnert, dass alle Versuche, die Fotografie ›an sich‹ zu bestimmen, auf historischen und institutionellen Bedingungen beruhen. Daraus aber mit Crimp zu folgern, dass es eine Spezifik dieses Mediums und seiner Produkte gar nicht gibt, ist äußerst fragwürdig. »Die Fotografie«, so hat Wolfgang Kemp diese Engführung kritisiert, »ist ein Text, ein Diskurs, ein Paradigma, ein Dispositiv, eine Konstruktion geworden. Und wenn es jede Fotografie tut, dann geht es auch ohne.« (FE: 147) Tatsächlich reduziert sich ›die Fotografie‹ in der Perspektive Crimps auf eine quantitative Ansammlung fotografisch hergestellter Bilder ohne Eigenschaften, die erst durch ihre ideologische oder diskursive Aufladung überhaupt zu *etwas* werden. Jenseits ihrer wechselvollen Zuschreibungen wäre die Fotografie buchstäblich *nichts*, und es versteht sich von selbst, dass ein Buch über »Theorien der Fotografie« sich diese Auffassung nicht zu eigen machen will. Man kann auch ohne den Glauben an ein überzeitliches Wesen der Fotografie an der Möglichkeit einer Beschreibung ihrer spezifischen Eigenschaften festhalten – etwa der Differenz, die sie (nicht nur historisch) von anderen Künsten und Medien trennt. Die vorliegende Einführung unternimmt diesen Versuch in fünf Kapiteln, die jeweils einer Dimension der Fotografie gewidmet sind – ihrer Bestimmung als Abdruck und Spur, ihrer komplementären Deutung als codierte Botschaft und Konstrukt, ihrer Zeitlichkeit, ihrer Reproduzierbarkeit und ihrer Definition als Kunst. Mit dieser systematischen Anordnung ist auch eine weitere Entscheidung verbunden: Die einzelnen Theorien oder Theoriefragmente sind weder chronologisch noch nach Autoren oder Texten sortiert, sondern entsprechend den inhaltlichen Blöcken. So kann es vorkommen, dass ein Text mehrfach und an verschiedenen Stellen auftaucht. Die Kapitelüberschriften sowie das Personenregister am Ende des Bandes erlauben aber auch eine selektive und stärker an den einzelnen Autorinnen und Autoren ausgerichtete Lektüre.

Es versteht sich von selbst, dass die hier getroffene Auswahl an Positionen zur Fotografie weder neutral noch vollständig sein kann. Sie will es aber auch gar nicht, sondern macht von der Freiheit Gebrauch, das Thema aus der spezifischen Perspektive des Verfassers darzustellen. Für diese Freiheit sei dem Verleger und den Herausgebern ausdrücklich gedankt.

1. Bilder durch Berührung: Fotografie als Abdruck, Spur und Index

1.1 Magie des Abdrucks: William Henry Fox Talbot und die ersten Bestimmungen der Fotografie

In seinen Erinnerungen berichtet der französische Fotograf Gaspard Félix Tournachon (genannt Nadar) von einem eigentümlichen Aberglauben Honoré de Balzacs. Nach Balzac sei jedes Lebewesen aus unendlich vielen Spektren zusammengesetzt, winzig kleinen Schuppen oder Blättchen, die schichtenförmig übereinander liegen und den gesamten Körper einhüllen. »Daraus folgte, daß jeder Körper bei jeder photographischen Aufnahme eine seiner Spektralschichten, das heißt einen Teil seines elementaren Wesens einbüßte.«[3] Wenn jede Porträtfotografie ein materielles Abbild des Porträtierten fixierte, dann musste, so folgerte Balzac, dieses Abbild von irgendwoher dorthin gelangt sein und am Ort seines Ursprungs jetzt also *fehlen.* Die Galerie fotografischer Porträts wurde auf diese Weise immer ansehnlicher und größer, während die Abgebildeten selbst von Aufnahme zu Aufnahme an Lebendigkeit verloren. Ganz gleich, ob diese Vorstellung tatsächlich einem Aberglauben Balzacs oder aber der Fantasie des Porträtfotografen Nadar entstammt – sie umkreist ein Motiv, das für die späteren Theoretiker der fotografischen Spur, des Abdrucks und des Index von entscheidender Bedeutung war: Das fotografische Bild beruht auf einem Vorgang der Übertragung, zwischen Bild und Abgebildetem der Fotografie existiert eine physische Verbindung. Was auf der einen Seite dieses materiellen Kontinuums geschieht, muss deshalb auch auf der anderen Seite Wirkungen entfalten. Während die meisten der in diesem Kapitel behandelten Autoren vor allem auf das *Ergebnis* dieser Übertragung – das resultierende Bild – blicken, fragt Balzac, was an ihrem *Ursprungsort* geschieht. Ihn interessiert weniger, was die Aufnahme dem Bildträger *hinzufügt*, sondern vielmehr, was sie dem Körper des Porträtierten *nimmt*. Dementsprechend schildert Balzac das neue Verfahren auch nicht als Gewinn auf der Seite der Bilder, sondern als Verlust auf der Seite der Abgebildeten.

Einen ähnlichen Gedanken wie Balzac äußert 1839 auch der französische Kunstkritiker Jules Janin – diesmal aber nicht in kritischer Absicht, sondern mit Bewunderung: »Es gibt in der Bibel die schöne Stelle: ›Gott sprach: Es werde Licht, und es ward Licht.‹ Jetzt kann man den Türmen von Notre-Dame befehlen: ›Werdet Bild!‹, und die Türme gehorchen. So wie sie Daguerre gehorcht haben, der sie eines schönen Tages zur Gänze mit sich fortgetragen hat.«[4] Auch Janin beschreibt die Fotografie als ein Verfahren, das von den abgelichteten Dingen Besitz ergreift, sie verwandelt und »mit sich fortträgt«. Die fotografierten Objekte wechseln ihre Gestalt und nehmen eine neue Existenz als Bilder an. Insofern ist der Akt ihrer Bildwerdung bei Janin »nicht als Wiedervergegenwärtigung, als Re-Präsentation zu lesen«[5]. Vielmehr gehen die Dinge unvermittelt in ihre eigene Abbildung über. Zwischen Bild und Objekt herrscht eine materielle Kontinuität, ja sogar Identität: Eine Fotografie *ist*, was sie *zeigt* – ohne Übertragungsverlust oder ästhetischen Eigenwert. In übersteigerter Form findet dieser Gedanke zwei Jahrzehnte später seinen Ausdruck in der triumphierenden Forderung des englischen Arztes und Fotografen Oliver Wendell Holmes, die Welt der Objekte nach ihrer erfolgreichen Ablichtung vollständig zu vergessen: »Man gebe uns ein paar Negative eines sehenswerten Gegenstandes, aus verschiedenen Perspektiven aufgenommen – mehr brauchen wir nicht. Man reiße dann das Objekt ab oder zünde es an, wenn man will.« Jeder denkbare Gegenstand werde »in Bälde seine Oberfläche für uns abschälen« (ST: 120 u. 119). Die fotografische »Abschälung« der Dinge – für Balzac Anlass einer beunruhigenden Fantasie – wird von Holmes als eine effiziente Praxis der Aneignung beschrieben. Nach der fotografischen Ausbeute ihrer Essenz bleiben die Dinge als Ruinen zurück und können getrost vernichtet werden. Trotz ihrer gegensätzlichen Bewertung dieses Vorgangs teilen Balzac, Janin und Holmes doch die Überzeugung, das fotografische Bild sei keine konventionelle Form der bildlichen Repräsentation, sondern ein Verfahren, das in die materielle Präsenz der Dinge selbst eingreift und diese verwandelt.

Solche Überlegungen sind typisch für die Frühzeit eines Mediums, in der seine Eigenschaften noch Anlass zu zahlreichen Spekulationen, Hoffnungen, Ängsten und Übertreibungen bieten. Die Anfänge der Fotografie begleitet »eine diskursive Unruhe, die ihren Gegenstand überhaupt erst noch verorten muß«[6]. Wie die zitierten Überlegungen zeigen, hat diese Unruhe vor allem mit den neuen Herstellungsbedingungen fotografischer Bilder zu tun, deren automatisches Erscheinen als rätselhaft empfunden wurde. Zwischen dem Motiv und seiner Wiederkehr im Bild klaffte eine Leerstelle, die im Fall der vertrauten Künste weitaus weniger erklärungsbedürftig zu sein schien. Wo im Akt des Malens eine Hand am Werk war, die das Dargestellte Zug um Zug auf eine Fläche brachte, schien die fotografische Übertragung auf eine eigentümliche Weise »von selbst« zu geschehen. So spricht Alexander von Humboldt angesichts der ersten Daguerreotypien von »Gegenständen, die sich selbst in unnachahmlicher Treue mahlen« und vom »Licht, gezwungen durch chemische Kunst, in wenigen Minuten, bleibende Spuren zu lassen«[7]. Das entstehende Bild ist demnach eine physische Spur, und an ihrem Ursprung steht nicht allein eine gestaltende Hand, sondern vor allem natürliches Licht.

Diese Vorstellung von der Selbsttätigkeit der fotografischen Apparatur wurde später häufig und mit unterschiedlichen Argumenten kritisiert. Dass am historischen Beginn eines Mediums nicht zugleich auch eine präzise und ausgewogene Theorie vorlag, versteht sich allerdings von selbst. Gerade in den Zuspitzungen und Überzeichnungen der frühen Kommentare zur Fotografie werden jedoch bereits zentrale Motive der fototheoretischen Diskussion verhandelt – Fragen der Autorschaft, der Entstehung und Ästhetik fotografischer Bilder. Wenn Walter Benjamin den »magischen Wert« der fotografischen Technik benennt (KGP: 370), wenn Susan Sontag davon spricht, »daß der Prozeß des Fotografierens etwas Magisches hat« (BW: 153), wenn Roland Barthes die Fotografie »als *Magie* und nicht als Kunst« verstanden wissen will (HK: 99) und selbst Jean Baudrillard, der Theoretiker der Simulation, an die »objektive Magie des Fotos« erinnert (PV: 258), dann reaktivieren all diese Autoren eine Begrifflichkeit, die bereits William Henry Fox Talbot (1800 – 1877), einer der zahlreichen Erfinder der Fotografie, ein Jahrhundert zuvor angeführt hatte: »Wenn man einer Person, die mit dem Verfahren nicht bekannt ist, sagt, daß nichts von all dem von Hand ausgeführt worden ist, muß sie glauben, daß einem der Geist aus Aladins Wunderlampe dienstbar ist. Und tatsächlich könnte man sagen, daß es etwas derartiges ist. Es ist ein kleines Stück an wahrgewordener Magie – an Naturmagie [...].«[8] Talbots Bestimmung der Fotografie belässt die Umstände ihres Zustandekommens zunächst im Ungewissen. Ein Verfahren, das Bilder erzeugt, aber nicht von Hand gesteuert wird, erscheint auf den ersten Blick als »Magie«

und »Zauber« (APD: 201). Dementsprechend präsentiert Talbot im gleichen Jahr die ersten fotografischen Aufnahmen seines Wohnhauses mit dem Hinweis, dieses Gebäude sei wohl das erste Objekt der Welt, »von dem jemals bekannt wurde, dass es *sein eigenes Bild gezeichnet habe*« (APD: 206). Schon kurze Zeit später wird dem »Zauber« und der »Magie« in den Schriften und Aufzeichnungen Talbots ein Konzept der natürlichen Einschreibung an die Seite gestellt, das er bereits im Titel seiner 1844 – 46 erschienenen Publikation *The Pencil of Nature* andeutet.

Das Buch ist eine der ersten Positionsbestimmungen der Fotografie, eine »see-it-for-yourself-Demonstration«[9], die am Beispiel von 24 Fotografien Eigenart und Funktion des neuen Mediums zu klären versucht. Die fotografischen Abbildungen des Bandes, so erläutert die Einleitung, seien ausnahmslos durch »Einwirkung des Lichts auf empfindlich gemachtes Papier« entstanden. »Sie wurden ausschließlich mit optischen und chemischen Mitteln geformt oder gezeichnet und ohne Unterstützung durch irgend jemanden, der mit der Zeichenkunst vertraut wäre.« (ZN: 45) Das Zustandekommen dieser natürlichen »Selbstdarstellungen« (ZN: 77) hat in Talbots Erläuterungen im *Pencil of Nature* seinen magischen Anschein aber weitgehend eingebüßt und wird jetzt in der Begrifflichkeit des »Abdrucks« beschrieben. Die Bilder seien »mit optischen und chemischen Mitteln« geformt. »Die Hand der Natur hat sie abgedruckt [...].« Eine fotografische Aufnahme zeige ein »Schauspiel von Licht und Schatten«, das »sein Abbild (*image*) oder seinen Abdruck (*impression*) auf dem Papier hinterlassen« hat (ZN: 45 u. 49). Wenige Jahre zuvor verwendete auch der französische Physiker Dominique François Arago den Begriff des »Abdrucks« (*empreinte*), um auf die Eigenschaft des neuen Mediums hinzuweisen, die Lichtstrahlung verschiedener Gestirne zu fixieren.[10] Wie sich noch zeigen wird, betrifft diese Bestimmung der Fotografie keineswegs ein bloß technisches Detail. Mit seinen

Überlegungen zum Abdruck ist Talbot einer der ersten in einer langen Folge von Autoren, die das Wesen der Fotografie nicht – oder nicht ausschließlich – in den formalen oder ästhetischen Eigenschaften der mit ihrer Hilfe hergestellten Bilder suchen, sondern im Prozess dieser Herstellung selbst. Was eine Fotografie zeigt oder bedeutet, ist in dieser Perspektive nicht davon zu trennen, auf welche Weise sie zustande gekommen ist – eben durch eine physische Verbindung zum Dargestellten. Diese Auffassung teilen – trotz aller Differenzen im Einzelnen – so unterschiedliche Autoren und Autorinnen wie Charles Sanders Peirce, Rosalind Krauss, Roland Barthes, Susan Sontag, Philippe Dubois und Georges Didi-Huberman.

1.2 Fotografien als indexikalische Zeichen (Peirce)

»Charles S. Peirce kommt das nicht geringe Verdienst zu, bereits 1893 den theoretischen Status des fotografischen Zeichens analysiert zu haben [...].« (FA: 67) Diese Einschätzung des französischen Fotografietheoretikers Philippe Dubois ist nicht falsch, bedarf aber doch einer Präzisierung. Der Logiker Peirce (1839–1914) ist kein genuiner Theoretiker der Fotografie, vielmehr formuliert er eine allgemeine Zeichentheorie, innerhalb deren Fotografien wiederholt als Beispiele für bestimmte Zeichentypen genannt werden. Daneben werden aber auch zahlreiche andere Phänomene und Objekte aufgrund ihres beispielhaften Zeichencharakters angeführt: Wegweiser, Karten, Klopfen an der Tür, die Sprache der Eskimos, aufsteigender Rauch. Wollte man also Peirce als genuinen Theoretiker der Fotografie verstehen, müsste man ihn konsequenterweise ebenso als Theoretiker der Karte, des Türklopfens, des Wegweisers etc. bezeichnen. Um eine substanzielle Theorie dieser einzelnen Phänomene geht es Peirce jedoch gar nicht – sie dienen ihm lediglich als prägnante Beispiele. Dass seinen Ausführungen hier dennoch ein Platz zusteht, hat damit zu tun, dass die wenigen Passagen zur Fotografie von verschiedenen Autoren als grundlegende Bestimmung des Fotografischen verstanden wurden und so seit den 1970er Jahren kanonischen Charakter erhielten. Aus Peirces Vorgehen, Fotografien als geeignete Beispiele seiner Zeichentheorie anzusehen, wurde von seinen Interpreten im Umkehrschluss gefolgert, dass die peircesche Zeichentheorie einen geeigneten Rahmen zur Bestimmung des Fotografischen abgebe. Die entsprechenden Autoren und Autorinnen – neben Dubois etwa Rosalind Krauss und Mary Ann Doane – beziehen sich dabei auf wenige, einschlägige Stellen innerhalb des peirceschen Œuvres, so dass diese Passagen seither eine Art Eigenleben als miniaturisierte Fototheorie führen. Die folgende Darstellung will deshalb keine umfassende Darstellung der peirceschen Zeichenlehre liefern, sondern jene kanonischen Passagen kommentieren, die für spätere Theorien der Fotografie entscheidend geworden sind.[11]

1893 beginnt Peirce seine Abhandlung *Die Kunst des Räsonierens* mit der grundlegenden Frage »Was ist ein Zeichen?« (KR: 191) Ein Zeichen, so lautet seine Antwort, liegt vor, sobald ein bestimmtes Ding etwas repräsentiert und dem Verstand auf diese Weise eine Idee vermittelt. Die Art und Weise dieser Vermittlung variiert, und dementsprechend unterscheidet Peirce drei Klassen von Zeichen: *Similes*, *Indikatoren* und *Symbole*. Bei den *Similes* (auch *Ikons*) handelt es sich um Zeichen, welche »die Ideen der von ihnen dargestellten Dinge einfach dadurch vermitteln, daß sie sie nachahmen« (KR: 193). Als Beispiele nennt Peirce etwa Entwurfszeichnungen, deren Betrachtung eine Ansicht des zu gestaltenden Objekts vermitteln soll, sowie bestimmte Abbildungsformen der Mathematik. In der Definition der *Similes* taucht dann erstmals auch die Fotografie auf: »§ 4 *Similes*. Photographien, besonders Momentaufnahmen, sind sehr lehrreich, denn wir wissen, daß sie in gewisser Hinsicht den von ihnen dargestellten Gegenständen genau gleichen.« (KR: 193) Peirce begreift das Verhältnis von Fotografie und fotografiertem Objekt also zunächst als ein Verhältnis der Ähnlichkeit, ja sogar der Gleichheit – auch wenn er einschränkend hinzufügt, diese Gleichheit gelte nur »in gewisser Hinsicht«. Der kurze Passus verweist indirekt auf ein weiteres Problem. Warum, fragt Joel Snyder (P: 381) zu Recht, hebt Peirce aus der Vielzahl fotografischer Bilder »besonders Momentaufnahmen« hervor? Es handelt sich hier um mehr als ein fototechnisches Detail, denn je nachdem, wie man diese Frage beantwortet, gibt sie einen entscheidenden Hinweis darauf, was Peirce an dieser Stelle unter »Ähnlichkeit« versteht. Momentaufnahmen zeichnen Vorgänge oder Objekte auf, deren Geschwindigkeiten unterhalb der menschlichen Wahrnehmungsschwelle liegen: im Flug befindliche Projektile, Sekundenbruchteile von Bewegung etc. (vgl. Kapitel 3). Vermutlich nennt Peirce die entsprechenden Aufnahmen vor allem deshalb »lehrreich«, weil sie Ansichten der Objekte zeigen, die mit bloßem Auge nicht zu sehen gewesen wären. Wie die anderen von Peirce genannten *Similes* (Entwurfszeichnungen, mathematische Abbildungen) liefern insofern auch Momentaufnahmen »Ideen der von ihnen dargestellten Dinge«. Im Fall der Momentfotografie sind diese »Ideen« der gewohnten sinnlichen Erscheinung der Dinge allerdings gerade nicht ähnlich: Die Aufnahmen zeigen vertraute Objekte in unvertrauter oder gar unwahrscheinlicher und unvorhersehbarer Gestalt.[12] Eine Momentfotografie hält fest, was am Ort ihrer Aufnahme gerade *nicht* zu sehen gewesen wäre. Die fotografisch erzeugte Ähnlichkeit meint demnach also nicht die Ähnlichkeit zwischen der sinnlichen Wahrnehmung einer Sache und ihrer fotografischen Aufnahme, sondern die Ähnlichkeit zwischen der Aufnahme und dem aufgenommenen Objekt. Fotografien können der gewohnten Erscheinung eines Dings also vollkommen unähnlich sein und gleichwohl ein *Simile* darstellen, insofern sie eben bestimmte »Ideen« dieses Dings vermitteln.

In der Fortsetzung der zitierten Passage trifft Peirce eine weitere Bestimmung der Fotografie, die sie dann jedoch grundsätzlich von anderen *Similes* unterscheidet. Ihre Ähnlichkeit ist nämlich »davon abhängig, daß Photographien unter Bedingungen entstehen, die sie physisch dazu zwingen, Punkt für Punkt dem Original zu entsprechen. In dieser Hinsicht gehören sie also zu der zweiten Zeichenklasse, die Zeichen aufgrund ihrer physischen Verbindung sind.« (KR: 193) Diese zweite Klasse von Zeichen, die *Indikatoren* (oder *Indizes*), sind den von ihnen bedeuteten Objekten nicht notwendigerweise ähnlich, stehen aber in einem direkten Verhältnis zu ihnen. »Ein Wetterhahn *indiziert* die Windrichtung. Die Sonnenuhr und andere Uhren *indizieren* die Tageszeit.« (KR: 198) In beiden Fällen kann von Ähnlichkeit keine Rede sein. Der Wetterhahn ist dem Wind, dessen Richtung er angibt, nicht ähnlich. Der Schatten auf dem Zifferblatt der Sonnenuhr sieht nicht aus wie die Sonne, deren aktuellen Stand er anzeigt. Entscheidend ist hier nicht die mimetische Qualität des Zeichens, sondern der Umstand, dass es in unmittelbarer Kontinuität zu der bezeichneten Sache operiert. Wenn der Wind sich dreht, dreht sich mit ihm auch der Wetterhahn. Wenn die Sonne steigt oder sinkt, wird der Schatten auf der Sonnenuhr ihrer Bewegung zwangsläufig folgen. Das Objekt und sein indexikalisches Zeichen »bilden ein organisches Paar« (KR: 199), die Beziehung des Zeichens zum Objekt ist eine »existenzielle Relation« (EL: 283). »Stärker als jeder andere Zeichentypus«, so kommentiert Mary Ann Doane dieses Verhältnis, »wird der Index von seinem Objekt heimgesucht.« (ECT: 94) Die durch *Similes* hervorgebrachten Ähnlichkeiten hingegen sind für sich genommen nicht informativ. *Similes* vermögen nichts darüber auszusagen, wann und an welchem Ort es die bezeichnete Sache gibt oder gab, ob sie tatsächlich existiert oder nicht möglicherweise ein Produkt der Fantasie darstellt. *Indikatoren* hingegen verweisen aufgrund ihrer physischen Verbindung mit dem Bezeichneten zwangsläufig auf *etwas.* »Alles, was uns erschreckt, ist ein Indikator [...]. So indiziert ein fürchterliches Donnern, daß *etwas* Beachtenswertes geschehen ist, obwohl wir nicht genau wissen, was das für ein Ereignis war.« (KR: 198) *Indikatoren* lassen also keinen Zweifel daran, dass die von ihnen angezeigten Objekte tatsächlich existieren. Sie »halten uns fest mit den Realitäten verbunden« (KR: 201).

Warum Peirce nun auch Fotografien dieser Klasse der indexikalischen Zeichen zurechnet, geht aus der bereits zitierten Stelle hervor. Fotografien, so heißt es dort, entstehen unter Bedingungen, »die sie physisch dazu zwingen, Punkt für Punkt dem Original zu entsprechen«. Ähnlich wie für das Donnern, die Bewegung des Wetterhahns oder das Wandern des Schattens lässt sich auch von ihnen sagen, dass sie notwendigerweise durch *etwas* hervorgerufen sein müssen. In einem Paragraphen seiner *Elements of Logic* hat Peirce die Art dieser Verursachung konkretisiert. Eine Fotografie sei »praktisch ein Bündel von Strahlen, die von einem Objekt projiziert werden« (EL: 184). Es ist also eine physikalische Bestimmung der Fotografie, die ihren indexikalischen Charakter begründet und erklären soll, warum ein fotografisches Bild »Punkt für Punkt dem Original« entspricht. Peirce hat diesen Übertragungsvorgang nicht weiter präzisiert, was einmal mehr darauf hinweist, dass er die Fotografie vor allem als ein Beispiel unter anderen verwendet hat und es ihm nicht um eine spezifische Beschreibung ihrer Eigenschaften ging. In der späteren, auf Peirce aufbauenden Fototheorie – und vor allem in ihrer Kritik – ist diese Unterbestimmung dann freilich zum Gegenstand der Auseinandersetzung geworden. Ist die Übertragung von einem Objekt zum Bild tatsächlich ein so unmittelbarer Vorgang? Und hängt die Bestimmung der Fotografie letztlich nicht wesentlich stärker von sozialen Gebrauchsweisen, von Konventionen oder Codes ab? Von dieser Kritik der indexikalischen Auffassung der Fotografie wird am Ende dieses Kapitels noch die Rede sein.

In seinen semiotischen Schriften gibt Peirce mithin eine zweifache Bestimmung der Fotografie. Fotografien können *Similes* und *Indikatoren*, *Ikons* und *Indizes* sein. Je nach Blickwinkel und Zusammenhang kann ein und dieselbe Fotografie jeweils die eine oder andere Funktion erfüllen: Als *Simile* beschreibt sie ein Verhältnis der Ähnlichkeit (›diese Fotografie sieht ihrem realen Vorbild ähnlich‹), als *Indikator* steht sie in direkter, physischer Beziehung zur bezeichneten Sache (›diese Fotografie verweist auf ein reales Objekt, denn sie wurde von diesem hervorgerufen‹). Für die fototheoretische Diskussion wurde vor allem diese letzte Bestimmung entscheidend. Wie die anderen in diesem Kapitel dargestellten Positionen leitet auch sie die Eigenart fotografischer Bilder aus den materiellen Bedingungen ihrer Herstellung ab. Als Indikator betrachtet, sagt eine Fotografie ja noch nichts über ihre qualitativen Eigenschaften, den Grad ihrer Ähnlichkeit mit dem Abgebildeten oder ihre ästhetische Qualität, sondern verweist einzig darauf, auf welche Weise sie zustande gekommen ist. Nach Dubois liegt in dieser Entkopplung das große Verdienst des peirceschen Begriffsinstrumentariums. Peirce habe den Status des fotografischen Zeichens zur Darstellung gebracht, »wobei er die primitive und blickverstellende Konzeption der Fotografie als Mimesis überwunden und das *epistemologische Hindernis* der Ähnlichkeit zwischen dem Bild und seinem Referenten aus dem Weg geräumt hat. Und dieses Hindernis vermochte er nur deshalb zu beseitigen, weil er nicht nur die Botschaft als solche in betracht gezogen hat, sondern vor allem auch die *Art und Weise*, wie das Zeichen produziert wird.« (FA: 67) Mit dem Konzept des Indexikalischen lässt sich also am unhintergehbaren Weltbezug fotografischer Bilder festhalten, ohne dass zugleich eine realistische Position bezogen werden muss. Dass Fotografien notwendigerweise auf reale Objekte verweisen, besagt noch nichts über die Wirklichkeitstreue der dabei entstandenen Artefakte. »Anders als Ikons«, so hebt auch Mary Ann Doane hervor, »besitzen Indizes keine Ähnlichkeit mit den Objekten, die sie bezeichnen, obwohl sie durch diese Objekte verursacht worden sind. Dieser Umstand macht deutlich, dass der Index frei von Inhalt ist; es handelt sich um ein ausgehöhltes Zeichen.« (ECT: 92)

Die Diversität der Objekte, die Peirce als Kronzeugen des Indexikalischen nennt, markiert jedoch eine Grenze seiner Theorie. Selbst wenn man die Beispiele aus dem Bereich des Akustischen (das Türklopfen, den Donner) beiseite lässt und sich auf die genannten visuellen Indikatoren beschränkt, fällt eine entscheidende Differenz zur Funktionsweise der Fotografie ins Auge. Der Wetterhahn und der Wind, den er indiziert, existieren *zugleich*. Wenn der Wind sich legt, steht der Indikator still; wenn es stürmt, wirbelt er um die eigene Achse. Dasselbe gilt für die Funktionsweise der Sonnenuhr. Der wandernde Schatten auf ihrem Zifferblatt und die wandernde Sonne agieren synchron. Gerade diese Gleichzeitigkeit von Zeichen und Objekt ist im Fall der Fotografie aber nicht gegeben. Zwischen das indexikalische Zeichen und sein Objekt tritt die Zeit. Die Fotografie zeigt, was zum Zeitpunkt der Aufnahme *war*. Zwar mag es sein, dass Zeichen und Objekt im Augenblick der Aufnahme physisch aneinander gebunden waren; aber im Unterschied zum Wetterhahn oder der Sonnenuhr ist die angezeigte Sache im Moment ihrer nachträglichen Betrachtung eine vergangene. Roland Barthes hat in dieser Verschiebung sogar das Wesen der Fotografie gesehen (vgl. Kapitel 3.4). In den wenigen Passagen, die Peirce der Fotografie als Index gewidmet hat, kommt diese zeitliche Dimension jedoch nicht in Betracht. Die Inkongruenz seiner Beispiele ist freilich Peirce nicht vorzuwerfen, da es ihm nicht um deren Besonderheiten ging. Sie wird jedoch zum Problem, wenn man die peirceschen Ausführungen zum Index als genuine Bestimmung des Fotografischen verwenden will.

1.3 Der fotografische Index als Funktionsmodell der Kunst (Krauss)

Die erste Reaktivierung der peirceschen Semiotik innerhalb der Fototheorie unternahm die amerikanische Kunsthistorikerin Rosalind Krauss (geb. 1941). 1976/77 veröffentlichte Krauss zwei Beiträge, die den entscheidenden Begriff bereits im Titel führten: *Anmerkung zum Index: Teil 1* und *Anmerkung zum Index: Teil 2*. Ausgangspunkt beider Texte ist die amerikanische Kunst der 1970er Jahre. Hinter der scheinbaren Diversität und Pluralität ihrer Erscheinungsformen – Videokunst, Performance, Body Art, Konzeptkunst, Fotorealismus etc. – sucht Krauss eine gemeinsame »Logik«, etwas, »für das all diese Ausdrucksweisen mögliche Manifestationen sind« (AI 1: 249). Diese Logik findet sie in der Funktionsweise der Fotografie. Die Fotografie »kommt nicht nur im naheliegenden Fall des Fotorealismus vor, sondern auch in all den Formen, die auf Dokumentation beruhen – in den Earthworks, vor allem wie sie sich in den letzten Jahren entwickelt haben, in der Body Art, der Story Art – und natürlich in der Videokunst« (AI 1: 261-62). Diese Angleichung der Kunst an die Funktionsweise der Fotografie setzt keineswegs voraus, dass die entsprechenden Künstler tatsächlich fotografieren bzw. Fotografien in ihre Arbeit integrieren. Auch wo das nicht der Fall ist – wie beispielsweise bei Skulpturen oder Installationen –, dient die Fotografie den Künstlern als strukturelles Vorbild und »Funktionsmodell« (AI 2: 272). Diese Orientierung am Modell der Fotografie kann bewusst oder unbewusst geschehen, entscheidend ist, dass zahlreiche Künstler »ihr Werk (teilweise, wenn nicht vollständig) der Logik des Index« angleichen (AI 2: 276) – jener Logik also, die Krauss in Anlehnung an Peirce als Kennzeichen der Fotografie beschreibt.

Bereits hier zeigt sich eine Besonderheit der krausschen Anmerkungen zur Fotografie. Der Autorin geht es in erster Linie um eine Positionsbestimmung der zeitgenössischen Kunst. Dieses Unternehmen führt sie dann in einem zweiten Schritt zu einer Theorie der Fotografie, die den peirceschen Begriff des Index ins Zentrum rückt. Eine gewisse Paradoxie ist dabei nicht zu übersehen: Einerseits gibt es für Krauss so etwas wie eine »Logik« der Fotografie, eine spezifische Eigenart oder Funktionsweise, andererseits ist diese »Logik« aber nicht an die Fotografie gebunden, sondern tritt auch in anderen – im technischen Sinne: nichtfotografischen – Darstellungsverfahren in Erscheinung. In diesem Sinne kann Krauss in einer historischen Herleitung der »Indexkunst« deshalb auch Marcel Duchamps Skulptur *Das großes Glas* als eine »Art Fotografie« beschreiben, da Duchamp die Oberfläche des Glases »mit Beispielen des Index« – etwa Spuren von Staub – gestaltet hat (AI 1: 257). Krauss stellt also die Fotografie als »Funktionsmodell« und Inbegriff der Indexikalität vor, ist aber bereit, dieselbe indexikalische Funktion auch Verfahren zuzugestehen, die unter ganz anderen materiellen Bedingungen entstanden sind als Fotografien.[13] Es ist dann aber nicht einsehbar, warum unter all den diversen Erscheinungsformen des Index ausgerechnet die Fotografie das Leitmodell abgeben soll – und nicht beispielsweise die Fußspur oder der Abdruck im Sand. In ihrer Einleitung zu der 1990 erschienenen Aufsatzsammlung *Das Photographische. Eine Theorie der Abstände* hat Krauss offenbar auf diese methodische Unentschiedenheit reagiert. »Das Photographische«, wie sie den Gegenstand ihrer Betrachtung jetzt nennt, meine nicht »die Photographie als Forschungsgegenstand«, sondern postuliere »ein theoretisches Objekt« (PHE: 14). Statt einen empirisch fassbaren Gegenstand zu umschreiben, figuriert »das Photographische« als »theoretische Folie«, von der ausgehend die Autorin den indexikalischen Charakter der zeitgenössischen Kunst ins Auge fasst. Ihr geht es also nicht darum, über die Fotografie als solche zu schreiben, sondern über »die indexikalischen Gegebenheiten [...], die sie innerhalb des vormals geschlossenen Lagers der Kunstwelt errichtet hatte: nicht über Photographie zu schreiben, sondern über das Wesen des Indexes« (PHE: 16). Das paradoxe Vorgehen, die Fotografie einerseits als theoretisches Leitbild zu nehmen, sie andererseits als Beispiel des Indexikalischen unter anderen anzuführen, ist damit noch einmal benannt, aber nicht wirklich aufgelöst. Dass die Fotografie zugleich im Zentrum und an der Peripherie ihrer Arbeiten erscheint, räumt die Autorin schließlich selbst ein. Ihre Überlegungen kämen »nur seitlich zur ›Photographie selbst‹«; sobald man die Fotografie zum Zentrum erkläre, um von ihr aus das Feld zu beschreiben, »wird sie selbst, so kann man sagen, zum blinden Fleck« (PHE: 16, 14). Der französische Kunsthistoriker Hubert Damisch unterstreicht diese indirekte Annäherung der Autorin, wenn er in einem Vorwort zu ihren Aufsätzen hervorhebt, die Arbeit von Krauss sei »›*ausgehend* von der‹, nicht ›*über* die Photographie‹«[14].

Die Frage, ob Krauss mit ihren Überlegungen der Kunst der 1970er Jahre gerecht wird oder nicht, muss hier nicht weiter interessieren. Entscheidender ist an dieser Stelle der Umstand, dass im Rahmen ihrer Thesen zur Kunst die peircesche Beschreibung der Fotografie als Index erstmals wieder auftaucht und nun – über Peirce hinausgehend – zur Wesensbestimmung »des Fotografischen« wird. Die Tatsache, dass die deutsche Übersetzung dieser Schriften in einer Reihe zur »Geschichte und Theorie der

Fotografie« erschienen ist, zeigt hinreichend, wie sehr sie als genuiner Beitrag zur Fotografie wahrgenommen werden. Auch wenn Krauss das »theoretische Objekt« Fotografie nur als Nebenschauplatz ihrer Thesen zur Kunst verstanden wissen will, so haben ihre Schriften doch maßgeblich dazu beigetragen, die peircesche Theorie des Index als Wesensbestimmung der Fotografie – und damit »jeder Fotografie« – zu etablieren:

»Jede Fotografie ist das Ergebnis eines physikalischen Abdrucks, der durch Lichtreflexion auf eine lichtempfindliche Oberfläche übertragen wird. Die Fotografie ist also eine Form des Ikons, d.h. einer visuellen Ähnlichkeit, die eine indexikalische Beziehung zu ihrem Gegenstand hat.[15] Ihr Unterschied zum echten Ikon wird in der Absolutheit dieser physikalischen Genese erfahrbar; sie scheint die Prozesse der Schematisierung oder symbolischen Intervention, welche in den grafischen Darstellungen der meisten Gemälde wirksam sind, kurz- oder auszuschließen. Wenn in die Malerei durch das menschliche Bewußtsein, das hinter den Formen der Darstellung am Werk ist und eine Verbindung zwischen den Gegenständen und ihrer Bedeutung schafft, das Symbolische eindringen kann, so kann es das in der Fotografie nicht. Ihr Vermögen besteht darin, daß sie ein Index ist [...].« (AI 1: 257)

Im Anschluss an Peirce definiert Krauss die Fotografie also zunächst physikalisch: als Übertragung von Licht auf eine lichtempfindliche Fläche. Während Peirce diese Übertragung allerdings als eine *Projektion* beschreibt, erscheint sie bei Krauss als eine *Reflexion.* Peirce geht also von der Quelle der Übertragung aus, dem Objekt, das Strahlen aussendet, Krauss von der Fläche, die diese Strahlen aufnimmt. Dieses Detail mag pedantisch oder unerheblich erscheinen, im weiteren Verlauf wird sich jedoch zeigen, dass die Kritiker der Indextheorie des Fotografischen unter anderem auf die Unbestimmtheit verwiesen haben, mit der diese Theorie den für sie doch so zentralen Vorgang der Einschreibung abhandelt.

Auch Krauss folgt also der alten Deutungstradition, die den Status der Fotografie nicht aus bestimmten Eigenschaften fotografischer Bilder herleitet, sondern aus dem Prozess ihres materiellen Zustandekommens. Dementsprechend versteht die Autorin die Genese von Gemälden als Differenzmodell zur Fotografie: Während in den symbolisch gemünzten Darstellungen der Malerei »das menschliche Bewußtsein« unübersehbar hervorschaut, bleibt dieses aus dem genuin physikalischen Aufzeichnungsverfahren der Fotografie ausgeschlossen. Auch in ihren späteren Ausführungen zum »Fotografischen« erinnert Krauss an den Sachverhalt,

> »daß Photographien in einer anderen prozeduralen Beziehung zu ihren Referenten stehen als Gemälde, Zeichnungen oder andere Repräsentationsformen. Während nämlich Gemälde aus dem Gedächtnis oder aus den Weiten der Einbildungskraft gefertigt werden können, kann eine Photographie als eine photochemisch hervorgebrachte Spur nur durch eine anfänglich körperliche Verbindung mit dem Referenten zustande kommen. Entlang dieser Achse findet der Prozeß der Referenz statt, auf den sich Charles Sanders Peirce bezieht, wenn er sich der Photographie als einem weiteren Element in jener Kategorie von Zeichen zuwendet, die er indexikalisch nennt.« (MD: 79)

Hier sind die entscheidenden Begriffe noch einmal idealtypisch einander gegenübergestellt: auf der einen Seite Gedächtnis und Einbildungskraft als humane Ressourcen der Malerei; auf der anderen Seite ein »technischer Sachverhalt« – eine fotochemische Spur als körperliche Verbindung und indexikalisches Zeichen.

Krauss hat der Theorie des fotografischen Index aber noch eine weitere, entscheidende These hinzugefügt. Ihre Quelle ist dabei nicht länger Peirce, sondern Roland Barthes, der in seinem Aufsatz *Rhetorik des Bildes* (1964) das Konzept einer fotografischen »Botschaft ohne Code« entwickelt. Demnach stellt das fotografische Bild eine Botschaft dar, die im Augenblick ihrer materiellen Hervorbringung aber noch keiner kulturellen Codierung unterliegt und deshalb zunächst nichts Bestimmtes bedeutet (vgl. Kapitel 2.3). Krauss verbindet also eine Aussage über die materiellen Herstellungsbedingungen von Fotografien (Peirce) mit einer These, die von der besonderen Bedeutungsstruktur der dabei entstandenen Bilder handelt (Barthes): »Auf der Filmemulsion und später auf dem Abzug drückt sich die Ordnung der natürlichen Welt ab. Diese Eigenschaft der Übertragung oder der Spur verleiht der Fotografie ihren dokumentarischen Status, ihre unbestreitbare Wirklichkeitstreue. Aber zur gleichen Zeit entzieht sich diese Wirklichkeitstreue dem Zugriff jener möglichen inneren Anpassungen, die ein notwendiges Merkmal der Sprache sind. Das Bindegewebe, das die von der Fotografie festgehaltenen Gegenstände zusammenhält, ist eher das der Welt selbst als das eines kulturellen Systems.« (AI 2: 267) Die indexikalisch verbürgte Wirklichkeitstreue der Fotografie entzieht sie dem Zugriff kultureller Codierungen. Als bloßer Abdruck der Welt trifft sie keine bestimmte Aussage und ist für sich genommen bedeutungslos. »Die Fotografie leitet eine Unterbrechung in der Autonomie des Zeichens ein. Eine Bedeutungslosigkeit umgibt sie, die nur durch das Hinzufügen eines Textes aufgefüllt werden kann.« (AI 1: 259) Fotografien werden also erst dadurch deutbar, dass man sie nachträglich und von außen mit Bedeutung auflädt. Krauss umschreibt diesen Zusammenhang mit der paradoxen Formulierung: »Was mit der Struktur des Index eingeführt wird, ist die bedeutungslose Bedeutung.« (AI 1: 260)

Auch dieser Aspekt der krausschen Fototheorie ist letztlich nur vor dem Hintergrund der kunsthistorischen Überlegungen der Autorin zu verstehen. Demnach verfügte die herkömmliche und vor-indexikalische Kunst über eine gestaltete Form, besaß einen bestimmbaren Stil und war insofern als konventionelles Zeichen deutbar. Die dem Funktionsmodell des Fotografischen folgende Indexkunst hingegen betreibt »eine bewußte Ausschaltung von Stilfragen« (AI 1: 262). Sie »impliziert die Reduktion des konventionellen Zeichens auf eine Spur, die dann das Bedürfnis nach einem supplementären Diskurs erzeugt« (AI 2: 266). Die Wirkung des Indexikalischen äußert sich also vor allem im Ausbleiben einer konventionellen Bedeutung, in der Reduktion des Kunstwerks auf die »überwältigende physische Präsenz des ursprünglichen Objekts, fixiert in der Spur des Abdrucks« (AI 1: 262).

Krauss formuliert mithin auch ihre zweite theoretische Bestimmung des Fotografischen – seine konstitutive Bedeutungslosigkeit – im Hinblick auf die Kunst ihrer Zeit. Und auch hier zeigt sich, dass die Fotografie dabei als zentrale, Modell gebende Kategorie, zugleich aber auch als blinder Fleck figuriert: Sie wird zum einen, dem »technischen Sachverhalt« gemäß, als »photochemisch hervorgebrachte Spur« begriffen, ihre Bedeutungslosigkeit verbindet sie dann aber mit Erscheinungsformen der Kunst, die, wie beispielsweise das duchampsche Ready-made (AI 1: 260), unter gänzlich anderen technischen Bedingungen zustande gekommen sind. Diese Gegenläufigkeit bleibt der kraussschen Fototheorie inhärent: »das Fotografische« als *spezifische* Abbildungsform zu definieren, diese Definition dann aber vergessen zu müssen, sobald es darum geht, die Fotografie als *allgemeines* Modell für die Logik der Kunst auszugeben.

1.4 Die »Emanation des Referenten« (Barthes)

»Eines Tages, vor sehr langer Zeit, stieß ich auf eine Photographie des jüngsten Bruders von Napoleon, Jérôme (1852). Damals sagte ich mir, mit einem Erstaunen, das ich seitdem nicht mehr vermindern konnte: ›Ich sehe die Augen, die den Kaiser gesehen haben.‹« (HK: 11) Mit diesen Sätzen beginnt Roland Barthes (1915 – 1980) sein Buch *Die helle Kammer. Bemerkungen zur Photographie* (1980). Das Erstaunen, von dem diese Zeilen berichten, beruht auf der eigentümlichen Zeitlichkeit der Fotografie. Auf dem flachen Papier trifft der Blick des Betrachters auf ein Augenpaar, das ihn aus der Ferne der vergangenen Zeit heraus anblickt. Der Porträtierte lebt schon lange nicht mehr, aber die Aufnahme hat etwas von seiner historischen Existenz zurückbehalten und bezeugt, dass es ihn tatsächlich gegeben hat. In diesem Bezeugungscharakter sieht Barthes das Wesen der Fotografie: Was eine Fotografie zeigt, ist nicht gegenwärtig, hat aber doch eine dauerhafte Spur hinterlassen. Barthes' Theorie der Fotografie zielt vor allem auf die Beschreibung dieser zeitlichen Struktur (»Es-ist-so-gewesen«) und wird deshalb an späterer Stelle erörtert (vgl. Kapitel 4). Der Bezeugungscharakter fotografischer Bilder ist aber auch für Barthes untrennbar an die Art und Weise ihres materiellen Zustandekommens gebunden. Auch wenn an keiner Stelle explizit von ›Abdruck‹, ›Spur‹ oder ›Index‹ die Rede ist, so dominieren doch Begriffe, die eine unmittelbare physische Verbindung zwischen Gegenstand und Aufzeichnung nahelegen: »[...] der Referent bleibt haften« (HK: 14), die Fotografie ist eine »chemische Enthüllung des Gegenstands« (HK: 18), das fotografierte Objekt »strahlt aus« oder »berührt« die lichtempfindliche Schicht durch die von ihm ausgehenden Strahlen. Auch für Barthes zeigt sich die Besonderheit der fotografischen Bildherstellung vor allem in ihren Differenzen zur Technik der Malerei:

»Es heißt oft, die Maler hätten die Photographie erfunden (indem sie den Ausschnitt, die Zentralperspektive Albertis und die Optik der camera obscura auf sie übertrugen). Ich hingegen sage: nein, es waren die Chemiker. Denn der Sinngehalt des ›Es-ist-so-gewesen‹ ist erst von dem Tag an möglich geworden, da eine wissenschaftliche Gegebenheit, die Entdeckung von Silbersalzen, es erlaubte, die von einem abgestuft beleuchteten Objekt zurückgeworfenen Lichtstrahlen einzufangen und festzuhalten. Die PHOTOGRAPHIE ist, wörtlich verstanden, eine Emanation des Referenten.« (HK: 90)

Wie Krauss und Peirce definiert auch Barthes das technische Prinzip der Fotografie als ein »Einfangen« und »Festhalten« von Lichtstrahlen. Die dabei hervorgerufene Wirkung ist keine Repräsentation im eigentlichen Sinne, sondern ein chemisch-physikalischer Effekt, der von der Präsenz der Gegenstände selbst ausgeht, keine Deutung der Wirklichkeit, sondern ein isolierter und abgesonderter Teil dieser Wirklichkeit selbst. »Im Lateinischen würde ›Photographie‹ wahrscheinlich heißen: ›*imago lucis opera expressa*‹, das heißt: durch die Wirkung des Lichts enthülltes, ›hervorgetretenes‹, ›aufgegangenes‹, (wie der Saft einer Zitrone) ›ausgedrücktes‹ Bild.« (HK: 91) Auch wenn Barthes den Bezeugungscharakter der Fotografie unmittelbar an ihre chemische und physikalische Herkunft bindet, ist er an einer naturwissenschaftlichen Beschreibung dieses Vorgangs nicht interessiert. Ebenso wenig kommt es ihm darauf an, diese Praxis selbst zu beherrschen. Barthes weist ausdrücklich darauf hin, dass er selbst nicht fotografiert und er die Erfahrung des Praktikers auch gar nicht vermisst. Aus der Sicht des Phänomenologen zählt nicht die Beherrschung des Verfahrens oder die Information, die sich in einer chemischen Gleichung darstellen lässt. Wie die Übertragung im Einzelnen vor sich geht, ist unerheblich, es genügt zu wissen, »daß der einstige Gegenstand durch seine unmittelbare Ausstrahlung (seine Leuchtdichte) die Oberfläche tatsächlich berührt hat« (HK: 91).

Im Unterschied zu Krauss und Peirce bezieht Barthes nun aber auch Zeit und Ort der Betrachtung mit ein: »Ich sehe die Augen, die den Kaiser gesehen haben.« Die »Emanation des Referenten« stellt eine unmittelbare Verbindung zum späteren Blick des Betrachters her: »Von einem realen Objekt, das einmal da war, sind Strahlen ausgegangen, die mich erreichen, der ich hier bin; die Dauer der Übertragung zählt wenig; die Photographie des verschwundenen Wesens berührt mich wie das Licht eines Sterns. Eine Art Nabelschnur verbindet den Körper des photographierten Gegenstandes mit meinem Blick: das Licht ist hier, obschon ungreifbar, doch ein körperliches Medium, eine Haut, die ich mit diesem oder jener teile, die einmal photographiert worden ist.« (HK: 91) Die Fotografie bewirkt demnach eine Gleichzeitigkeit von Nähe und Distanz, Gegenwart und Entzogenheit. Zunächst erzeugt sie eine Verbindung zum realen Objekt, dessen Licht sie auffängt. Das dabei entstandene Bild wird hier gleichsam übersprungen, als bestehe ein direktes Kontinuum zwischen dem Objekt und dem Blick, der es »berührt«. Der materielle Bildträger, das abgesonderte Artefakt, tritt nicht in Erscheinung, stattdessen ist von Strahlen die Rede, »die mich erreichen, der ich hier bin«. Andererseits ist es dann eben doch nicht das reale Objekt, das die Übertragung zu erkennen gibt, sondern der Nachglanz eines »verschwundenen Wesens« – sein Licht ist »ungreifbar«, sein Körper unerreichbar wie ein fernes Gestirn. Wenn also Barthes die Fotografie als »Emanation des Referenten« beschreibt, ist in diesem Bild der »Ausstrahlung« immer beides gemeint: ein materielles Kontinuum zwischen Fotografie und Objekt, aber auch dessen tatsächliches Verschwundensein, sein Entzug und seine Unwiederholbarkeit. Die Emanation geht vom Gegenstand aus, aber sie lässt ihn zugleich auch hinter sich zurück.

Die Metapher, die Barthes an dieser Stelle verwendet, evoziert allerdings einen ganz anderen Modus der Übertragung. Das Bild der Fotografie als einer »Art Nabelschnur« ist zweifellos im Zusammenhang mit dem Porträt der toten Mutter zu verstehen, das für Barthes im Zentrum seiner Beschäftigung mit der Fotografie steht. Die unmittelbare physische Präsenz, die diese Metapher beschreibt, stimmt aber nicht mit der wenige Zeilen später verwendeten Formulierung vom »verschwundenen Wesen« überein. Diese Beobachtung mag pedantisch erscheinen, vermutlich waren es aber Passagen wie diese, die zur Kritik am »Referentialismus« dieser Überlegungen geführt haben. So bemerkt Philippe Dubois, Barthes habe »das Prinzip des *Realitätstransfers* verallgemeinert und verabsolutiert« und sei auf diese Weise »dem Kult, diesem Wahn, *der Referenz um der Referenz willen* verfallen« (FA 53). Warum es sich bei Barthes' Insistieren auf der Wirkungsmacht des Referenten gleich um einen »Kult« oder gar »Wahn« handeln soll, bedürfte wohl einer genaueren Begründung. Tatsächlich aber gibt es in der *Hellen Kammer* Passagen, die das fotografierte Objekt und sein fotografisches Bild so eng zusammenführen, dass jegliche vermittelnde Instanz zwischen ihnen zu verschwinden scheint. So schreibt Barthes über die Fotografie eines ungarischen Dorfes, die André Kertész 1921 aufgenommen hat (Abb. 1, nächste Seite): »[...] was ich nun erblicke, mit diesem ›denkenden‹ Auge, das mich der Photographie etwas hinzufügen läßt, ist die Chaussee aus gestampfter Erde; die Beschaffenheit dieses Erdwegs gibt mir die Gewißheit, in Mitteleuropa zu sein; ich erkenne den Referenten (hier weist die Photographie wirklich über sich selbst hinaus: ist dies nicht der einzige Beweis ihrer Kunst? Sich als Medium aufzuheben, nicht mehr Zeichen, sondern die Sache selbst zu sein?) [...].« (HK: 55)

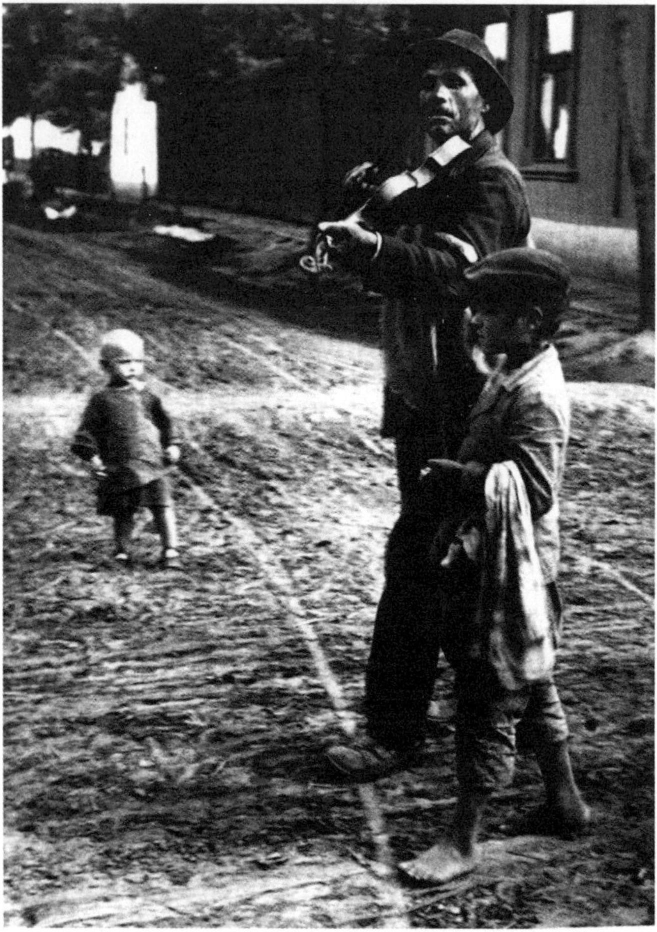

Abb. 1.: André Kertész, Wandergeiger, Abony, Ungarn, 1921

Zwar spricht Barthes an dieser Stelle aus der Perspektive des subjektiven Betrachters, die er im Sinne seiner »Wissenschaft vom Subjekt« (HK: 26) ja ausdrücklich einnehmen will. »[...] ich erkenne mit jeder Faser meines Leibs die kleinen Ortschaften wieder, durch die ich vor langer Zeit auf Reisen in Ungarn und Rumänien gekommen bin.« (HK: 55) Die subjektive Erfahrung des Bildes führt ihn dann aber doch zu einer Ontologie des fotografischen Bildes. Während der Begriff der »Emanation« immer auch ein Wissen um die Entzogenheit des Dargestellten mit einschließt, tritt dieses Wissen an dieser Stelle offenbar in den Hintergrund: Die paradoxe Funktion des Mediums Fotografie ist es, seine eigene Medialität aufzuheben. Der fotografische Referent ist »kein Zeichen«, das den Betrachter auf Umwegen und durch Vermittlungen hindurch erreicht, sondern die »Sache selbst«. Barthes geht hier auch einen Schritt über die semiologische Definition hinaus, die er zwanzig Jahre zuvor in seinem Essay *Die Fotografie als Botschaft* als »das fotografische Paradox« beschrieben hatte:

»Was übermittelt die Fotografie? Definitionsgemäß die Begebenheit als solche, das buchstäbliche Wirkliche. [...] beim Übergang vom Wirklichen zu dessen Ablichtung ist es keineswegs notwendig, dieses Wirkliche in Einheiten zu zerlegen und diese Einheiten als Zeichen zu konstituieren, die sich wesentlich von dem dargebotenen Objekt unterscheiden; es ist keineswegs notwendig, zwischen diesem Objekt und dem Bild von ihm ein Relais, das heißt einen Code, anzubringen; gewiß ist das Bild nicht das Wirkliche: Aber es ist zumindest das perfekte Analogon davon [...]. Somit tritt der Sonderstatus des fotografischen Bildes hervor: *Es ist eine Botschaft ohne Code*, ein Lehrsatz, aus dem man sofort eine wichtige Folgerung ableiten muß: Die fotografische Botschaft ist eine kontinuierliche Botschaft.« (FB: 12-13)

Selbst als »mechanisches Analogon« (FB: 14) ist eine Fotografie eben doch nicht das Wirkliche selbst. Und auch als kontinuierliche »Botschaft ohne Code« bleibt die fotografische Aufzeichnung immer noch an einen Vorgang der Vermittlung gebunden. Die Betrachtung des Referenten als »Sache selbst« hingegen scheint eine tatsächliche Identität von Gegenstand und fotografischer Abbildung nahezulegen.

Barthes hat indessen auch hier eine Sicherung eingebaut, die es fragwürdig erscheinen lässt, mit Dubois von einem »Kult« oder »Wahn« der Referenzialiät zu sprechen. Zwar geht er mit seiner Formulierung, die Fotografie sei »kein Zeichen«, sondern die »Sache selbst«, gleichsam an die äußerste Grenzen dessen, was sich ohne ontologischen Essenzialismus noch sagen lässt. Doch dient der Referenzcharakter der Fotografie in der zitierten Passage ausdrücklich als »Beweis ihrer Kunst«. Demnach bleibt ihre Fähigkeit, »sich als Medium aufzuheben«, immer noch als mediales, nicht-natürliches Verfahren erkennbar. Vor allem aber ist die zitierte Passage im Gesamtzusammenhang des Buches zu verstehen, in dem Barthes immer wieder darauf hinweist, dass die fotografische Referenz grundsätzlich nachträglich ist: »[...] was die Photographie endlos reproduziert, hat nur einmal stattgefunden: sie wiederholt mechanisch, was sich existenziell nie mehr wird wiederholen können.« (HK: 12) Selbst das Erscheinen der »Sache selbst« ist also unter dem Vorzeichen dieser Nachträglichkeit zu sehen. Die Fotografie ist eine Emanation – aber eine »Emanation des *vergangenen Wirklichen*« (HK: 99). Sie zeigt nicht die Realität, sondern »eine Verbindung aus zweierlei: Realität und Vergangenheit« (HK: 86).

1.5 Peirce, revisited (Dubois)

Drei Jahre nach dem Erscheinen von Barthes' *Heller Kammer* veröffentlichte Philippe Dubois eine Sammlung fotografietheoretischer Studien unter dem Titel *Der fotografische Akt. Versuch über ein theoretisches Dispositiv.* Bereits der Titel signalisiert, dass auch Dubois nicht vom fixierten, autonomen Bild ausgeht, sondern vom Prozess, der es hervorbringt: »Die Fotografie ist noch vor jeder Überlegung über ihr Abbildungsvermögen und noch bevor sie ein *Bild* ist, das die Umrisse eines Objekts, einer Person oder eines Schauspiels der Welt reproduziert, wesenhaft ein Abdruck, eine Spur, eine Markierung und eine Ablagerung.« (FA: 63) Wie Peirce und Krauss setzt auch Dubois ein »Grundprinzip des physikalischen Konnexes« (FA: 55) voraus, wonach eine Fotografie zuallererst als »Lichtabdruck« (FA: 101), d.h. als Projektion von Lichtstrahlen auf eine lichtempfindliche Oberfläche zu verstehen ist. Dubois beschreibt diese starke Betonung der Genese und Herstellungsbedingungen als »epistemologische Verschiebung« innerhalb der Fotografietheorie. Allerdings ist daran zu erinnern, dass bereits die ersten Kommentatoren der Fotografie, Autoren wie Talbot, Janin oder Holmes, die Eigenart fotografischer Bilder gerade auch aus den besonderen Umständen ihrer Herstellung erklärt haben. Dubois' Überlegungen liefern auch weniger eine neue und eigenständige Theorie der Fotografie als vielmehr eine kritische Synthese der Beiträge von Peirce, Krauss und Barthes. Es geht ihm darum, einerseits jenes »unhintergehbare Gefühl der Wirklichkeit« zu begründen, das man im Umgang mit Fotografien »nicht los wird, obwohl man um alle Codes weiß, die im Spiel sind und sich in der Herstellung vollziehen« (FA: 30), andererseits aber auch die Bedingungen und Grenzen dieses Wirklichkeitsbezugs aufzuzeigen, um einen neuen Essenzialismus in der Fototheorie zu vermeiden.

Auch wenn Dubois die »epistemologische Verschiebung« vom *Resultat* zur *Genese* als notwendige Voraussetzung zum Verständnis der Fotografie erachtet, will er sie gleichwohl nicht als Beschränkung auf die rein technischen Modalitäten der Fotografie verstanden wissen. Der »fotografische Akt« soll vielmehr die theoretische Basis sein, von der aus sich die gesamte »referentielle Situation« der Fotografie – von der Produktion bis zur Rezeption der Bilder – erschließen lässt:

»Will man begreifen, worin die Originalität des fotografischen Bildes liegt, so muß man zwangsläufig *den Prozeß näher ins Auge fassen* als das Produkt, und dies in einem sehr weiten Sinn: Man muß nicht nur auf elementarster Ebene die technischen Modalitäten der Bildkonstituierung (den Lichteindruck) berücksichtigen, sondern weiterschreitend *die Gesamtheit der Umstände, die auf allen Ebenen den Bezug des Bildes zu seiner referentiellen Situation definieren*, und zwar sowohl im Moment der Produktion (Bezug zum Referenten und zum fotografierenden Operator: die Geste des Blicks auf das Objekt: den Moment des *Aufnehmens*) als auch im Moment der Rezeption (Bezug zum betrachtenden Subjekt: die Geste des Blicks auf das Zeichen: den Moment des Erkennens – der Überraschung oder des Verkennens). Bei jedem Bild kommt also das gesamte Feld der Referenz zum Tragen.« (FA: 68)

Dubois wendet sich in diesen Zeilen einmal mehr gegen ein Verständnis der Fotografie, das deren Besonderheit allein in der Kontemplation der fixierten Bilder sucht, statt das Zusammenspiel *aller* bildbestimmenden Faktoren in Betracht zu ziehen. So wenig wie das bloße Produkt ist allerdings auch der physikalische Vorgang der Belichtung hinreichend, um den fotografischen Akt in seiner Gesamtheit zu erklären. Die »referentielle Situation« schließt darüber hinaus auch den Standpunkt des Fotografen sowie den verstehenden oder missverstehenden Blick des Betrachters mit ein. Erst das Zusammenspiel all dieser Faktoren konstituiert ›die Fotografie‹. Gleichwohl bleibt der Spurcharakter die notwendige Bedingung dieses komplexen Zusammenspiels. Auch wenn er die vielfältigen Funktionen und Erscheinungsweisen fotografischer Bilder nicht einfach determiniert und erschöpfend zu erklären vermag, so bleibt er doch das essenzielle Merkmal, das die Fotografie von anderen Techniken der Repräsentation unterscheidet. Dubois verdeutlicht diesen Zusammenhang am Beispiel von Familienalben. Die Porträtaufnahmen eines solchen Albums erhalten ihren Wert demnach weder durch besondere ästhetische Qualitäten noch durch die Ähnlichkeit der abgebildeten Personen. Diese Eigenschaften wären ebenso gut auch durch gemalte oder gezeichnete Porträts zu erhalten, vielleicht sogar zu übertreffen gewesen. Zu Musterbeispielen der Fotografie werden sie erst durch »ihr unauflösbares referentielles Gewicht, durch die Tatsache, daß es sich um wirkliche physikalische Spuren singulärer Personen handelt, die einmal gelebt haben und in besonderer Beziehung zu den Betrachtern der Fotos stehen« (FA: 83). Dubois bestreitet nicht, dass die Fotografien eines solchen Albums an persönliche Erfahrungen gebunden sind und auch sozialen Codierungen und Gebrauchsweisen unterliegen, wie sie etwa Pierre Bourdieu beschrieben hat (vgl. Kapitel 2.2). Am Ende ist es aber doch ihr Charakter als »physikalische Spuren singulärer Personen«, der durch alle Codierungen hindurch ihr Wesen bestimmt.

Ausgehend von diesem »Indexstatus« der Fotografie sind es vor allem zwei Akzentuierungen, die Dubois innerhalb des Spurenparadigmas vornimmt. Beide Überlegungen waren in den vorangegangenen Theorien der Spur, des Abdrucks und des Index bereits angelegt, Dubois kommt aber das Verdienst zu, ihre Bedeutung noch einmal hervorgehoben und ausformuliert zu haben. Die erste Akzentuierung geht unmittelbar auf Peirce zurück, der mit seiner Unterscheidung von *Ikon* und *Index* die Möglichkeit eröffnet hatte, den Wirklichkeitsbezug der Fotografie von der Frage der Ähnlichkeit zu entkoppeln. Wie bereits erwähnt setzt die unauflösbare Bindung des indexikalischen Zeichens an das von ihm Bezeichnete keineswegs voraus, dass beide einander ähneln müssen. Eine Fotografie ist auch dann eine Spur, ein Lichtabdruck und ein Index, wenn ihr diese Verbindung zur Wirklichkeit nicht *anzusehen* ist. »Peirce liefert [...] die ersten Ansätze zu einer Theorie des fotografischen Realismus, die das zentrale epistemologische Hindernis, nämlich die Frage der Mimesis, überwindet.« (FA: 53) Dubois spricht an dieser Stelle von einer »Überwindung« der Mimesis, da er das Potenzial der peirceschen Zeichentheorie auch aus einer historisch-dialektischen Perspektive heraus betrachtet. Nach einer ersten Phase der Theoriebildung, die noch ganz im Bann des neuen Mediums stand und seine Erzeugnisse als treues Abbild der Wirklichkeit auffasste, folgte eine Phase der Zurückweisung dieser Ansprüche. Der Wirklichkeitsbezug der Fotografie galt jetzt als bloßer »Realitätseffekt«, als eine sozial bedingte Konvention, als Code oder Ideologie. In der Reaktivierung des Index-Begriffs sieht Dubois die Möglichkeit, die Polarität beider Positionen zu überwinden und zu einem differenzierteren Verständnis der Fotografie zu gelangen. Nach der erfolgreichen Überwindung der Mimesis sieht er im Paradigma der Spur einen neuen »theoretischen Absolutismus« aufkommen, die »Gefahr einer *Metaphysik*, ja sogar einer *Epiphanie der Referenz*. [...] Es gilt zu verhindern, daß nun nach der Mimesis die Referenz zum neuen epistemologischen Hindernis in der Theorie der Fotografie wird.« (FA: 86) Die Identifizierung der fotografischen Einschreibung als Index hebt ihren spezifischen Status als Spur hervor, bannt aber zugleich die Gefahr der metaphysischen Überhöhung. In Anlehnung an Barthes spitzt Dubois diese zweifache Bestimmung der Fotografie noch einmal zu. Eine Fotografie kann nicht nur von der tatsächlichen Erscheinung des von ihr Gezeigten abweichen, sie hat für sich genommen keine Bedeutung. »Das Index-Foto bestätigt in unseren Augen die Existenz dessen, was es repräsentiert (das *So-ist-es-gewesen* von Barthes), aber es sagt uns nichts über den *Sinn* dieser Repräsentation; es sagt uns nicht *das bedeutet dies.*« (FA: 56) Übertragen auf das Beispiel des Familienalbums ist damit gesagt, dass die fotografischen Bildnisse lediglich bezeugen, dass die betreffenden Personen existiert haben, darüber hinaus aber keinerlei Aussage darüber enthalten, welchen Sinn diese Aufnahmen haben, warum sie hergestellt wurden oder auf welche Weise man sie betrachten soll. Diese konstitutive »Bedeutungslosigkeit« der Fotografie hatte auch Rosalind Krauss im Anschluss an Barthes' Definition der Fotografie als »Botschaft ohne Code« hervorgehoben: Eine Fotografie haftet am Realen, trotzdem bedeutet sie nichts, solange man ihr keine Bedeutung zuschreibt.

Auch die zweite Akzentuierung, die Dubois innerhalb des Spurenparadigmas vornimmt, zielt auf eine Bestätigung und gleichzeitige Relativierung der Indexikalität der Fotografie. Diese Relativierung betrifft die kurze Dauer, in welcher der Spurcharakter unverstellt in Erscheinung tritt:

»Man beachte allerdings auch, daß das Prinzip der Spur, so wesentlich es auch sein mag, nur ein Moment im gesamten fotografischen Ablauf ist. Denn vor und nach diesem *Moment* der natürlichen *Einschreibung* der Welt auf die lichtempfindliche Fläche gibt es zutiefst kulturelle, codierte, gänzlich von menschlichen Entscheidungen abhängige Gesten (*davor*: die Entscheidung für ein Sujet, für einen bestimmten Kameratypus, für den Film, die Belichtungsdauer, den Blickwinkel usw. – all das, was vor dem entscheidenden Moment liegt und schließlich im Druck auf den Auslöser gipfelt; *danach*: all diese Entscheidungen wiederholen sich beim Entwickeln und beim Abziehen; dann wird das Foto in die immer schon codierten und kulturellen Vertriebsmechanismen eingespeist – Presse, Kunst, Mode, Porno, Wissenschaft, Justiz, Familie ...). Nur *zwischen* diesen zwei Serien von Codes, allein im Augenblick der Belichtung selbst, kann das Foto als reine Spur eines Aktes (als *Botschaft ohne Code*) angesehen werden.« (FA: 54-55)

Diese Einschränkung verleiht Dubois' Theorie der Fotografie eine eigentümliche Spannung. Das Wesen der Fotografie wird einmal mehr in ihrer Indexikalität dingfest gemacht, zugleich entzieht sich diese Wesenhaftigkeit jedoch bzw. beschränkt sich ihre Wirkungsmacht auf den kurzen Zeitraum *zwischen* zwei Codierungen. Das Spezifische der Fotografie tritt folglich nur phasenweise in Erscheinung. Anders formuliert: Die »Originalität des fotografischen Bildes« liegt nicht in seinem kulturellen Gebrauch, nicht in seinen zahlreichen Funktionen und Deutungsmöglichkeiten, sondern in einem deutungsresistenten Zwischenraum – jenem »*Moment* der natürlichen *Einschreibung* der Welt auf die lichtempfindliche Fläche«. »[...] in seiner ganzen Reinheit funktioniert das Prinzip des natürlichen Abdrucks nur [...] in dem Sekundenbruchteil, in dem der Lichttransfer selbst stattfindet. Hier liegt seine Grenze. Nur in diesem unendlich winzigen Moment, in diesem Zwischenraum, in dieser Erschütterung der Dauer ist das Foto die reine Spur eines Akts, nur in diesem Moment unterhält es zu seinem Referenten eine Beziehung der vollständigen Unvermitteltheit, der wirklichen Ko-Präsenz und der physikalischen Kontiguität.« (FA: 88-89)

Denkt man diesen Gedanken weiter, stellt sich die Frage, für wen und unter welchen Umständen dieser Zwischenraum – der »Augenblick der Belichtung selbst« – überhaupt erkennbar sein kann. »Sobald der Auslöser betätigt wird«, bemerkt Bernd Busch in seiner *Wahrnehmungsgeschichte der Fotografie*, »ist durch den Sucher hindurch nichts mehr zu sehen – es wird jetzt dunkel, damit später alles durch die Spur des Lichts sichtbar ist.«[16] In dieser Dunkelheit läge, so muss man folgern, für Dubois das Wesen der Fotografie begründet. Dieser Raum ist aber sowohl für den Fotografen als auch für den späteren Betrachter unbeobachtbar. Neben der von Busch beschriebenen optischen Unzugänglichkeit entzöge sich der Moment der Einschreibung darüber hinaus aber auch jeder deutenden Tätigkeit, da jeder Blick, jede Aussage, jede Deutung wieder nur unter der Maßgabe eines kulturellen Codes erfolgen könnte. Eine »reine«, voraussetzungslose Betrachtung gibt es nicht. Wenn sich der Spurcharakter der Fotografie also immer nur im Zeitraum *zwischen den Codes* manifestiert, jede Deutung aber unweigerlich eine Codierung zur Grundlage hat, ist der Spurcharakter lokalisierbar, aber nicht erkennbar. Dubois hat diese erkenntnistheoretische Konsequenz seiner Überlegungen nicht formuliert. Das eigentliche Wesen der Fotografie zeigte sich demnach immer nur indirekt oder negativ – als zeitweises Aussetzen der kulturellen Codes und Sinnzuschreibungen im kurzen Moment der Belichtung. Dieser Moment bezeichnet die Basis der Fotografie, bleibt als solcher aber unbeobachtbar. Jede Deutung kommt zu spät, *gerade weil* sie eine Deutung ist und die fotografische »Botschaft ohne Code« deshalb zwangsläufig verfehlen muss. Letztlich wäre der Spurcharakter der Fotografie also eine Qualität, von der man *wissen* kann, deren Funktionsweise man aber nicht *sieht*. Möglicherweise ohne sich dessen bewusst zu sein, nähert Dubois sich hier den negativen Definitionen der Fotografie, die deren Wesen – etwa im Anschluss an die byzantinische Tradtion der *acheiropoietoi*, der *nicht von Hand gemachten Bilder* (vgl. Kapitel 1.8) – gerade darin zu bestimmen versuchen, was die Fotografie nicht ist.

1.6 Spuren trotz allem (Didi-Huberman)

1997 hat der französische Philosoph und Kunsthistoriker Georges Didi-Huberman (geb. 1953) dem Phänomen des Abdrucks eine eigene Studie gewidmet, die *Archäologie, Anachronismus und Modernität* der durch Einschreibung entstandenen Artefakte behandelt. Didi-Huberman bezieht seine Beispiele vor allem aus der

Paläoanthropologie, der Ethnologie, der Anatomie und der bildenden Kunst und konzentriert sich dementsprechend auf prähistorische Abdrücke, Moulagen, Abgüsse, Totenmasken, Gravuren und Plastiken. Auch wenn dem fotografischen Bild in Didi-Hubermans Studie keine zentrale Rolle zukommt, verdient sie hier doch Erwähnung, da sie daran erinnert, dass die Befragung der Spur, des Abdrucks und des Index kein fotografiespezifisches Phänomen darstellt, sondern auch im größeren Zusammenhang philosophischer und kulturhistorischer Fragestellungen betrachtet werden kann. Schon bei Peirce war die Fotografie ja nur *eine* mögliche Form des Index neben anderen, und auch Carlo Ginzburg hat seinen Begriff der »Spurensicherung« nicht aus der Fotografie, sondern aus anderen Verfahren und Aufzeichnungstechniken des 19. Jahrhundert abgeleitet.[17] In diesem Sinn hat in jüngster Zeit auch die Philosophin Sybille Krämer auf das Spurenlesen als kulturelle »Orientierungstechnik und Wissenskunst« hingewiesen und eine Theorie der Spur formuliert, die sich mit zentralen Motiven der fototheoretischen Diskussion deckt. So nennt Krämer das Materialitätskontinuum als eine Grundbedingung der Spur. »Spuren treten gegenständlich vor Augen; ohne physische Signatur auch keine Spur. Spuren entstehen durch Berührung, also durchaus ›stofflich‹: Sie zeigen sich im und am Material. Spuren gehören der Welt der Dinge an. Nur kraft eines Kontinuums in der Materialität, Körperlichkeit und Sinnlichkeit der Welt ist das Spuren hinterlassen und Spurenlesen also möglich.«[18] Die semantische Indifferenz, die Barthes, Krauss und Dubois als »Bedeutungslosigkeit« der Einschreibung beschrieben hatten, zeigt sich in der Begrifflichkeit Krämers als Stummheit und »Beobachterabhängigkeit« der Spur.[19] Auch Didi-Hubermans Theorie des Abdrucks formuliert eine Reihe allgemeiner Kennzeichen der Einschreibung, die für die genannten Fototheorien essenziell sind, gleichwohl aber keine exklusiven Merkmale der Fotografie darstellen. Der Abdruck eines Objekts, so heißt es, muss diesem nicht ähneln und ist folglich nicht determinierbar: »Die *Form* ist im Prozeß des Abdrucks nie wirklich ›vorher-sehbar‹: sie ist immer problematisch, unerwartet, unsicher, *offen*.« (ÄB: 18) Neben dieser formalen Unbestimmtheit hebt Didi-Huberman vor allem den paradoxen Verweisungscharakter des Abdrucks hervor: »Dies ist letztlich die Paradoxie eines jeden durch Abdruck hergestellten Objekts: die Berührung, deren legitimer Träger es ist, diese oft intensive, unbezweifelbare Berührung erlaubt uns dennoch nicht die zweifelsfreie Identifikation des realen dargestellten Gegenstands. Ein Kontakt hat stattgefunden, doch Kontakt mit wem, mit was, wann, mit welchem ursprünglichen Objekt?« (ÄB: 190) Die Information des Abdrucks ist unhintergehbar und doch uneindeutig. Auch wenn der Abdruck die Existenz des Dargestellten »unbezweifelbar« bezeugt, kann er doch dessen zweifelsfreie Lesbarkeit nicht garantieren. Damit ein Abdruck entsteht, muss sein Vorbild gegenwärtig sein, damit er aber sichtbar werden kann, muss es sich entfernt haben. Dieses unauflösbare »Wechselspiel von Berührung und Entfernung« (ÄB: 190) besagt, dass ein Abdruck niemals eine reine Präsenz zur Darstellung bringen kann. Er entfaltet seinen Bezeugungscharakter gerade erst in der *Abwesenheit* des Bezeugten. Das Verschwundensein des Objekts ist die Bedingung seiner Darstellbarkeit als Spur. Auch wenn die Einschreibung durch direkten physischen Kontakt zustande kommt, vermittelt zwischen Objekt und Abdruck eine Nachträglichkeit, die beide niemals zur Deckung kommen lässt.[20]

Diese Überlegungen zur Paradoxie der Einschreibung kommen Barthes' Bestimmung der nachträglichen Referenz des fotografischen Bildes recht nahe. Auch für Barthes ist der Bezeugungscharakter einer Fotografie ja grundsätzlich an das Vergangensein des Dargestellten gebunden. Die Fotografie »wiederholt mechanisch, was sich existenziell nie mehr wird wiederholen können«

(HK: 12). Tatsächlich hat Didi-Huberman mehrfach auch Fotografien in sein Denken der Spur und des Abdrucks mit einbezogen. Das geschieht am ausführlichsten in seiner Studie *Bilder trotz allem* (2003), welche von vier Fotografien handelt, die jüdische Häftlinge 1944 im Konzentrationslager Auschwitz aufgenommen haben. Die unter äußerster Gefahr gemachten Aufnahmen zeigen Häftlinge beim Verbrennen der Leichen sowie eine Gruppe von Frauen auf dem Weg in die Gaskammer. Zwei der Aufnahmen wurden im Umfeld des Krematoriums gemacht. Da der Fotograf die Kamera versteckt halten musste, konnte er nicht offen durch den Sucher blicken, sondern musste die Bilder ›blind‹ auslösen. Eine der Aufnahmen zeigt – unscharf, verwackelt und in starkem Gegenlicht – das Astwerk einiger Bäume über dem Lager (Abb. 2).

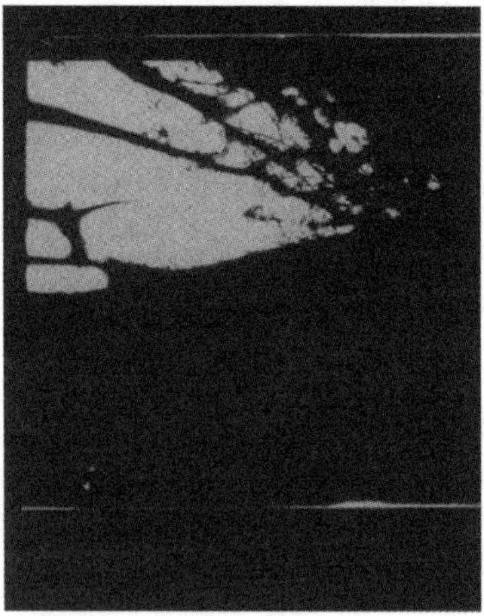

Abb. 2.: Anonym (Mitglied des Sonderkommandos von Ausschwitz), 1944

Der belichtete Film wurde später aus dem Lager geschmuggelt und Mitgliedern des polnischen Widerstands übergeben. Für Didi-Huberman zählen diese Aufnahmen nicht als historische ›Quellen‹, ›Dokumente‹ oder ›Beweise‹: Was sie zeigen, musste nicht erst fotografisch bewiesen werden. Entscheidend ist, dass sie – gerade in ihrer technischen Unvollkommenheit, ihrer Unschärfe und Ausschnitthaftigkeit – die existenzielle Situation bezeugen, in der sie gemacht worden sind, um der Außenwelt ein Bild der Geschehnisse im Lager zu geben. Didi-Hubermans Buch ist auch eine Auseinandersetzung mit Claude Lanzmanns Diktum von der prinzipiellen Undarstellbarkeit der Schoah, wonach einzig das Wort, nicht aber das Bild die Wirklichkeit der Lager zu bezeugen vermag.[21] Es ist wichtig, diese Details hier so ausführlich zu erwähnen, weil Didi-Huberman die Aufnahmen vom Sommer 1944 nicht als Beispiele, Illustrationen oder Demonstrationsobjekt seiner Thesen verstanden wissen will, sondern seine Argumente im Gegenteil aus der eingehenden Betrachtung der vier Bilder und ihrer Entstehungsumstände entwickelt. Die Aufnahmen sind »Bruchstücke des Nachlebens« (BTA: 74), »Fetzen«, die dem historischen Geschehen »entrissen« wurden – »kostbarer und beunruhigender für uns als alle erdenklichen Kunstwerke« (BTA: 15). Über ihre Qualität als Zeugnisse und Abbilder des Geschehens ist damit noch nichts gesagt. Es ist deshalb auch kein Widerspruch, wenn Didi-Huberman zugleich in Erinnerung ruft, dass jedes Archivbild »eine unentzifferbare und bedeutungslose Fotografie« bleibt, »solange man keine spekulative Verbindung imaginiert, die das, was man dort sieht, mit dem, was man aus anderer Quelle weiß, verbindet« (BTA: 163). Die Fotografien unterliegen mithin derselben Paradoxie, die bereits für die Nachträglichkeit des Abdrucks beschrieben wurde. Sie sind uneindeutig und lückenhaft, sie bestätigen die Abwesenheit des Gezeigten, sind zugleich aber dessen physische Hinterlassenschaft: »Das *lückenhafte* Bild ist eine *Bild-Spur* (*image-trace*) und zugleich ein *Bild im Verschwinden* (*image-disparition*). Etwas bleibt zurück, aber es ist nicht die Sache selbst, sondern ein Fetzen ihrer Ähnlichkeit. [...] Es geht hier weder um eine vollständige Anwesenheit noch um eine absolute Abwesenheit, weder um Auferstehung noch um einen restlos sich verlierenden Tod. Es geht um den Tod, insofern er etwas zurückläßt.« (BTA: 234)

Das dialektische »Wechselspiel von Berührung und Entfernung« (ÄB: 190) bestimmt auch hier den zweifachen Status der Bilder. Die vier Fotografien sind »Spuren, in denen der Mangel sich ausspricht (da die Spur die Zerstörung voraussetzt und auf sie verweist), in denen er sich zugleich aber auch dementiert (da die Spur sich widersetzt und die Zerstörung überlebt)« (BTA: 152-153).

Dubois hatte seine Reformulierung der Indextheorie als notwendige Synthese einer fototheoretischen Entwicklung dargestellt, die sowohl die Abbildtheorie der Frühzeit als auch deren radikale Zurückweisung hinter sich gelassen hatte: »Zuerst mußte die *negative* Phase der Dekonstruktion des Realitätseffekts und der Mimesis durchlaufen werden, um dann *positiv, aber anders*, die Frage nach dem Beharren des Wirklichen stellen zu können.« (FA: 49) Eine ähnliche Dialektik skizziert auch Didi-Huberman, wenn er seine Bestimmung der Fotografie als »Fetzen« und »Spur« vor dem Hintergrund eines »radikalen Skeptizismus« konturiert:

»Es gab eine Zeit, in der man das Kriterium der ›Indexikalität‹ und das von Barthes beschriebene ›Es-ist-so-gewesen‹ der Fotografie sicherlich überstrapaziert hat: Jedesmal, wenn man eine Fotografie anschaute, war von Ontologie die Rede, und man überging dabei schließlich die formalen Prozeduren, die diesem Medium eigen sind. Aber den diametral entgegengesetzten Standpunkt einzunehmen läuft nur darauf hinaus, das *Alles* gegen ein *Nichts* zu vertauschen. Es läuft darauf hinaus, die genuine Kapazität der Fotografie und den – selbstverständlich problematischen –

Punkt, *an dem das Bild an das Reale rührt*, aus den Augen zu verlieren.« (BTA: 107-108)

Die theoretische Herausforderung lautet demnach, weder eine Ontologisierung der Spur zu betreiben noch den »diametral entgegengesetzten Standpunkt« einzunehmen und darin »einem alten Mainstream« zu folgen: dem »radikalen Skeptizismus, den der postmoderne Diskurs [...] dem Bild und selbst der Fotografie entgegenhält« (BTA: 107). Ohne die »formalen Prozeduren, die diesem Medium eigen sind« zu leugnen, unterstreicht Didi-Huberman den »selbstverständlich problematischen« Status der Fotografie als Spur und »Punkt, *an dem das Bild an das Reale rührt*«. Auch diese Formulierung ist von der paradoxen Struktur des Abdrucks geprägt: Es heißt, das fotografische Bild *rühre an* das Reale (*l'image touche au réel*[22]), nicht aber, *es berühre* das Reale. Damit ist einmal mehr darauf hingewiesen, dass die Dinge und ihr fotografisches Bild nicht zur Deckung kommen. Zwischen ihnen vermittelt eine Berührung, die gleichwohl keine dauerhafte Präsenz der Sache selbst garantieren kann.

1.7 Kritik des Spurenparadigmas (Kemp, Snyder, Hoffmann)

Die Theorien des Abdrucks, des Index und der Spur gehören zweifellos zu den Leitmotiven der Fototheorie, auch wenn es zeitweise so scheinen konnte, als sei ihre Zeit abgelaufen. In der Einleitung zu seiner Anthologie *Theorie der Fotografie* konnte Wolfgang Kemp vor drei Jahrzehnten noch das Fazit ziehen, dass diese Position »dem heutigen Verständnis von Fotografie gänzlich entschwunden ist. Von allen Betrachtungsweisen des Mediums, die wir in dieser Anthologie skizzieren, dürfte sie am stärksten vergangen sein.« (TDF 1: 32) Die Erneuerung dieser Position durch Krauss, Barthes, Dubois und zuletzt Didi-Huberman zeigt jedoch, dass ihr Erklärungspotenzial offenbar nicht erschöpft oder überholt ist. Wiederholt tauchen die entsprechenden Motive auch in Schriften auf, deren Hauptaugenmerk anderen Aspekten und Fragestellungen gilt. So ist auch für Rudolf Arnheim die »Existenz des photographierten Gegenstandes« ein »Teil der Existenz des Modells« (FSA: 39), »ein mit Hilfe des Lichtes genommener Abguß oder Abdruck des Gegenstandes« (FSA: 41). Und auch Susan Sontag sieht im fotografischen Bild »eine Spur, etwas wie eine Schablone des Wirklichen, wie ein Fußabdruck oder eine Totenmaske« (ÜF: 147). Das Spurenparadigma reicht aber auch weit über die fototheoretische Literatur hinaus, wie beispielsweise folgende Tagebucheintragung Ernst Jüngers zeigt, der nach der Betrachtung von Porträtaufnahmen seines verstorbenen Sohnes notiert: »[...] das Lichtbild ist ja eigentlich ein Schattenbild. Es gibt etwas von der Substanz des Menschen, von seiner Ausstrahlung, ist ein Abdruck von ihm.«[23]

Die Vorstellung, dass im fotografischen Bild eine – wenn auch indirekte – Einschreibung des Realen vorliegt, ist allerdings von verschiedenen Seiten auch vehement zurückgewiesen worden. Zwei dieser Positionen werden im Folgenden noch ausführlicher diskutiert – die soziologische Bestimmung der Fotografie sowie die theoretische Reflexion ihrer Digitalisierung am Ende des 20. Jahrhunderts (vgl. Kapitel 2). Für die eine Position ist der Realismus der Fotografie lediglich eine gesellschaftlich konstruierte Konvention, für die andere eine historische Erzählung, die in den Tagen des analogen Bildes vielleicht einmal Gültigkeit besessen hat, im Zeitalter der Digitalisierung aber unwiederbringlich verloren ist. Aus kunsthistorischer Sicht hat Wolfgang Kemp das Erklärungsmodell der Einschreibung unlängst als »Zurückfallen in die archaische Auffassung von der Fotografie als Selbstabdruck« kritisiert. Diese Position sei letztlich »ein probates Mittel, um die Beteiligung des Fotografen niedrig zu halten oder das Beharren auf ihr als typisch kunsthistorische Fixierung auszugeben« (FE: 34). Kemps Kritik ist als Plädoyer für eine ästhetische Betrachtung der Fotografie zu verstehen. Wenn man das »Haftenbleiben« des Referenten zum Wesen der Fotografie erklärt, so die Befürchtung, entzieht man ihr die künstlerische Dimension, den Anteil des Künstlers an Komposition und Gestaltung.[24] Diese Polarisierung lässt sich jedoch auflösen, wenn man weder das »Haftenbleiben des Referenten« noch die von Kemp favorisierte »Beteiligung des Fotografen« als isolierbare Dimensionen und absolute Wesensbestimmungen *der* Fotografie sieht. Vielmehr handelt es sich um komplementäre Eigenschaften, die je nach Bestimmung und Funktion stärker oder schwächer ins Gewicht fallen können. Ihre Anteile variieren je nach Autor, Funktion und Technik fotografischer Aufnahmen. Die von Kemp hervorgehobene »Beteiligung des Fotografen« ist deshalb ebenso wenig eine statische und absolute Größe, wie es die natürliche und »autorlose« Einschreibung ist. Beide Modi existieren nebeneinander, und insofern besteht keine Notwenigkeit, ihre Funktionen gegeneinander aufzurechnen.

Zu den vehementesten Kritikern der Indextheorie gehört der amerikanische Kunsthistoriker Joel Snyder. In zahlreichen Beiträgen hat Snyder dargelegt, warum er die Beschreibung fotografischer Bilder als Index, Abdruck oder Spur für ein grundsätzlich verfehltes Konzept hält. Ein Abdruck, wie etwa ein Fingerabdruck oder der Wachsabdruck eines Siegelrings, sei keineswegs geeignet, formale Eigenschaften des Gegenstands auf das Empfängermedium zu übertragen. Ein solcher Transfer sei auch niemals natürlich, da ihm immer ein bestimmter Zweck zugrunde liege, da er vorgegebenen Normen folge und sein Ergebnis von der erlernten technischen Handhabung abhänge. Ist also die Vorstellung einer durch Abdruck zu erlangenden Unmittelbarkeit für sich genommen schon problematisch, so wird sie umso fragwürdiger, wenn man sie auf das fotografische Bild überträgt. Ein physischer Kontakt zwischen einem Gegenstand und einer Empfängersubstanz finde hier gar nicht statt:

> »Im fotografischen Prozeß sind nicht die Gegenstände aktiv, sondern es ist vielmehr das Licht, das die Veränderung im lichtempfindlichen Medium hervorruft. Auch wenn also die auf dem fotografischen Film bewirkten Veränderungen mit dem Begriff *Abdruck* zutreffend charakterisiert sind, so ist es doch das Licht, das sich auf dem Film *einprägt*. Und Licht hat in fast jeder Form eine Wirkung auf den Film – ob es nun durch das Kameraobjektiv gebündelt oder ungebündelt auf ihn trifft oder ob der Film einfach außerhalb der Kamera dem Licht ausgesetzt wird.
>
> Zieht man die Vorstellungen des Abdrucks und der Naturgesetze zur Erklärung dafür heran, warum ein Foto realistisch ist, so schießt man eigentlich über das Ziel hinaus. Mit diesen Vorstellungen kann man *jedes* Aussehen eines Fotos erklären.« (BE: 33-34)

Snyder widerlegt am Schluss dieser Passage freilich nur eine Lesart der Indextheorie, die deren Vertreter bereits selbst dementiert hatten. Das Modell des Abdrucks soll nach Krauss oder Dubois ja nicht erklären, »warum ein Foto realistisch ist« und der Wirklichkeit ähnelt. Es besagt lediglich, dass der abgebildete Gegenstand existiert und durch Lichtprojektion eine sichtbare Spur hinterlassen hat. Dass man mit dieser Vorstellung »*jedes* Aussehen eines Fotos erklären« kann, widerspricht dieser Annahme gar nicht, sondern bestätigt sie sogar. Ganz gleich, was sie zeigt, ist – von wenigen Ausnahmen abgesehen – *jede* Fotografie zwangsläufig indexikalisch. Unhintergehbar ist nicht der mimetische Gehalt der Einschreibung, sondern die Gewissheit, *dass* eine Einschreibung stattgefunden hat. Auch wenn Snyder bemerkt, ein Daumenabdruck könne »zwar dazu dienen, mich und nur mich zu identifizieren, aber er wäre dennoch weder ein Faksimile noch eine realistische Darstellung meines Daumens« (BS: 33), bestätigt er eine Grundannahme des Spurenmodells. Denn auch hier gesteht er dem Abdruck zu, seinen Urheber *identifizieren* zu können, also – ganz im Sinne der Abdrucktheorie – dessen vergangene Anwesenheit zu bezeugen.

Schwerwiegender als die Zurückweisung der (gar nicht erhobenen) Ansprüche auf Mimesis sind hingegen zwei andere Einwände Snyders: »Mir ist nicht klar, was damit gewonnen sein soll, immer wieder zu betonen, dass Fotografien uns in jedem Fall zeigen sollen, was existiert hat [...] Das Insisitieren darauf, dass hier ein Index vorliegt, besagt nicht viel mehr, als dass ein Bild eine oder mehrere Ursachen hat. Das wird wohl niemand bestreiten wollen.« (P: 370-371) Selbst wenn man also den Annahmen der Indextheorie Folge leisten wollte, ließe sich mit ihr doch nichts Spezifisches über Fotografien in Erfahrung bringen. Da sich mit ihrer Hilfe über mimetische oder ästhetische Qualitäten der Bilder nichts aussagen lässt, reduziert sich ihr Erkenntnispotenzial auf die bloße Feststellung, *dass* ihnen eine Ursache vorausgegangen ist. Unter anderem Vorzeichen führt Snyders Kritik noch einmal zu der Beobachtung, die bereits im Hinblick auf Dubois' Relativierung des Spurenparadigmas formuliert worden ist: Wenn die Theorien des Abdrucks, des Index und der Spur auf das bloße Faktum der Einschreibung hinauslaufen, sich diese Einschreibung aber nur im unbeobachtbaren Moment zwischen zwei Codierungen ereignet, ist das Erklärungspotenzial dieser Theorien tatsächlich auf einen minimalen Ausschnitt der fotografischen Tätigkeit konzentriert.

Gleichwohl lässt sich daran festhalten, dass dieser minimale Ausschnitt von entscheidender Bedeutung ist. Für den theoretischen Status, für Gebrauch und Rezeption fotografischer Bilder macht es sehr wohl einen Unterschied, ob man sie als Repräsentationen im klassischen Sinn betrachtet oder aber als Artefakte, die das Gewesensein der dargestellten Gegenstände bezeugen. Gegen Snyders Feststellung, mit dem Festhalten am Index sei nicht mehr gesagt, als dass jedes Foto eine Ursache habe, lässt sich deshalb einwenden, dass es sehr unterschiedliche Formen der Kausalität gibt. Hinter der durch Abdruck oder Spurenbildung definierten Kausalität verbirgt sich eben auch ein spezifisches Konzept von Repräsentation, Beglaubigung und Autorschaft, das Fotografien von anderen Bildern unterscheidet. Snyders Relativierung hätte zur Folge, dass sich solche Unterschiede nicht mehr beschreiben lassen, da schließlich alle Bilder eine oder mehrere Ursachen haben und dieser Umstand für sich genommen noch nichts aussagt.

Hier kommt allerdings der zweite Einwand Snyders zum Tragen: Im Gegensatz zu Krauss und Dubois, die unversehens vom fotografischen »Lichtabdruck« (AI 1: 257 u. FA: 101) sprechen, bestreitet Snyder, dass ein solcher physischer Vorgang im Fall der Fotografie überhaupt stattfindet: »Wo ist der Abdruck in der Fotografie? Lokalisieren Sie ihn. Es handelt sich um einen figurativen Gebrauch.«[25] Nicht das Objekt selbst – wie beim Fingerabdruck oder dem Abdruck eines Siegelrings in Wachs –, sondern die Aktivität von Photonen erzeuge die Veränderungen in der lichtempfindlichen Schicht. Das Modell des Abdrucks ersetzt demnach die Beschreibung eines abstrakten, chemisch-physikalischen Vorgangs durch eine suggestive und falsche Metaphorik. Mary Ann Doane, die den peirceschen Index-Begriff zustimmend verwendet, deutet diese Problematik selbst indirekt an, wenn sie schreibt: »[...] die vom Objekt reflektierten Lichtstrahlen ›berühren‹ den Film.« (ECT: 92) Der entscheidende Vorgang – die »Berührung« – wird in Anführungszeichen gesetzt, um anzudeuten, dass der Begriff letztlich nur in einem uneigentlichen Sinn getroffen werden kann.

Aus wissenschaftshistorischer Perspektive hat auch Christoph Hoffmann (geb. 1963) die Rede vom fotografischen »Abdruck« kritisiert. Am Beispiel der ballistisch-fotografischen Experimente Ernst Machs und Peter Salchers weist Hoffmann darauf hin, dass der »Raum zwischen Gegenstand und Kamera« keineswegs ein Raum reiner Übertragung ist, da das Licht hier »mannigfaltigen Ablenkungen und Eingriffen ausgesetzt ist« und auch die fotografische Apparatur das Licht, »bevor es auf die fotografische Schicht einwirkt, abblendet, bricht und bündelt« (DM: 356). Die Rede vom »Lichtabdruck« kaschiere also, dass beim Entstehen jeder Fotografie eine ganze Kette von Transformationen am Werk sei, die den Gedanken an eine Unmittelbarkeit der Übertragung dementiere. Dubois' »Minimaldefinition« der Fotografie als »Lichtabdruck« sei lediglich ein Rückfall in metaphysische Deutungstraditionen: »Letztlich wird mit ihr nur an die Lichtmetaphysik Talbots, dessen Rede vom ›pencil of nature‹ und damit an die ältesten fotografischen Diskurse angeschlossen, die eine unmittelbare Aufzeichnung des Bildes suggerieren und jeden Zwischenschritt, und das heißt eigentlich das Mediale der Fotografie, nämlich den Vorgang der Übertragung und Entstehung des Bildes, dem Denken entziehen.« (DM: 356) Demnach wäre Dubois der »Gefahr der Metaphysik«, die er durch eine Reihe von Relativierungen zu bannen versucht, am Ende selbst erlegen. Mit der Theorie des Abdrucks wäre gerade ein entscheidendes Merkmal der Fotografie – ihre Funktion als Medium – ausgeblendet. »Medien«, so Dieter Mersch, »›vermitteln‹, ohne selbst ›unmittelbar‹ zu sein. Als Figuren der Mitte belegen sie zudem einen ›Zwischenraum‹, durch den etwas zur Erscheinung gelangt, Darstellungen gegeben, Bezüge hergestellt und Bedeutungen hervorgebracht werden.«[26] Dieser Zwischenraum bleibe, so Hoffmanns Kritik, für die Indextheorien ein blinder Fleck: Er werde nicht erklärt, sondern mystifiziert und »dem Denken entzogen«.

Hier wird zu Recht auf ein Problem der Einschreibungsmetaphorik hingewiesen, das durch die teils konträre, teils synonyme Verwendung der Begriffe »Abdruck«, »Index« und »Spur« noch verstärkt wird. Fassen wir die genannten Verwendungsweisen kurz zusammen: Für Peirce ist der »Abdruck« – *neben* der Fotografie, dem Wetterhahn, der Sonnenuhr etc. – eine mögliche Erscheinungsweise der übergeordneten Zeichenkategorie des Index. Bei Peirce gibt es also keinen Hinweis darauf, dass die »existenzielle Relation«, die ein fotografisches Bild zum Index macht, ein »Abdruck« sein soll.[27] Krauss übernimmt diese Unterscheidungen, geht dann aber unversehens dazu über, »Abdruck« und »Index« synonym zu verwenden: Der indexikalische Charakter einer Fotografie zeige sich darin, dass sie das »Ergebnis eines physikalischen Abdrucks« (AI 1: 257) sei. Daneben wird die Fotografie jetzt zusätzlich auch als »photochemisch hervorgebrachte Spur« (MD: 79) bezeichnet, und auch dieser Begriff wird als Synonym für »Index« und »Abdruck« gebraucht. Eine weitgehend synonyme Verwendung dieser drei Begriffe findet sich auch bei Dubois. Barthes wiederum spricht an keiner Stelle explizit von »Index«, »Abdruck« oder »Spur«, nimmt mit seiner Formulierung vom »Haftenbleiben« des Referenten indirekt aber doch Bezug auf die Funktionsweise des Abdrucks. Sein Begriff der »Emanation« hingegen geht nicht vom unmittelbaren, physischen Kontakt zweier Körper aus, sondern von einer Übertragung mittels »Strahlen«, die von einem »realen Objekt« herrühren, »das einmal da war« (HK: 91). Das im darauf folgenden Satz verwendete Bild der »Nabelschnur«, die den Körper des fotografierten Gegenstands mit dem Blick des Betrachters verbinde, legt wiederum eine physische, kontinuierliche und sogar synchrone Verbindung von Objekt, Bildträger und Betrachter nahe. Didi-Huberman schließlich knüpft in seiner Lektüre der vier Fotografien aus Auschwitz an seine früheren Überlegungen zur Spur an, führt mit dem Begriff des »Fetzens« aber noch eine zusätzliche Bedeutung ein. Ein »Fetzen« des Gewesenen wäre keine Einschreibung des Objekts in ein anderes Medium, sondern – wie eine Reliquie – ein integraler Teil des Dargestellten selbst, ein physischer Rest der vorgängigen Sache, der aufgrund seiner Loslösung und Vereinzelung gleichwohl »nicht die Sache selbst« (BTA: 234) wäre. Dieses Nebeneinander verschiedener Beschreibungsmodi der Fotografie zeigt sich am deutlichsten in den wechselnden Akzentuierungen, die Susan Sontag einander innerhalb weniger Zeilen folgen lässt. Sontag nennt die Fotografie »eine Spur, etwas wie eine Schablone des Wirklichen«, einen »Fußabdruck oder eine Totenmaske«, »die Aufzeichnung einer Emanation (Lichtwellen, die von Gegenständen reflektiert werden)«, um einige Zeilen später noch die Funktion der Reliquie hinzuzufügen: »Ein Foto von Shakespeare besitzen wäre, als besäße man einen Nagel vom Kreuz Christi.« (ÜF: 147)

Bei näherem Hinsehen zeigt sich also, dass die zentralen Begriffe »Abdruck«, »Index« und »Spur« in der fototheoretischen Literatur keineswegs in einheitlicher Weise Verwendung finden und auch nicht immer Aufschluss darüber geben, wie die Autorinnen und Autoren sich den materiellen Akt der Übertragung, dessen Unhintergehbarkeit sie gleichwohl hervorheben, im Einzelnen vorstellen. Mal ist an einen unmittelbaren Kontakt von Objekt und Bildträger gedacht, mal an eine Übertragung mittels Lichtstrahlen, mal an eine materielle Transformation der abgebildeten Sache selbst. Zwei Grundvoraussetzungen teilen jedoch alle genannten Bestimmungen: Sie leiten die Besonderheit fotografischer Bilder aus dem Vorgang ihrer Hervorbringung ab und sie setzen voraus, dass dieser Vorgang im Zusammenwirken von Objekt und lichtempfindlichem Material stattfindet, d. h. sich – zumindest zeitweise und partiell – der direkten Einflussnahme durch den Fotografen entzieht. Will man beide Voraussetzungen bestreiten, ist nicht einsehbar, wie man die Fotografie dann von anderen, manuellen Formen der Repräsentation unterscheiden könnte. Ein Lichtbild aufzunehmen wäre dann vom Bemalen einer Leinwand oder dem Führen einer Radiernadel über eine Kupferplatte nicht prinzipiell unterscheidbar. Für eine stilistische oder ikonografische Betrachtung der Bilder wäre diese Ununterscheidbarkeit kein Problem. Sobald man aber Aussagen über die Spezifik der Fotografie treffen will, wird man nicht umhinkommen, ihre Differenz zu anderen Formen der Repräsentation zu betonen.

Die Theorien des Abdrucks, des Index und der Spur münden mithin in einer Paradoxie: Einerseits insistieren sie zu Recht auf den spezifischen Herstellungsbedingungen fotografischer Bilder, andererseits tendieren sie dazu, diese Bedingungen, wie Hoffmann schreibt, »dem Denken [zu] entziehen« (DM: 356) bzw. sie in Metaphern einzukleiden, die als unpräzise empfunden werden. Eine Möglichkeit, diesem Dilemma zu begegnen, besteht darin, den Ort der Einschreibung nicht positiv zu definieren, sondern ihn indirekt und durch Negation zu bezeichnen, d. h. zu sagen, was die Fotografie nicht ist. Von dieser ›negativen Theorie‹ handelt der letzte Teil dieses Kapitels.

1.8 Negative Theorie: Automatismus – Absichtslosigkeit – nicht von Menschenhand gemachte Bilder (Talbot, Benjamin, Bazin, Arnheim, Barthes)

Eine negative Bestimmung der Fotografie gaben bereits ihre frühen Kommentatoren, wenn sie das Zustandekommen der Bilder als »Zauber« und »Magie« beschrieben und es damit in den Bereich des rational nicht Erklärbaren verlegten. Über die fotografische »Kunst, einen Schatten zu fixieren«, bemerkt William Henry Fox Talbot: »Die Erscheinung, die ich jetzt erwähne, scheint mir beinahe zu dem Wunderbarsten zu gehören unter allen Erscheinungen, die physikalische Forschung je zu unserer Kenntnis gebracht hat. Das Vergänglichste aller Dinge, ein Schatten, das sprichwörtliche Sinnbild für alles, was flüchtig und vergänglich ist, kann durch den Zauber unserer natürlichen Magie gebannt und für immer festgehalten werden [...].« (APD: 83-84) Talbots Beschreibung ist bezeichnend für die Koexistenz von zwei Erklärungsmodellen der Fotografie: Die Erzeugung eines fotografischen Bildes wird als Ergebnis »physikalischer Forschung« – und das heißt: als Resultat eines planmäßigen und zielgerichteten Tuns – ausgewiesen, zugleich wird ihr jedoch ein Anteil am »Wunderbaren«, an »Zauber« und »natürlicher Magie« zugesprochen. Neben der Definition der Fotografie als »Abdruck« der Natur bleibt diese magische Komponente ein durchgängiges Motiv in Talbots Äußerungen zur Fotografie. Ihr Potenzial wird vor allem darin gesehen, dass fotografische Bilder »von selbst« in Erscheinung treten sollen: »Es ist nicht der Künstler, der das Bild hervorbringt. Das Bild macht sich *von selbst*. Der Künstler muss lediglich den Apparat vor dem Objekt, dessen Bild er wünscht, positionieren und überlässt ihn dann – je nach Umständen für eine längere oder kürzere Zeit – sich selbst.«[28] In dieser Beschreibung einer Dauer, in der das fotografische Bild »sich selbst« überlassen bleibt, ist bereits jener Moment der Entzogenheit angedeutet, den Dubois später als den Zwischenraum skizziert, in dem das Foto »zu seinem Referenten eine Beziehung der vollständigen Unvermittelheit, der wirklichen Ko-Präsenz« unterhält (FA: 88-89). Der Fotograf ist aus dieser Beziehung ausgeschlossen. Er agiert davor und danach, nicht aber im »*Moment* der natürlichen *Einschreibung*« selbst (FA: 54). Auch für Talbot ist dieser Zeitraum der Abwesenheit oder Passivität des Fotografen konstitutiv. Das Sprechen vom »von selbst« entstandenen Bild ist zugleich auch eine *negative* Rede. Sie besagt, wer als alleiniger Urheber der Bilder *nicht* infrage kommt, und markiert eine Position der Abwesenheit: Das Wesen der Fotografie wird vor allem auch darin gesehen, was sie *nicht* ist, wie sie *nicht* oder *nicht ausschließlich* funktioniert, nämlich als Ausdruck manueller Kunstfertigkeit. Auch folgende Passage aus der Einleitung des *Pencil of Nature* macht deutlich, wie Talbot beide Modi – die *positive* Bestimmung der Fotografie als *Wirkung* des Lichts und die *negative* als *Fehlen* menschlicher Intervention – miteinander vereint: »Die Tafeln des vorliegenden Werks sind allein durch die Einwirkung des Lichts hervorgerufen worden, ohne irgendeine Mithilfe von Künstlerhand. Es handelt sich um originale Sonnen-Bilder und nicht, wie einige gemeint haben, um gestochene Imitationen solcher Bilder.« (ZN: 89) Die Fotografie ist *keine* Grafik, sie entsteht *ohne* Interventionen einer »Künstlerhand«, »ohne Unterstützung durch irgend jemanden, der mit der Zeichenkunst vertraut wäre« (ZN: 45). Um diese Negation der Hand zu betonen, entwickelt Talbot seine Bestimmungen der Fotografie durchgängig im Verweis auf jene manuellen Verfahren, von denen sie sich gerade unterscheiden soll. Auch die anfänglich von ihm verwendete Benennung der Fotografie als »fotogenische Zeichnung« (*photogenic drawing*) enthält diese Figur der Negation. Die »Zeichnung« wird aufgerufen, nur um anzuzeigen, dass das »fotogenische« Verfahren eben *keine* gewöhnliche Zeichnung ist. Diese indirekte Referenz zeigt sehr schön auch die Erläuterung, die Talbot einer der 24 Tafeln des *Pencil of Nature*, einem fotografischen Gruppenporträt, an die Seite stellt: »Die Anfertigung eines Gruppenbildnisses dauert nicht länger als die eines Einzelporträts, da die Kamera alle Figuren auf einmal aufnimmt, um wie viele es sich auch handeln mag.« (ZN: 75) Talbot gibt seinen Lesern hier eine Erläuterung, die aus der heutigen Sicht eines fotografiekundigen Lesers äußerst redundant erscheint. Es versteht sich von selbst, dass eine Kamera alle Details einer Szene – zumindest annähernd – gleichzeitig aufnimmt und sie nicht in mühevoller Arbeit Stück für Stück zusammentragen muss. Auch dieser Hinweis ist nur dann verständlich, wenn man ihn im Hinblick auf die Funktionsweise manueller Bildverfahren liest: Für einen Maler oder Zeichner hätte es sehr wohl einen Unterschied bedeutet, ob drei oder dreihundert Personen zu Papier gebracht werden müssen.

Talbots Diktum, nicht der Künstler mache das Bild, sondern das Bild mache »sich selbst«, ist in dieser Zuspitzung und Ausschließlichkeit zweifellos auch in seinem historischen Zusammenhang zu sehen. Talbot schreibt für Leser, die Fotografien noch nicht kennen, und zu einer Zeit, als auch er selbst noch nicht zu sagen weiß, ob die neue Technik sich durchsetzen wird. Die Absolutheit, mit der er den Automatismus der Bildentstehung hervorhebt, ist auch diesem noch ungesicherten Status des neuen Mediums geschuldet. Es gibt andere Passagen des *Pencil of Nature*, die vom ästhetischen Gestaltungsspielraum und den Einflussmöglichkeiten des Fotografen handeln und die Fotografie explizit in die ikonografische Tradition der Malerei stellen. Gerade in seiner Überzeichnung verweist das Diktum des »von selbst« entstandenen Bildes aber auf die Virulenz einer Leerstelle – den Ort einer ungewiss gewordenen Autorschaft. Wo zuvor eine Hand sichtbar agierte, kommt mit der partiellen Selbsttätigkeit der Fotografie ein Faktor ins Spiel, dessen Wirkung zunächst als Magie, dann als Selbstabdruck der Natur beschrieben wird, der in beiden Fällen aber auch auf die Abwesenheit des Menschen verweist.

Die Wiederkehr dieses Motivs bei späteren Theoretikern der Fotografie macht deutlich, dass sein Erklärungspotenzial sich keineswegs in der frühen Phase der Etablierung des neuen Mediums verbraucht hat und insofern auch nicht als rein historisches Phänomen zu erklären ist. So schreibt Jean Baudrillard:

»Die objektive Magie des Fotos – die sich von der ästhetischen Form der Malerei unterscheidet – liegt darin, daß das Objekt die ganze Arbeit macht. Natürlich werden dies die Fotografen niemals zugeben und behaupten, daß jede Originalität auf ihrer Eingebung, ihrer fotografischen Interpretation der Welt beruht. So kommt es, daß sie schlechte (zu gute) Fotos machen und dabei ihre subjektive ›Vision‹ von der Welt mit dem Reflex-Wunder des fotografischen Aktes verwechseln.« (PF: 258) Auch wenn Baudrillard an dieser Stelle einmal mehr einer falschen und unnötigen Polarisierung von Objekt und Subjekt, Aufzeichnung und Interpretation das Wort redet, trifft seine Bemerkung jenseits ihrer polemischen Übertreibung einen entscheidenden Sachverhalt. Nach Mary Ann Doane ist eine solche negative Definition der Fotografie bereits in Peirces Überlegungen zum Index angelegt: »[...] in seiner Theorie beschreibt Peirce den Index als etwas, das potentiell außerhalb des Bereichs der menschlichen Subjektivität und der Bedeutung liegt.« Insofern sei das fotografische Bild die perfekte Erscheinungsform des Index. »In der Fotografie ist es zum ersten Mal möglich, eine ästhetische oder räumliche Repräsentation zufällig und ohne menschliche Kontrolle herzustellen.« (ECT: 94-95) Auch die folgende Passage aus André Bazins Überlegungen zur »Ontologie des photographischen Bildes« (1945) liest sich wie eine komprimierte Neufassung der bereits bei Talbot formulierten Überlegungen zum fotografischen Automatismus: »Zum ersten Mal entsteht ein Bild von der uns umgebenden Welt automatisch, ohne schöpferische Vermittlung des Menschen und nach einem strengen Determinismus. Die Persönlichkeit des Photographen spielt nur in der Auswahl und Anordnung des Gegenstands und bei der beabsichtigten Wirkung eine Rolle. So sichtbar seine Persönlichkeit im fertigen Werk sein mag, so ist sie doch weit weniger maßgeblich als die des Malers. Alle Künste gründen auf der Anwesenheit des Menschen; nur in der Photographie genießen wir seine Abwesenheit.« (OB: 37) Nach Bazin ist es diese partielle Abwesenheit des Menschen, die den besonderen Status des fotografischen Bildes begründet. Sein Beglaubigungscharakter, der später auch für Barthes ein entscheidendes Motiv sein wird, ist hier explizit an den Automatismus seiner Herstellung gebunden. Das fotografische Bild bezeugt die Existenz des Dargestellten, gerade weil die Aktivität des Fotografen im Moment der Aufnahme aussetzt. Insofern ist der Beglaubigungscharakter der Fotografie kein in sich selbst begründeter Wert. Er kommt nur indirekt zum Vorschein – in der Hohlform, die die partielle Untätigkeit des Autors hinterlassen hat.

»Die automatische Entstehung hat die Psychologie des Bildes radikal erschüttert. Die Objektivität der Photographie verleiht ihr eine Überzeugungsmacht, die allen anderen Bildwerken fehlt. Welche kritischen Einwände wir auch haben mögen, wir sind gezwungen, an die Existenz des wiedergegebenen Gegenstands zu glauben, der ja tatsächlich wiedergegeben, das heißt in Raum und Zeit wieder gegenwärtig gemacht wird. Die Photographie profitiert von einer Wirklichkeitsübertragung vom Ding auf seine Reproduktion. Obgleich eine sehr getreue Zeichnung weit mehr Auskünfte über das Modell gibt, wird sie, unserem kritischen Geist zum Trotz, doch nie die irrationale Macht der Photographie besitzen, der wir Glauben schenken.« (OPD: 37)

Auch Bazin versteht die Fotografie als »Wirklichkeitsübertragung vom Ding auf seine Reproduktion«. Und auch für Bazin ist keineswegs die auf diese Weise entstandene Wirklichkeitstreue entscheidend, die, wie er einräumt, von den traditionellen Künsten sogar übertroffen werden kann. Entscheidender als der Realismus der Abbildung ist ihr automatisches Entstehen. Die daraus resultierende Leerstelle auf der Seite der Autorschaft wird bei Bazin jedoch nicht durch chemisch-physikalische Erklärungen gefüllt, sondern begründet – im Sinne der genannten negativen Definition – die »irrationale Macht« der Fotografie.

In diesem Zusammenhang kommt Bazin auf die »Synthese von Reliquie und Photographie im Turiner Grabtuch« (OB: 42) zu sprechen. Mit dem Verweis auf das in Turin aufbewahrte Leinentuch, das angeblich das einzige authentische Abbild Christi tragen soll, ist noch einmal das Modell des Abdrucks und der Spur aufgerufen. Mit der Nennung des Grabtuchs bezieht Bazin sich aber zugleich auf die byzantinischen *acheiropoietoi*, die ›nicht-von-Menschenhand-gemachten‹ Bildnisse Christi.[29] Dieser Bezug ist bemerkenswert, denn er stellt die moderne Technik der Fotografie in eine alte theologische Tradition. Von den *acheiropoietoi* wurde gesagt, dass sie durch bloße Berührung mit dem Antlitz Christi hervorgebracht worden seien, auf wunderbare Weise von selbst entstanden oder als vollendete Bildnisse vom Himmel fielen. Auch bei diesen ›nicht-von-Menschenhand-gemachten‹ Bildern zählen also vor allem die Entstehungsbedingungen der Bilder. Entscheidend ist nicht (oder nicht primär), was sie zu sehen geben, sondern vor allem, auf welchem Wege sie zustande gekommen sind, genauer: wie sie *nicht* entstanden sind, nämlich durch manuelle Intervention. Es handelt sich, so Georges Didi-Huberman, um »Spuren«, deren Bedeutung auf »Nicht-Kontakt mit dem Menschen« beruht.[30] Auch Roland Barthes, der die Fotografie »als Magie und nicht als Kunst« (HK: 99) verstanden hat, verbindet diese Magie mit der theologischen Tradition der nicht von Hand gemachten Bilder: »[...] kann man von ihr [der PHOTOGRAPHIE] nicht dasselbe sagen, was die Byzantiner vom Antlitz Christi sagten, das sich auf dem Schweißtuch der Veronika[31] abgedrückt hat, nämlich daß sie nicht von Menschenhand geschaffen sei, *acheiropoietos*?« (HK: 92) Auch bei Barthes korrespondiert die Bestimmung der Fotografie als »Emanation des Referenten« also mit dem Hinweis auf das gleichzeitige Zurücktreten des Autors.

In seinem Aufsatz *Die Fotografie – Sein und Aussage* (1978) beschreibt Rudolf Arnheim den äußersten Grad dieses Zurücktretens – einen Fotografen, der ein Bild auslöst, ohne zu sehen, was im Sucher seiner Kamera erscheint. Für Arnheim hat dieses Vorgehen Anteil am »Unheimlichen«: »Das Unheimliche beim Fotografieren besteht darin, daß ein Bild schon zustande kommt, sobald man nur, sonst gänzlich unbeteiligt, auf den Auslöser des Maschinchens drückt. Weder Hand noch Auge brauchen da weiter tätig zu sein. Und da der Anteil des Apparats so groß und der des Menschen so gering sein kann, zögert man, ein solches Produkt ›eine Fotografie‹ zu nennen, wenn man darunter etwas vom Menschen Geschaffenes versteht.« (FSA: 38) Arnheim beschreibt hier, wie er selbst hinzufügt, einen »Extremfall« der Bildherstellung. Um dessen Wahrscheinlichkeit oder empirische Häufigkeit geht es in seinem Argument aber auch gar nicht. Auch dieser unwahrscheinliche Fall eines blinden Fotografen »illustriert eine Eigenschaft, die allen Fotografien zukommt« (FSA: 38). Arnheim erinnert daran, dass der Fotograf im Moment der Bildherstellung nicht notwendigerweise bewusst agieren, etwas sehen oder auch nur anwesend sein muss. Es versteht sich von selbst, dass die gestalterischen Eingriffe des Fotografen für eine künstlerische Bewertung fotografischer Bilder von entscheidender Bedeutung sind. Trotzdem stellen sie keine notwendige Bedingung für die Entstehung eines Bildes dar. Der »Anteil des Apparats« und der Anteil des Fotografen ergänzen einander, ihre jeweilige Gewichtung variiert von Fall zu Fall.[32] Dass Arnheim im gleichen Text von den »Machenschaften« spricht, »mit denen man Fotos nach Wunsch in bestimmt gefärbte Aussagen verfälschen kann« (FSA: 37), zeigt einmal mehr, dass die Hervorhebung des Automatismus nicht notwendigerweise eine Theorie der fotografischen Objektivität einschließt. Ähnlich wie Naturphänomene sind die Produkte der Fotografie zwar unhintergehbar, stellen für sich genommen aber noch keine Aussage über das Gezeigte dar: »In der Fotografie herrscht immer eine gewisse Üppigkeit und Zufälligkeit, wie sie der Natur eigen ist. Denn die Natur ist ja keine Aussage, sondern ein Sein.« (FSA: 39)

Die Hervorhebung der automatischen Anteile der Fotografie hat zwangsläufig auch ein verändertes Verständnis der auf diese Weise entstandenen Bilder zur Folge. Dem Automatismus der Aufnahme entspricht die teilweise Absichtslosigkeit dessen, was später auf der Aufnahme zu sehen ist. Zahllose Details können sich »von selbst« ins Bild setzen – ganz einfach dadurch, dass sie zum Zeitpunkt der Aufnahme eben vor Ort waren und deshalb, ob beabsichtigt oder nicht, mit aufgenommen wurden. Schon Talbot hat auf diesen ikonografischen Überschuss der Fotografie hingewiesen: »Es geschieht häufig – und macht einen Reiz der Photographie aus –, daß der Photograph selbst, und unter Umständen erst nach langer Zeit, bei der Nachprüfung entdeckt, daß er viele Dinge aufgenommen hat, die ihm seinerzeit gar nicht aufgefallen waren. Auf Gebäuden findet man manchmal Inschriften oder Jahreszahlen oder man entdeckt auf ihren Mauern höchst belanglose gedruckte Anschlagzettel; und manchmal bemerkt man in der Ferne ein Zifferblatt, auf dem – unabsichtlich – die Stunde der Aufnahme festgehalten ist.« (ZN: 74) Diese partielle Unvorhersehbarkeit des fotografischen Bildes ist seither immer wieder betont worden. Walter Benjamin spricht vom »Fünkchen Zufall [...], mit dem die Wirklichkeit den Bildcharakter gleichsam durchsengt hat« und dessen Existenz »im Zeugnis für die Kunst des Photographen [...] nicht aufgeht« (KGP: 370). Kracauer zählt die »Akzentuierung des Zufälligen« (F: 53) zu den Grundeigenschaften der Fotografie, und auch Barthes' Lektüretechnik des »punctum« (vgl. Kapitel 3.4) zehrt von der potenziellen Absichtslosigkeit des Details, das den Bildraum als »unvermeidliche und reizvolle Zutat« durchsetzt: »[...] es bezeugt nicht unbedingt die Kunst des Photographen; es besagt bloß, daß er gar nicht anders konnte, als das Teilobjekt gleichzeitig mit dem Gesamtobjekt zu photographieren« (HK: 57).

Auch gegen die negativen Bestimmungen der Fotografie wird man zweifellos einwenden können, was Christoph Hoffmann am Modell der Spur und des Abdrucks kritisiert: dass sie das Mediale der Fotografie »dem Denken entziehen«. Wo man eine positive Erklärung für den Transfer vom Objekt ins Bild erwartet, ist in ihnen von Absichtslosigkeit, Unvorhersehbarkeit und Automatismus die Rede. Barthes' Vergleich mit den nicht von Menschenhand gemachten Bildern Christi, Arnheims Berufung auf das »Unheimliche« der Fotografie oder Bazins Betonung ihrer »irrationalen Macht« mögen überdies bereits Züge einer Mythisierung oder Fetischisierung des fotografischen Bildes an sich tragen. Solange die negative Bestimmung aber nicht in Metaphysik umschlägt oder ein unerklärliches Wesen *hinter* der Technik sucht, bleibt sie ein legitimer Hinweis auf die partielle Unverfügbarkeit der Fotografie. Sie stellt keine methodische Unzulänglichkeit dar, sondern verweist auf einen Moment des Entzugs, der in der Funktionsweise des Mediums angelegt ist.

2. Fotografie als Botschaft und Konstrukt

2.1 Realismus in Anführungszeichen

Barthes war sich durchaus bewusst, dass sein Beharren auf dem realistischen Gehalt der Fotografie am Ende der 1970er Jahre keineswegs im Trend der Zeit lag: »Bei den heutigen Kommentatoren der PHOTOGRAPHIE (Soziologen und Semiologen) steht die semantische Relativität hoch im Kurs: nichts ›Reales‹ gibt es (groß ist die Verachtung für die ›Realisten‹, die nicht sehen, daß eine Photographie immer codiert ist), nur das Artefakt; *Thesis* nicht *Physis*; die PHOTOGRAPHIE, sagen sie, ist kein Analogon der Welt, was sie wiedergibt, ist künstlich erzeugt [...].« (HK: 97) Tatsächlich setzt in den 1970er Jahren eine Konjunktur fototheoretischer Texte ein, die mit den zentralen Prämissen der im ersten Kapitel diskutierten Auffassungen bricht. Das realistische Potenzial der Fotografie stellt aus ihrer Sicht keine tatsächliche Eigenschaft fotografischer Bilder dar, sondern erscheint als bloßer Effekt sozialer und kultureller Praktiken, Zuschreibungen und Codes. Realismus erscheint fortan in Anführungszeichen. Dementsprechend treten auch die Versuche, die Fotografie als natürliches, chemisch-physikalisch fundiertes Bildverfahren zu bestimmen, in den Hintergrund oder werden als unzulässiger Naturalismus kritisiert. Die Aufgabe der wissenschaftlichen Beschreibung wird nun darin gesehen, die wechselnden Funktionen und Bedeutungen der Fotografie zu untersuchen und in den sozialen, kulturellen und historischen Grenzen ihrer Gültigkeit erkennbar zu machen. Dieses Verständnis dokumentieren beispielsweise die vier Fragen, die Richard Bolton seiner Anthologie *Critical Histories of Photography* (1989) vorangestellt hat: »Welche sozialen Folgen hat die ästhetische Praxis? – Wie konstruiert Fotografie Geschlechterdifferenz? – Wie wird Fotografie benutzt, um Klasseninteressen und nationale Interessen durchzusetzen? – Welche Politiken fotografischer Wahrheit gibt es?«[33] Dieses Vorhaben prägt eine Vielzahl soziologischer, marxistischer, semiotischer, feministischer und diskursanalytischer Ansätze. Sie alle teilen die Prämisse, dass von einer ›Essenz‹ der Fotografie nicht die Rede sein kann. »Die Fotografie«, so fasst Susanne Holschbach das Credo dieser Position zusammen, »gibt es nicht. Sie besitzt keine Identität, keine Eigenart, keine spezifische Bedeutung unabhängig von derjenigen, die ihr in den kulturellen, gesellschaftlichen und institutionellen Kontexten ihrer vielfältigen Einsätze zugewiesen wird.«[34] Während Barthes »das Universale« der Fotografie in den Blick nehmen will (HK: 17), Kracauer ihr »ästhetisches Grundprinzip« formuliert und Dubois im Indexikalischen zumindest eine Minimaldefinition erkennt, sind solche Wesensbestimmungen aus konstruktivistischer Perspektive verfehlt: Es gibt Fotografien und ihre wechselnden Funktionen und Bedeutungen, aber es gibt kein daraus ableitbares ›Wesen‹ der Fotografie. Nach den Worten des englischen Kunsthistorikers John Tagg verfügt die Fotografie auch über keinerlei historische Konsistenz. »Ihr Status als Technologie ändert sich je nach den Machtbeziehungen, von denen sie in Anspruch genommen wird. Ihre Praxis hängt von den Institutionen und Personen ab, die sie definieren und für sich arbeiten lassen. [...] Ihre Geschichte hat keine Einheit. Es handelt sich um ein ständiges Oszillieren innerhalb eines Feldes institutioneller Räume. Es ist dieses Feld, das wir untersuchen müssen, nicht die Fotografie als solche.«[35]

Aus diesen Prämissen ergeben sich zwei Konsequenzen: 1. Die Aufmerksamkeit richtet sich nicht länger auf das konkrete, fotografische Bild, sondern auf die sozialen Prozesse, Regeln und Diskurse, die es mit Bedeutung aufladen. 2. Die entsprechenden Studien liefern letztlich keine *Theorien der Fotografie*, sondern *Theorien der sozialen und historischen Funktionen und Faktoren*, die sich der Fotografie bemächtigen, sie umformen und definieren. So betont der amerikanische Künstler und Kritiker Victor Burgin, dass eine Fototheorie von der sozialen und historischen Praxis der Fotografie ausgehen muss: »Der *Gegenstandsbereich*, den ich für diese Theorie vorschlage, beschränkt sich nicht auf die Fotografie als eine Reihe von Techniken (obwohl der Technik in der Theorie selbstverständlich Rechnung getragen werden muß): er umfaßt vielmehr die Fotografie als *Signifikationspraxis*. Unter *Praxis* wird dabei die Arbeit an bestimmten Materialen in einem bestimmten sozialen und historischen Kontext und zu bestimmten Zwecken verstanden.«[36] Die einzelnen Auslegungen dieses Programms, seine marxistischen, kulturwissenschaftlichen, feministischen oder postkolonialen Realisierungen können hier nicht dargestellt werden, da die historische Besonderheit ihrer Gegenstände zu weit von der allgemeinen und theoretischen Perspektive dieser Einführung wegführen würde. Die methodischen und theoretischen Prämissen, die den meisten von ihnen zugrunde liegen, sollen im Folgenden aber doch am Beispiel einer soziologischen, einer semiologischen und einer diskursanalytischen Lektüre der Fotografie dargestellt werden.

2.2 Fotografie als soziale Praxis (Bourdieu)

Neben der Erwähnung der »heutigen Kommentatoren der Fotografie« kommt die Soziologie in Barthes' *Heller Kammer* noch ein zweites Mal zur Sprache. Diesmal erscheint sie als »lästige Stimme (die Stimme der Wissenschaft)«, die den auf Abwege geratenen Verfasser in strengem Ton zur Ordnung der akademischen Rede ermahnt: »Kehr zur PHOTOGRAPHIE zurück. Was du hier siehst und was dich leiden macht, fällt unter die Kategorie ›Amateurfotografie‹, die ein Soziologenteam behandelt hat: es belegt nichts anderes als das soziale Protokoll einer Integration, das den Zweck hat, die Institution der Familie zu stabilisieren und so weiter.« (HK: 15) Abgesehen von den methodischen Gegensätzen, die Barthes hier ironisch kommentiert – die subjektive Lektüre im Gegensatz zur akademischen Strenge des Klassifizierens – beschreibt diese Notiz die offenbar unüberbrückbare Kluft, die zwischen der Fotografie als »Emanation des Referenten« und ihrer Definition als »soziales Protokoll« klafft. Auch wenn Pierre Bourdieu (1930–2002) an dieser Stelle nicht namentlich genannt wird, so bezieht sich Barthes hier doch zweifellos auf seine Schrift *Eine illegitime Kunst. Die sozialen Gebrauchsweisen der Photographie* (1965). Gemeinsam mit anderen Soziologen führte Bourdieu eine empirische Untersuchung über den Umgang mit Fotografien in verschiedenen Schichten der französischen Gesellschaft durch. Das Interesse des Teams galt den klassenspezifischen Einstellungen zur Fotografie sowie der sozialen Praxis, die in Integrationsriten wie dem Familienporträt oder dem Hochzeitsbild ihren Ausdruck findet. Neben der Auswertung und Deutung der empirischen Daten enthält die Untersuchung aber auch einige grundsätzliche Überlegungen Bourdieus zur Funktion der Fotografie und zur Kritik ihres vermeintlichen Realismus.

Auch Bourdieus Bestimmung der Fotografie beruft sich auf Objektivität. Damit ist aber nicht – wie im Sprachgebrauch André Bazins – der Automatismus des Aufzeichnungsverfahrens bezeichnet, sondern die »objektiven, undeutlich erfahrenen Beziehungen zwischen der ›Klasse als solcher‹ und den anderen Klassen, die sich mittelbar in der Haltung der Individuen gegenüber der Fotografie ausdrücken« (EIK: 20). Die soziologische Perspektive ist damit klar umrissen: Fotografie ist Ausdruck und Symptom sozialer Beziehungen. Nach Bourdieu reicht es deshalb nicht aus, nach der Bedeutung eines Fotos oder den Absichten seines Urhebers zu fragen – »man muß auch jenen Bedeutungsüberschuß entschlüsseln, den es ungewollt *verrät*, soweit es an der Symbolik einer Epoche, einer Klasse oder einer Künstlergruppe partizipiert« (EIK: 18). Aufgabe der soziologischen Untersuchung ist es, diese symbolische Tiefenschicht freizulegen und die kollektiven Regeln aufzuzeigen, die sie bestimmen. Diese Regeln sind unhintergehbar, »so daß noch die unbedeutendste Fotografie neben den expliziten Intentionen des Produzenten das System der Schemata des Denkens, der Wahrnehmung und der Vorlieben zum Ausdruck bringt, die einer Gruppe gemeinsam sind« (EIK: 17). Während den Mitgliedern einer solchen Gruppe theoretisch ein unbegrenztes Feld an fotografierbaren Gegenständen zur Verfügung steht, bleibt die tatsächliche Praxis auf den Kanon des zu Fotografierenden beschränkt, »da man nur das photographieren darf, was man photographieren muß« (EIK: 49). Diese Determiniertheit unterscheidet die Praxis des Amateurfotografen von der Tätigkeit des Künstlers. Die künstlerische Einstellung zur Fotografie kann prinzipiell jedes beliebige Objekt zum Kunstwerk erheben, da der Zweck der Aufnahme im künstlerischen Zugriff auf das fotografierte Objekt und nicht in diesem Objekt selbst liegt. Die Amateurfotografie hingegen bleibt an die »Stätten und Augenblicke gekettet, von denen sie im doppelten Sinne des Wortes determiniert wird«. Sie sucht »das Prinzip ihrer Existenz und ihrer Begrenzung außerhalb ihrer selbst« (EIK: 50), nämlich im vorgefundenen System der Regeln und Schemata. Seinen Titel, *Eine illegitime Kunst*, verdankt das Buch dem Umstand, dass die auf diesen Schemata beruhende »Ästhetik des Volkes« die Umkehrung der klassischen Ästhetik darstellt, wie Kant sie maßgeblich geprägt hat. Das »von Kant analysierte Geschmacksurteil gründet in einer anderen gelebten Erfahrung« (EIK: 97) und ist dementsprechend durch andere gesellschaftliche Bedingungen determiniert. Während Kant die Besonderheit des ästhetischen Urteils im »interesselosen Wohlgefallen« erkennt und zwischen dem »Interesse der Sinne« und dem »Interesse der Vernunft« unterscheidet, erwartet die eher unbewusste Ästhetik des Amateurfotografen, dass jede Darstellung eine bestimmte Funktion erfüllt. Im Gegensatz zu den Normen der »legitimen Kultur« wird von den Angehörigen unterer sozialer Schichten das Bedeutende dem Bedeuteten prinzipiell untergeordnet. »Ob ihr Urteil tadelnd oder lobend ist, es stützt sich allemal auf ein System von Normen, das ethisch fundiert ist.« (EIK: 97)

Die Differenzen zu den Theorien des Abdrucks und der Spur sind offensichtlich. Für Bourdieu gibt es keine spezifischen Qualitäten der Fotografie. Was sich über sie sagen lässt, folgt aus ihrem sozialen Gebrauch. Bourdieu fragt deshalb nicht danach, welche Eigenschaften die Fotografie besitzt, was sie kann oder ist, sondern danach, welche Eigenschaften die moderne Gesellschaft ihr zuschreibt und auf welche Weise diese Gesellschaft Fotografien verwendet. Der Realismus der Fotografie erweist sich als bloße Konvention: Man hat sich »darauf geeinigt, die Photographie als ein Modell der Wahrhaftigkeit und Objektivität zu beschreiben« (EIK: 85). Der Soziologie kommt die Aufgabe zu, diese Konvention als »gesellschaftliche Vorstellung« transparent zu machen und die »falsche Selbstverständlichkeit« aufzuzeigen, auf der sie beruht. Der Soziologe demaskiert den falschen Schein des fotografischen Realismus und die Verwechslung des sozialen Konstrukts ›Fotografie‹ mit tatsächlich existierenden Eigenschaften dieses Mediums. Dementsprechend hat

Barthes den soziologischen Kommentar als strenge »Stimme der Wissenschaft« vernommen, die sein »Es-ist-so-gewesen« auf den Boden empirischer Tatsachen zurückholen will. Im Wortlaut Bourdieus sagt diese Stimme: »Wenn man die Photographie für die realistische und objektive Aufzeichnung der sichtbaren Welt hält, dann deshalb, weil man ihr (von Anfang an) *gesellschaftliche Gebrauchsweisen* eingeschrieben hat, die als ›realistisch‹ und ›objektiv‹ gelten. Sie hat sich mit den äußeren Anzeichen einer ›Sprache ohne Regeln und ohne Syntax‹ dargeboten, d. h. einer ›natürlichen Sprache‹, weil die Auswahl, die sie im und am Sichtbaren vornimmt, in ihrer Logik ganz und gar der Darstellung der Welt entspricht, wie sie sich in Europa seit dem Quattrocento durchgesetzt hat.« (EIK: 86) Bourdieu bezieht sich an dieser Stelle auf die Thesen des amerikanischen Kunsthistorikers William M. Ivins, der die Fotografie in seiner Studie *Prints and Visual Communication* (1953) als »Mittel einer symbolischen Kommunikation ohne Syntax« (PVC: 128-129) beschreibt. Ivins geht es in erster Linie um eine Geschichte der künstlerischen Reproduktionstechniken. Am Rande dieser Ausführungen hebt er die Neutralität der fotografischen Wiedergabe hervor: »Zum ersten Mal war es dem Menschen gelungen, visuelle Berichte ohne eine Syntax und ohne deren verzerrende Formwiedergaben zu vervielfältigen.« (PVC: 128-129)[37]

Dieser Deutung der Fotografie als einer »Sprache ohne Regeln und ohne Syntax« hält Bourdieu entgegen, dass die Fotografie sehr wohl »eine Auswahl im und am Sichtbaren vornimmt« und insofern gerade nicht natürlich und regellos ist. Sie beruht auf einer »Logik« und einer spezifischen »Darstellung der Welt«, deren Ursprung die Zentralperspektive des 15. Jahrhunderts ist, also ein Verfahren, das Bilder nach optisch-geometrischen Regeln konstruiert und die bemalte Leinwand als Fenster zur Welt begreift. Wo zahlreiche Autoren die Besonderheit der

Fotografie in ihrer grundlegenden Differenz zur Malerei gesehen haben (vgl. Kapitel 5.1), sieht Bourdieu eine historische Kontinuität. Die Fotografie folgt »der Logik eines Weltbildes, das seine Kategorien und Regeln der Kunst der Vergangenheit entlehnt« (EIK: 87). In der Kontinuität dieser Darstellungskonvention kann eine Fotografie ebenso wenig Anspruch auf eine objektive Wiedergabe erheben wie eine bemalte Leinwand. Die verschiedenen künstlerischen Logiken der Repräsentation sind lediglich alternative »Systeme des bildlichen Ausdrucks«, wobei jedes dieser Systeme »seine Regeln der Wahrnehmung und der Ästhetik aus dem gesellschaftlichen Gebrauch bezieht, der von ihm gemacht wird« (EIL: 305). Keines dieser Systeme besitzt demnach *von sich aus* bestimmte ästhetische Qualitäten. Was für Kracauer das »ästhetische Grundprinzip« eines Mediums oder einer Kunstform bedeutet, ist für Bourdieu ein bloßes Konstrukt, das immer erst nachträglich und als Effekt einer sozial determinierten Auswahl in Erscheinung tritt. Wenn also fotografische Bilder einer bestimmten Gesellschaft als ›realistisch‹ oder ›objektiv‹ erscheinen, so geschieht das einzig deshalb, weil soziale Regeln diese Vorstellung determiniert haben. An dieser Stelle formuliert Bourdieu seinen entscheidenden Einwand gegen die realistische Auffassung der Fotografie: Der Schein des Objektiven und Realistischen kommt einzig dadurch zustande, dass man sich an die Wirkungsmacht einer Illusion gewöhnt hat. Im täglichen Umgang mit Fotografien kehrt diese Illusion verlässlich wieder, bestätigt sich immer wieder selbst und erscheint auf diese Weise schließlich als natürlich. Die Bestimmung der Fotografie als Aufzeichnung des Realen erweist sich als Tautologie. In ihr spiegelt sich eine Gesellschaft als natürlich vor, was sie selbst zuvor als natürlich bestimmt hat:

»Im Namen eines naiven Realismus wird eine Darstellung der Wirklichkeit für realistisch erklärt, die den Anschein von Objektivität nicht etwa der Übereinstimmung mit der Wirklichkeit der Dinge verdankt (da sie sich niemals anders erschließt als über gesellschaftlich bedingte Formen der Wahrnehmung), sondern der Konformität mit den Regeln, die in ihrem gesellschaftlichen Gebrauch die Syntax definieren, d. h. mit der gesellschaftlichen Definition der objektiven Sicht unserer Welt. Indem sie der Photographie Realismus bescheinigt, bestärkt die Gesellschaft sich selbst in der tautologischen Gewißheit, daß ein Bild der Wirklichkeit, das der Vorstellung entspricht, die man sich von der Objektivität macht, tatsächlich objektiv ist.« (EIK: 88-89)

Es versteht sich von selbst, dass Bourdieu unter diesen Voraussetzungen keine autonome Definition der Fotografie formulieren kann. Jenseits ihres sozialen Gebrauchs gibt es nichts, das sich über sie sagen ließe.[38] Es gibt keine Identität der Fotografie, es gibt lediglich gesellschaftliche Gebrauchsweisen, die fotografischen Bildern eingeschrieben werden, um ihren Konsumenten den Anschein von Natürlichkeit zu suggerieren. Bourdieu erweitert sein Argument, indem er auch die technische Dimension des Mediums mit einbezieht. Die gesellschaftliche Vorstellung vom Wirklichkeitsbezug der Fotografie basiert nämlich auf der »gesellschaftlichen Vorstellung vom technischen Gegenstand, der sie hervorbringt« (EIK: 89). Hinter dem Glauben an die Fotografie steht der Glaube an die Technik, d. h. die Annahme, »daß die Perfektion einer Maschine dem Grad ihrer Automatisierung korrespondiere« (EIK: 89). Ein fotografisches Bild »ist das Produkt eines *Gegenstands*«, und aufgrund dieser Kopplung an einen nichtmenschlichen Urheber schreibt man ihm eine besondere Neutralität zu. Wie Bazin, Barthes, Krauss und Dubois geht also auch Bourdieu sehr stark vom materiellen Prozess der Bildgenese aus – allerdings nur, um auch diesen Prozess der Autorität der Gesellschaft zu unterstellen. Auch die Silbersalze entkommen dem Sozialen nicht.

Dem Vergleich von Barthes und Bourdieu lässt sich eine eigentümliche Ironie abgewinnen. Die Position, die Barthes als Theoretiker der Fotografie einnimmt, ähnelt im soziologischen Entwurf Bourdieus dem naiven Realismus der Arbeiter. »Die Photographie«, so erwarten sie, »soll lediglich eine treue und genaue Darstellung liefern, um das Wiedererkennen zu ermöglichen.« (EIK: 34), wohingegen die Angestellten bereits »nicht mehr dasselbe einfache, unmittelbare und, wenn man so sagen kann, glückliche Verhältnis zur Photographie haben« (EIK: 71). In seinen Lektüren des »Es-ist-so-gewesen« kommt Barthes hingegen diesem »glücklichen Verhältnis« noch recht nahe. Wenn er auf dem Kinderbild seiner toten Mutter ihr Wesen wiedererkennt, so ist damit für Bourdieu allerdings kein Potenzial der Fotografie beschrieben, sondern ein gesellschaftlich determinierter Bildgebrauch, dessen Regeln die Soziologie zu analysieren hat.

2.3 Botschaft ohne Code (Barthes)

Es gehört zu den Besonderheiten der Fototheorie von Roland Barthes, dass sie als Theorie der Spur und des Index diskutiert werden kann (vgl. Kapitel 1.4), ihren Ort zugleich aber auch in einem Kapitel hat, das vom fotografischen Bild als kulturellem Konstrukt, Diskurs und Code handelt. Üblicherweise erklärt man diesen Umstand durch eine methodische Wende in den Arbeiten des Verfassers – von einer ersten semiologischen Phase, die vor allem den Zeichencharakter der Fotografie hervorhebt, zur späteren Phänomenologie des fotografischen Bildes in der *Hellen Kammer*. Barthes selbst hat zwischen beiden Perspektiven keinen Bruch gesehen, sondern hebt im Gegenteil ihre Vereinbarkeit hervor, wenn er in der späteren Schrift von den »Realisten« spricht, »zu denen ich gehöre und bereits gehörte, als ich die

Behauptung aufstellte, die PHOTOGRAPHIE sei ein Bild ohne Code – obschon Codes selbstverständlich ihre Lektüre steuern [...]« (HK: 99). Die Position des Realisten, der das fotografische Bild als »Emanation des vergangenen Wirklichen« begreift, schließt demnach das Wissen von der Kommentarbedürftigkeit dieser Emanation nicht aus. Man kann die Fotografie als Aufzeichnung des Realen betrachten und zugleich an der Uneindeutigkeit des Aufgezeichneten festhalten. In der zitierten Passage aus der *Hellen Kammer* bezieht Barthes sich auf seinen Essay *Die Fotografie als Botschaft* (1961). Sein Ausgangsbeispiel ist eine beliebige Pressefotografie. Eine solche Fotografie stellt eine Botschaft dar, die sich aus einer Senderquelle (der Redaktion, dem Fotografen), einem Übermittlungskanal (dem Bild und dem begleitenden Text) sowie einem Empfängermilieu (den Lesern) zusammensetzt. Während sich Sendung und Rezeption der Botschaft mit soziologischen Methoden beschreiben lassen, bedarf die Botschaft selbst einer andersgearteten Betrachtung: »Die Fotografie ist, welchen Ursprung oder welche Bestimmung die Botschaft auch besitzen mag, nicht nur ein Produkt oder ein Weg, sie ist auch ein Objekt mit einer strukturalen Autonomie; ohne dieses Objekt auch nur im geringsten von seiner Verwendung abtrennen zu wollen, muß man hier eine besondere Methode vorsehen, die vor der soziologischen Analyse ansetzt und nur die immanente Analyse einer Fotografie als Originalstruktur sein kann.« (FB: 12) Damit wird nicht behauptet, die Fotografie sei ein kontextloses Gebilde. Die Gesamtheit der Information wird von koexistierenden Strukturen, Bild *und* Text, Fotografie *und* Sprache, getragen. Diese Strukturen nehmen aber getrennte Räume ein, die nicht ineinander übersetzbar sind. Die Botschaft des Textes besteht aus Wörtern, die Botschaft des Bildes aus Linien, Oberflächen, Schattierungen etc. Beide Systeme erfordern eine gesonderte Betrachtung. Bereits in seinen semiologischen Analysen geht Barthes also von der prinzipiellen Eigenständigkeit des fotografischen Bildes aus – im Gegensatz zu Autoren wie Bourdieu, Tagg oder Sekula, die jegliche Identität der Fotografie in Abrede stellen und einzig ihre soziale oder diskursive Einbettung gelten lassen.

Die strukturale Analyse der Fotografie führt Barthes schließlich auf das folgende »fotografische Paradox«:

»Was übermittelt die Fotografie? Definitionsgemäß die Begebenheit als solche, das buchstäbliche Wirkliche. [...] beim Übergang vom Wirklichen zu dessen Ablichtung ist es keineswegs notwendig, dieses Wirkliche in Einheiten zu zerlegen und diese Einheiten als Zeichen zu konstituieren, die sich wesentlich von dem dargebotenen Objekt unterscheiden; es ist keineswegs notwendig, zwischen diesem Objekt und dem Bild von ihm ein Relais, das heißt einen Code, anzubringen; gewiß ist das Bild nicht das Wirkliche: Aber es ist zumindest das perfekte Analogon davon [...]. Somit tritt der Sonderstatus des fotografischen Bildes hervor: *Es ist eine Botschaft ohne Code*, ein Lehrsatz, aus dem man sofort eine wichtige Folgerung ableiten muß: Die fotografische Botschaft ist eine kontinuierliche Botschaft.« (FB: 12-13)

Durch diese Eigenschaft unterscheidet sich die Fotografie von sämtlichen anderen analogischen Reproduktionen der Wirklichkeit wie Zeichnung, Gemälde, Film oder Theater. Zwischen dem Wirklichen und seiner Reproduktion vermittelt bei diesen Künsten notwendigerweise ein Stil, eine bestimmte Art der Bearbeitung, ein zweiter, zusätzlicher Sinn, der mit dem Akt der Reproduktion untrennbar verwoben ist. Selbst ein um äußersten Realismus bemühter Zeichner wird keine realistische Wiedergabe hervorbringen, sondern einen realistischen Stil. Die »denotierte« Botschaft, d. h. die Analogie mit der Realität, wird hier prinzipiell durch eine »konnotierte« Botschaft überformt – eine ästhetisch oder ideologisch codierte Bedeutung, die das Dargestellte den Regeln einer bestimmten Kultur oder Gesellschaft unterwirft. Insofern ist die Unterscheidung zwischen denotativer und konnotativer Botschaft im Fall der bildenden Künste rein hypothetischer Natur, da in der Praxis keine Botschaft ohne Code, keine Reproduktion ohne immanenten Sinn in Erscheinung treten kann. Im fotografischen Bild hingegen, so die These von Barthes, ist diese Trennung theoretisch denkbar. »Da die Fotografie als mechanisches Analogon des Wirklichen auftritt, füllt die erste Botschaft gewissermaßen vollständig ihre Substanz aus und läßt keinerlei Raum für die Entfaltung einer zweiten Botschaft.« (FB: 14) Da der »Übergang vom Wirklichen zu dessen Ablichtung« nicht notwendigerweise codiert ist, gibt es beim fotografischen Bild eine Dimension, in der die Konnotation ausfällt, oder besser gesagt: in der sie noch aussteht. Die Fotografie ist hier reines Denotat, ein Analogon als solches, ein Bild im Nullzustand der Bedeutung. Aus dieser Beobachtung zieht Barthes die radikale Konsequenz, dass die Beschreibung einer Fotografie letztendlich unmöglich ist. Denn jede sprachliche Erfassung muss die fotografische »Botschaft ohne Code« zwangsläufig codieren und verfehlt also systematisch den Raum ihrer reinen und noch ›sinnlosen‹ Denotation. »[...] das Beschreiben besteht gerade darin, der denotierten Botschaft ein Relais oder eine zweite Botschaft hinzuzufügen, die dem Code der Sprache entnommen ist, und, so sehr man auch um Genauigkeit bemüht ist, zwangsläufig eine Konnotation in bezug auf das fotografische Analogon bildet: Beschreiben heißt also nicht bloß, ungenau oder unvollständig sein, sondern die Struktur wechseln, etwas anderes bedeuten als das Gezeigte.« (FB: 14)

Es kommt alles darauf an, die Nuancen und Details dieser strukturalen Analyse der Fotografie ins Auge zu fassen. Mit der Bestimmung der Fotografie als »Botschaft ohne Code« kann offenbar nicht gemeint sein, jede Fotografie sei ein unantastbares Analogon der Wirklichkeit, das dank seiner unmittelbaren Evidenz keiner zusätzlichen Deutung mehr bedürfe. In diesem Fall wäre Barthes tatsächlich der ›naive Realist‹, als den einige Kritiker ihn beschrieben haben. Nur wenige Zeilen nachdem von der uncodierten Botschaft der Fotografie die Rede ist, hält Barthes jedoch fest, dass die fotografische Bedeutung »immer von einer bestimmten Gesellschaft und Geschichte herausgearbeitet wird« und dass die »Lektüre der Fotografie also immer historisch« ist (FB: 23). In diesem Zusammenhang kehrt Barthes noch einmal zu seinem Ausgangsbeispiel zurück, um daran zu erinnern, dass »die Pressefotografie ein ausgefeiltes, ausgewähltes, strukturiertes und konstruiertes Objekt« darstellt, das »nach professionellen, ästhetischen oder ideologischen Normen behandelt wird, die allesamt Konnotationsfaktoren sind« (FB: 14-15). In diesem Sinne hatte Barthes bereits in den *Mythen des Alltags* (1957) die Rhetorik der »Schockfotos« kritisiert, die Hinrichtungen oder Kriegshandlungen zeigen, dabei aber »fast immer überkonstruiert« seien. Auf diese Weise habe der Fotograf dem bloßen Faktum »die intentionale Sprache des Schreckens« (SCH: 55) hinzugefügt – was in der Begrifflichkeit des späteren Textes bedeutet: Er hat die ursprüngliche Botschaft ohne Code mit einem konventionellen Code des Schreckens überformt. *Die Fotografie als Botschaft* nennt weitere Verfahren und Techniken der Konnotation fotografischer Bilder: die *Pose*, die bereits mit der Inszenierung des Motivs ansetzt und der Kultur bestimmte Stereotype (den Blick gen Himmel, gefaltete Hände) und ikonografische Muster entlehnt; die *Fotomontage*, die Personen, welche sich niemals begegnet sind, durch Manipulation in einen gemeinsamen Bildraum versetzt und auf diese Weise den Glauben an das Denotationsvermögen der Fotografie benutzt, um eine ideologisch codierte Botschaft als denotiert erscheinen zu lassen; schließlich der *Text*, der das Bild als parasitäre Botschaft heimsucht und ihm »eine Kultur, eine Moral, eine Phantasie« aufbürdet, diese Konnotation zugleich aber kaschiert, indem er das denotative und scheinbar neutrale Potenzial der Fotografie besetzt. Der Text bedient sich des Bildes, um ihm eine kulturell codierte Botschaft einzuschreiben und diese als natürlich erscheinen zu lassen. Barthes bezeichnet diesen Prozess als »Naturalisierung des Kulturellen« (FB: 21).

Mit den zuletzt genannten Gedanken kommt Barthes den späteren soziologischen und diskursanalytischen Deutungen erstaunlich nahe. Wie Bourdieu in seiner Kritik des naiven Realismus zeichnet auch Barthes hier das Bild eines Mediums, das seine ›Natürlichkeit‹ lediglich aufgrund externer Zuschreibungen erlangt. Wenn in diesem Zusammenhang von der ›Objektivität‹ der Fotografie die Rede ist, so erscheint dieser Begriff auch bei Barthes in Anführungszeichen, wie um den uneigentlichen Charakter dieser Äußerung zu markieren. Die Botschaft ohne Code, heißt es jetzt, vermittle bloß ein »Gefühl der ›Denotation‹« (FB: 14). Und auch wenn die »Glaubwürdigkeit der Fotografie« und ihr »Denotationsvermögen« genannt werden, hat es den Anschein, als meine Barthes hier kein Vermögen, das die Fotografie seiner Ansicht nach tatsächlich besitzt, sondern eines, das eine bestimmte Kultur ihr unterstellt und an das man infolgedessen lediglich »glaubt«. Das Subjekt dieses Glaubens ist »der gesunde Menschenverstand« (FB: 14), den Barthes hier gewiss nicht als erkenntnistheoretische Autorität und Vorbild anführt. Insgesamt lässt sich diese Kritik des fotografischen Naturalismus aber auch als Einspruch gegen eine Position verstehen, die Barthes in der *Hellen Kammer* später selbst vertreten wird. Die Betrachtung einer Fotografie, so heißt es im früheren Text, geschieht in der Gewissheit, »daß die Szene tatsächlich stattgefunden hat: *Der Fotograf mußte einfach da sein* (so lautet die mythische Definition der Denotation).« (FB: 26) Mit dieser Bestimmung einer mythischen Definition charakterisiert Barthes gewissermaßen im Vorgriff seine eigene, spätere Perspektive. Denn die Deutung, die er hier als Mythos kennzeichnet, wird später zum integralen Bestandteil seiner Fototheorie. Das Bestätigungsvermögen der Fotografie, von dem in der *Hellen Kammer* so ausführlich die Rede ist, zeichnet das Bild eines Fotografen, der am Ort der Aufnahme »einfach da« war und durch den Druck auf den Auslöser jenes »Es-ist-so-gewesen« in Gang setzt. Das auf diese Weise entstandene Bild »bezeugt nicht unbedingt die Kunst des Photographen; es besagt bloß, daß er gar nicht anders konnte, als das Teilobjekt gleichzeitig mit dem Gesamtobjekt zu photographieren« (HK: 57).

Die theoretischen Setzungen der *Hellen Kammer* scheinen bei näherer Betrachtung also doch nicht so mühelos mit den früheren semiologischen Schriften vereinbar zu sein, wie Barthes es im eingangs zitierten Kommentar nahelegt. Aber schon innerhalb des früheren Textes fällt eine eigentümliche Spannung auf. Einerseits wird der Fotografie zugestanden, eine »kontinuierliche Botschaft« zu sein, d. h. in einem unmittelbaren Verhältnis zur Wirklichkeit zu stehen, das sie von allen anderen Verfahren der Reproduktion unterscheidet. Andererseits wird daran erinnert, dass sich diese »Botschaft ohne Code«, sobald sie rezipiert wird, als ein nicht-natürliches, »konstruiertes Objekt« zu erkennen gibt, das ohne die unhintergehbaren Sinneffekte der Konnotation gar nicht lesbar wäre. Der besondere Wirklichkeitsbezug der Fotografie wäre demnach zwar vorhanden, als solcher aber nicht dechiffrierbar. Das Wesen der fotografischen Botschaft ohne Code entfaltet hier seine ganze Paradoxie: Sie existiert, ist aber unlesbar, sie bildet das Wesen der Fotografie, kann in der Praxis aber unmöglich vorkommen. Die reine Denotation bezeichnet »eine Art adamitische[n] Urzustand des Bildes« (RDB: 37). Letztendlich verweist sie auf einen Nicht-Ort, eine Utopie des Theoretikers, wie Barthes in einer Randbemerkung seines Textes *Rhetorik des Bildes* (1964) tatsächlich auch ausführt: »[...] das utopischerweise seiner Konnotation entledigte Bild würde von Grund auf objektiv, das heißt letzten Endes unschuldig werden« (RDB: 37-38). Der Konjunktiv, in den Barthes diesen Gedanken versetzt, macht noch einmal unmissverständlich klar, dass dieses Abstreifen der Konnotation niemals gelingen kann, da es eine Rezeption ohne Code nicht gibt. Und doch hält Barthes – gleichsam gegen alle Empirie – an der Wichtigkeit der Unterscheidung zwischen der denotativen und konnotativen Dimension der Fotografie fest:

»Die Szene ist da, mechanisch eingefangen, aber nicht menschlich (das Mechanische ist hier ein Unterpfand für Objektivität); die Eingriffe des Menschen in die Fotografie (Bildeinstellung, Entfernung, Licht, Unschärfe, Verfließen usw.) gehören allesamt der Konnotationsebene an: es sieht ganz so aus, als gäbe es am Anfang (selbst utopisch) eine (frontale, scharfe) Rohfotografie, in der der Mensch dank gewisser Techniken Zeichen aus dem kulturellen Code einbrächte. Nur der Gegensatz zwischen dem kulturellen Code und dem natürlichen Nichtcode kann, so scheint es, dem spezifischen Charakter der Fotografie gerecht werden und erlauben, die anthropologische Revolution zu ermessen, die sie in der Geschichte des Menschen darstellt [...].« (RDB: 39)

In der Zusammenschau dieser paradoxen Bestimmungen der Fotografie drängt sich eine entscheidende Frage auf: Wozu das Beharren auf einer Ebene der reinen Denotation – ja sogar ihre Deutung als Teil einer »anthropologischen Revolution« –, wenn diese Ebene am Ende doch nicht beschrieben werden kann und überdies sogar praktisch unmöglich ist? Anders formuliert: Wodurch unterscheidet sich Barthes überhaupt noch von den späteren Vertretern eines fotografischen Konstruktivismus, wenn auch er selbst die Deutungsmacht externer Sinnzuschreibungen betont und die Natürlichkeit der Fotografie als bloßen Mythos und Utopie bezeichnet?

Tatsächlich ist es am Ende wohl nur eine Nuance, die Barthes von den Kritikern des Realismus unterscheidet – eine Nuance allerdings, die seine Theorie in einen ganz anderen Horizont stellt als etwa die Soziologie Bourdieus. Der dünne Grat, auf dem Barthes seine Unterscheidungen trifft, erinnert an die Minimaldefinition der Fotografie, mit der Dubois die Natürlichkeit und Objektivität der Fotografie bestreitet, aber zugleich an der zentralen Bedeutung ihrer Indexikalität festhält (vgl. Kapitel 1.5). Aus theoretischer Sicht macht es einen Unterschied, ob man – mit Dubois – voraussetzt, dass es in der Entstehung einer Fotografie einen Moment der physikalischen Einschreibung gibt, der sich jeglicher Codierung durch die Gesellschaft entzieht, oder ob man diese Auffassung – mit Bourdieu – ihrerseits für einen Teil des fotografischen Mythos hält. Derselbe Unterschied trennt auch Barthes' Bestimmung denotierter und konnotierter Anteile der Fotografie von den konstruktivistischen oder soziologischen Betrachtungen. Während Bourdieu sämtliche Erscheinungsweisen der Fotografie durch soziale Prozesse determiniert sieht, gibt es für Barthes einen Ort jenseits des Sozialen, der zwar nicht einsehbar ist, aber gleichwohl existiert und sogar die »eigentliche fotografische Botschaft« (FB: 16) darstellt. Die konnotierte Botschaft der Fotografie entfaltet sich »ausgehend von« dieser Botschaft ohne Code (FB: 15). Das denotierte Bild stellt also die unsichtbare Basis dar, auf der die Konnotaton ihre Arbeit am Sinn überhaupt erst entfalten kann. Sie ist der Ort, der Bedeutungen ermöglicht, als solcher aber undechiffrierbar, »nicht-menschlich« und frei von Bedeutung ist. Um diese Abhängigkeit theoretisch benennen zu können, hält Barthes an der Unterscheidung von denotierter und konnotierter Botschaft fest – auch wenn im wirklichen Leben noch niemals ein denotiertes Bild gesichtet worden ist. Hier wird noch einmal deutlich, worin sich Barthes' Kritik des fotografischen Mythos von derjenigen Bourdieus unterscheidet. Bourdieu geht es um eine Demaskierung der Fotografie, die hinter dem Schein ihrer Natürlichkeit die wahre Ursache ihres Wirkens verbirgt, nämlich die unhintergehbaren Regeln der Gesellschaft. Auch Barthes diagnostiziert eine Naturalisierung des Kulturellen, hebt aber zugleich hervor, dass diesem Prozess ein mechanischer, nicht-menschlicher Vorgang vorausgeht, der für sich genommen ›sinnlos‹ ist und sich der wissenschaftlichen Beschreibung entzieht. Für den Soziologen verbirgt die Maske der Natürlichkeit, sobald sie erst einmal gefallen ist, *nichts*, für Barthes verbirgt sie eine unbeschreibbare, aber wirksame Struktur.

Barthes' theoretische Erfassung der paradoxen Botschaft ohne Code bleibt – möglicherweise unvermeidbar – diffizil, bisweilen unentschieden. Die »reine Denotation« ist schließlich auch nicht zu beschreiben. Mehr noch: Offenbar lässt sich nicht einmal sagen, ob sie tatsächlich existiert. »Falls sie existiert, dann vielleicht nicht auf der Ebene dessen, was die Umgangssprache als das Unbedeutende, Neutrale oder Objektive bezeichnet, sondern im Gegenteil auf der Ebene der eigentlich traumatischen Bilder: Das Trauma ist genau das, was die Sprache suspendiert und die Bedeutung blockiert.« (FB: 25) Im traumatischen Bild erkennt Barthes also diejenige Bildform, die sich der Konnotation seiner Ansicht nach am stärksten widersetzt und den Sonderstatus der Botschaft ohne Code deshalb am stärksten in Erinnerung zu rufen vermag. Zwar werden auch Aufnahmen von Katastrophen, Schiffbrüchen, gewaltsamen Toden etc. in den Prozess des Bedeutens hineingezogen. Die traumatische Fotografie ist aber »diejenige, über die es nichts zu sagen gibt: Das Schockfoto ist strukturbedingt insignifikant: Keinerlei Wert, keinerlei Wissen, äußerstenfalls nicht einmal verbale Kategorisierung können auf den institutionellen Prozeß der Bedeutung einwirken.« (FB: 26) Barthes' abschließendes Beispiel führt noch einmal die Ambivalenz vor Augen, die der besondere Status des denotierten Bildes innerhalb seiner frühen Schriften einnimmt. In den *Mythen des Alltags* galt ihm das Schockfoto noch als Beleg für eine Ikonografie, die unmittelbar betroffen machen will, in dieser Absicht aber das Bild überkonstruiert und als bewährten Code des Schreckens lesbar macht. Es ist nicht einsehbar, warum Barthes das Schockfoto später als Inbegriff der fotografischen Insignifikanz anführt. Wieso soll die Aufnahme einer Hinrichtung per se durchlässiger und näher am Nicht-Codierten sein als der Anblick eines gewöhnlichen fotografischen Porträts? Setzt Barthes hier auf die schockierende Wirkung des Bildes, die den kulturellen Code gleichsam durchschlägt und sich dem Betrachter als unmittelbares Faktum aufdrängt? Das Beispiel zeigt, wie diffizil es ist, die Struktur der Botschaft ohne Code durch Bildbeispiele zu belegen. Die Denotation, so wie Barthes sie definiert, schließt letztendlich aus, dass sich überhaupt Beispiele für ihr Funktionieren nennen lassen. Als Utopie und »adamitischer Urzustand des Bildes« muss sie beispiellos bleiben. Offenbar waren Barthes die Paradoxien seiner strukturalen Analyse der Fotografie allzu bewusst. Gegen Ende seines Essays formuliert er sie in Gestalt einer Frage: »Wie kann nun die Fotografie zugleich objektiv und besetzt sein, natürlich und kulturell? Diese Frage wird man vielleicht eines Tages beantworten können, wenn man erfaßt, wie die denotierte und die konnotierte Botschaft ineinandergreifen.« (FB: 15)

2.4 Botschaft mit Code (Sekula)

Bereits im Titel seines Essays *Über die Erfindung fotografischer Bedeutung* (1982) erteilt der amerikanische Künstler und Kritiker Allan Sekula jeder essenzialistischen Lektüre der Fotografie eine unmissverständliche Absage. Nach Sekula stellt ein fotografisches Bild prinzipiell eine unvollständige Äußerung dar, da es aus sich selbst heraus keine Bedeutung hervorzubringen vermag. Die Bedeutung einer Fotografie ist nicht gegeben, sondern wird »erfunden«, d. h. dem Bild in einem sekundären Akt der Zuschreibung von außen auferlegt. Auch Rosalind Krauss hat diese ursprüngliche Bedeutungslosigkeit hervorgehoben und sich dabei auf Barthes' Beschreibung der Fotografie als »Botschaft ohne Code« bezogen. Wo Barthes von der Fotografie als »mechanischem Analogon« spricht, fügt Krauss den peirceschen Begriff des Index ein (vgl. Kapitel 1.3). Wie Barthes setzt auch Krauss einen Nullpunkt des Bedeutens voraus, eine physische Einschreibung des Realen, die für sich genommen bedeutungslos ist, zugleich aber die Grundlage des Bedeutens bildet – die unhintergehbare Basis, auf der die unterschiedlichsten Lektüren der Fotografie überhaupt erst erzeugt werden können. Sekula will auch diesen Rest an Haftung im Realen aus der Fototheorie beseitigen. Die Vorstellung einer Einschreibung, die jeder Codierung vorausgeht, gilt ihm als Ausdruck einer »bürgerlichen Folklore«, die dem fotografischen Bild »den legalen Status eines Dokuments und eines Zeugnisses« zuerkennen will und es auf diese Weise mit der »mythischen Aura der Neutralität« umgibt (IPM: 87). Barthes' Verständnis der Fotografie als »Botschaft ohne Code« hält Sekula entgegen: »Jeglicher mit Bedeutung aufgeladene Umgang mit Fotografien muss zwangsläufig auf der Ebene der Konnotation erfolgen.« (IPM: 87) Demnach ist es unmöglich, zwischen einer denotativen und einer konnotativen Dimension der Fotografie zu unterscheiden, da es nichts gibt, das der Aufladung mit Bedeutung vorausgehen würde. Jede Fotografie erscheint in einem spezifischen Kontext, und aus dieser Abhängigkeit folgert Sekula, dass sie ohne diesen Kontext auch gar nicht existiert. »[...] es ist unmöglich, sich eine *bestimmte* Fotografie in einem ›freien Zustand‹ und unberührt von einem zugrunde liegenden System der Validierung – also eine Fotografie ohne Diskurs – auch nur vorzustellen.« (IPM: 91-92) Erst seine Bindung an einen externen Text überführt das fotografische Bild in den Bereich der Lesbarkeit.

Wie Bourdieu geht auch Sekula davon aus, dass diese Konstruiertheit fotografischer Bedeutung durch einen falschen Anschein von Natürlichkeit und Neutralität verdeckt wird. Diese Verdeckung entspricht der Logik des »fotografischen Diskurses«. Sekula definiert ihn als »Schauplatz des Informationsaustauschs, d.h. als ein System von Beziehungen zwischen Parteien, die in Kommunikation zueinander treten« (IPM: 84). Im konkreten Fall der Fotografie folgt daraus, dass jedes fotografische Bild, das innerhalb dieses kommunikativen Austauschs in Umlauf gebracht wird, eine Botschaft darstellt und insofern niemals absichtslos ist. Man benutzt Fotografien, um Autos zu verkaufen, kriminelle Personen zu identifizieren, sich an Ereignisse der Vergangenheit zu erinnern etc. »Jede fotografische Botschaft beruht auf einer tendenziösen Rhetorik. Zugleich leugnen die am stärksten generalisierten Begriffe des fotografischen Diskurses diese rhetorische Funktion und verleihen den endlosen Aussagen, die innerhalb dieses Systems erzeugt werden, einen ›Wahrheits-Wert‹. [...] die allgemeinsten Begriffe des Diskurses stellen eine Art Dementi dar, eine Behauptung von Neutralität; kurz: die allumfassende Funktion des fotografischen Diskurses ist es, sich selbst unsichtbar zu machen.« (IPM: 87) Die Aufgabe des Kritikers besteht darin, diese scheinbare Transparenz und Neutralität zu demaskieren und sich selbst dabei »*außerhalb* der durch die Logik des Diskurses sanktionierten Kritik zu bewegen« (IPM: 84). Die Fotokritik muss die Grenzen bestimmen, innerhalb deren der Diskurs Bedeutungen erzeugt, um auf diese Weise die Abhängigkeit jeglicher Bedeutung von vorbestimmten Interessen offensichtlich zu machen.

Sekulas fototheoretischer Entwurf verschiebt die Aufmerksamkeit vom fotografischen Bild auf den fotografischen Diskurs. Für sich genommen hat ein Bild keine Bedeutung. Daraus folgt, dass eine Fotografie den wechselnden Sinnzuschreibungen, die man an es heranträgt, auch nichts entgegensetzen kann. Da Fotografien keine Eigenschaften besitzen, können sie die von außen an sie herangetragenen Aussagen weder bestätigen noch zurückweisen. »Jede beliebige Fotografie bietet sich der Aneignung durch eine Reihe von ›Texten‹ an. Jede neue diskursive Situation erzeugt ihr eigenes Set von Botschaften.« (IPM: 91) Das fotografische Bild erscheint bei Sekula als leere Projektionsfläche, auf der sich das Schauspiel der Diskurse entfalten kann. Der Wirkungsmacht dieser Diskurse entgeht nichts, auch nicht diese Projektionsfläche selbst: Sie als »neutral« zu bezeichnen würde lediglich bedeuten, den Interessen eines Diskurses der Neutralität zu entsprechen.

2.5 Kritik der Ästhetisierung (Sekula, Crimp, Krauss)

Sekula demonstriert die bedeutungsstiftende Macht des Diskurses unter anderem anhand der Ästhetisierung der Fotografie. Als Beispiele wählt er zwei Arbeiten amerikanischer Fotografen: *Immigrants going down gangplank* von Lewis Hine (Abb. 3) und *The Steerage* von Alfred Stieglitz (Abb. 4).

Die Betrachtung zeigt, dass es unmöglich ist, eine ›neutrale‹ Lektüre der Bilder vorzunehmen und sie voraussetzungslos ›als solche‹ zu betrachten. Man kann aufzählen, welche Objekte hier abgebildet sind, man mag eine der Aufnahmen gefälliger finden als die andere – losgelöst von ihren Kontexten bedeuten diese Bilder nichts. Um Unterschiede oder Gemeinsamkeiten feststellen zu können, muss man nach ihrer »*ursprünglichen* rhetorischen Situation« (IPM: 92) fragen. Die Aufnahme von Stieglitz stammt aus der von ihm selbst begründeten Zeitschrift *Camera Work*, die von 1903 bis 1917 erschien und zu den einflussreichsten Kunstpublikationen der Zeit gehörte. Die in *Camera Work* gezeigten

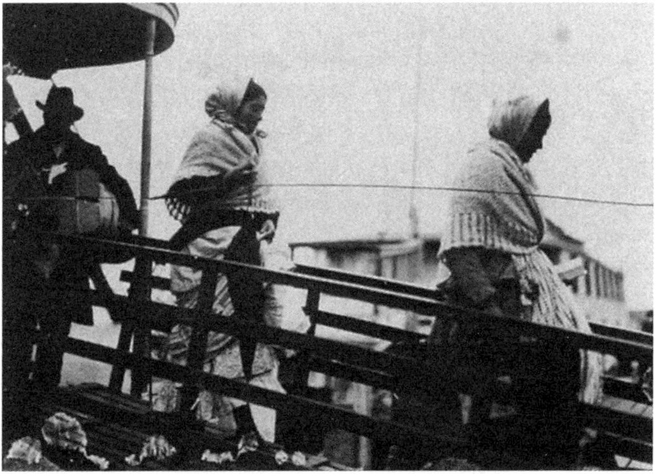

Abb. 3: Lewis Hine, Immigranten auf einer Landungsbrücke, 1905

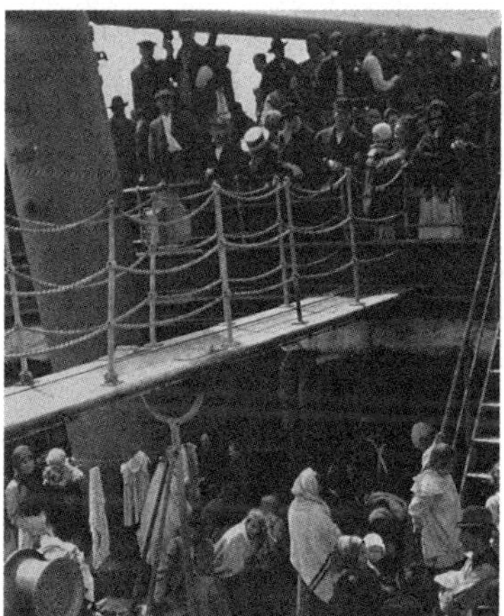

Abb. 4: Alfred Stieglitz, Das Zwischendeck, 1917

Fotografien wurden aufwendigen Reproduktionsverfahren unterzogen, auf kostbarem Papier gedruckt und ohne Bildunterschrift präsentiert. Sekula sieht in dieser Präsentationsform den Versuch, den Aufnahmen den Status der Einzigartigkeit und Originalität zurückzuerstatten, der mit der technischen Reproduzierbarkeit der Fotografie abhanden gekommen war (vgl. Kapitel 4). Diese Praxis definiert die »diskursive Situation«, die *The Steerage* zum autonomen Kunstwerk erklärt. Die Arbeit von *Camera Work* erweist sich als Modellfall für die Funktionsweise eines Diskurses, der Bedeutungen erzeugt, diese Aktivität aber zugleich kaschiert. »*Camera work* behandelte die einzelne Fotografie als zentrales Objekt des Diskurses und trug auf diese Weise gründlicher als jede andere Quelle zur Erfindung des Mythos von der semantischen Autonomie des fotografischen Bildes bei. Durch die Aufwertung des fotografischen Bildes leugnete *Camera Work* notwendigerweise seine eigene intrinsische Rolle als Text.« (IPM: 92) Stieglitz selbst hat einen Kommentar zu *The Steerage* verfasst, in dem er die Entstehungsbedingungen der Aufnahme beschreibt und nicht zuletzt auch die formale Anordnung des Dargestellten erläutert. Für Sekula kommt das einer Leugnung der ikonografischen Aspekte des Bildes gleich. Die formale Betrachtung beraube das Bild seiner spezifischen Bedingungen, verwandele es in reine Abstraktion und leugne die Notwendigkeit einer Metasprache, die Eingebundenheit des Kunstwerks in einen Diskurs. »Die Erfindung des fotografischen Bildes als Hochkunst war nur möglich durch ihre Umwandlung in einen abstrakten Fetisch, in eine ›bedeutsame Form‹.« (IPM: 103)

Anders als *The Steerage* erschien die Aufnahme von Lewis Hine nicht in einem Organ des Kunstsystems, sondern in der liberalen und reformistischen Zeitschrift *Charities and Commons*. Hine war Soziologe und stellte seine fotografische Arbeit in den Dienst sozialer Belange. Die »ursprüngliche diskursive Situation« seiner

Aufnahme ist also politisch. Zwar kann diese Situation nicht verhindern, auch die Aufnahme Hines nach formalen oder ästhetischen Gesichtspunkten zu betrachten, ihre diskursive Einbettung legt eine solche Lektüre aber nicht nahe. Im Falle von *The Steerage* verhält es sich umgekehrt: Der diskursive Kontext ist ästhetischer Natur, und die politische Lektüre bietet sich hier nur »mittelbar« an, während sie bei Hine »unmittelbar« ist. Hier zeigt sich noch einmal sehr deutlich, dass für Sekula nicht das fotografische Bild über seine Aussage entscheidet, sondern ausschließlich sein diskursiver Rahmen. Dabei gesteht Sekula keiner der beiden Aufnahmen eine größere Wirklichkeitsnähe oder Objektivität zu. Beide Fotografien erhalten ihre Bedeutung durch einen spezifischen diskursiven Kontext. In beiden Fällen handelt es sich um eine ›erfundene‹ Bedeutung. Und doch ist in Sekulas Darstellung eine implizite Wertung unverkennbar: Der ästhetische Diskurs macht sich durch die Ausblendung des Sozialen einer Fetischisierung des Bildes schuldig, während der politische Diskurs die soziale Einbettung hinreichend benennt. Diese Priorität des Sozialen vor dem Ästhetischen ist durch Sekulas fototheoretische Prämissen allerdings nicht gedeckt. Sie mag der persönlichen Überzeugung des Verfassers entsprechen, durch seine Beschreibung des fotografischen Diskurses ist sie nicht begründbar. Denn im Sinne Sekulas müsste auch der politische Diskurs mit seiner Privilegierung des Sozialen ein »System der Validierung« bilden, das auf einer »tendenziösen Rhetorik« beruht und nicht ohne Grenzziehung auskommt. Insofern sind auch die Überlegungen des Autors nicht frei von essenzialistischen Bestimmungen: nur dass die ›Essenz‹ der Fotografie hier nicht im Bild oder seiner Haftung im Realen, sondern in seiner sozialen Einbettung und der »*ursprünglichen* rhetorischen Situation« gesucht wird.

In ihrem Aufsatz über die »diskursiven Räume der Photographie« problematisiert auch Rosalind Krauss die Aneignung fotografischer Bilder durch den ästhetischen und kunsthistorischen Diskurs. Ausgangspunkt ihrer Kritik sind Fotografien des 19. Jahrhunderts (u. a. von Timothy O'Sullivan, Auguste Salzmann und Eugène Atget), die ursprünglich zu topografischen und dokumentarischen Zwecken angefertigt wurden, dieser diskursiven Ordnung in ihrer nachträglichen, musealen Präsentation aber beraubt werden, um zu autonomen Kunstwerken zu werden. Aktueller Anlass dieser Kritik war die von Peter Galassi im Museum of Modern Art kuratierte Ausstellung *Before Photography* (1981), deren ausdrückliche Absicht es war, die Fotografie innerhalb der Kunstgeschichte zu verorten, ihre Erfindung im frühen 19. Jahrhundert also nicht als diskursiven Einschnitt, sondern als Fortsetzung einer langen Bildtradition zu werten.[39] In unmittelbarer Anlehnung an Foucaults *Archäologie des Wissens* plädiert Krauss hingegen dafür, die Fotografie des 19. Jahrhunderts als ein visuelles Archiv zu begreifen, das bestimmten diskursiven Formationen untersteht. Nach Foucault bilden diese Formationen »die Gesamtheit der Bedingungen, nach denen sich eine Praxis vollzieht, nach denen diese Praxis teilweise oder völlig neuen Aussagen Raum gibt, nach denen sie schließlich modifiziert werden kann«[40]. Das Archiv definiert ein Feld von Regeln und wacht darüber, welche Aussagen innerhalb seiner Grenzen möglich sind und welche nicht. Es ist, so Foucault, »das Gesetz dessen, was gesagt werden kann, das System, das das Erscheinen der Aussagen als einzelner Ereignisse beherrscht«[41]. Übertragen auf die Fotografie des 19. Jahrhunderts folgt daraus, dass die Bedeutung eines fotografischen Bildes durch das Zusammenwirken der Praktiken, Institutionen und Beziehungen erzeugt wird, die es umgeben. Die von Krauss diskutierten Fotografien besetzten in ihrem ursprünglichen Kontext vor allem Funktionen der Vermessung und der Dokumentation, bei denen Kategorien wie Autorschaft oder künstlerischer Stil keine Rolle spielten. Die Kritik am ästhetischen Diskurs des Museums richtet sich gegen die Tendenz, sich der Bilder des visuellen Archivs zu bemächtigen, um sie den Regeln der eigenen diskursiven Formation zu unterwerfen. Das Ergebnis ist eine »Art von Inkohärenz« (DRP: 58). Für Krauss folgt daraus die »Notwendigkeit, die ästhetisch abgeleiteten Kategorien von Autorschaft, Œuvre und Genre (z.B. *Landschaft*) aufzugeben oder zumindest einer seriösen Kritik zu unterziehen« (DRP: 58). Insofern ist Krauss' Beitrag ein Plädoyer für die Historisierung fotografischer Bedeutung. Wie Sekula kritisiert auch sie den ästhetischen Diskurs nicht im Namen eines tatsächlichen ›Wesens‹ der Fotografie, das durch deren Ästhetisierung verborgen oder geleugnet würde. Es gibt keine Wahrheit jenseits der wechselnden Diskurse. Allerdings gibt es offenbar so etwas wie eine *historische* Wahrheit: die Unhintergehbarkeit der diskursiven Formationen, zu denen die Fotografie »ursprünglich gehörte« (DRP: 58) und innerhalb deren sie ihre wechselnden Bedeutungen erlangte. Die Kritik des ästhetischen Diskurses behauptet nicht, dass die Fotografie dokumentarisch ist und der Ästhetizismus diese Eigenschaft verkennt, sondern dass der fotografische Diskurs des 19. Jahrhunderts die Fotografie *als dokumentarisch beschrieben* – Sekula würde sagen: *erfunden* – hat, während der museale Ästhetizismus diese historische Zuschreibung löscht. Jenseits des Relativismus gibt es also sowohl bei Krauss wie auch bei Sekula die Vorstellung einer ursprünglichen Situation, einer vergangenen Diskursformation, die es begrifflich zu rekonstruieren gilt.

Die in der diskursanalytischen Kritik vorausgesetzte Wesenlosigkeit der Fotografie hat wohl niemand so pointiert formuliert wie der amerikanische Kunsthistoriker Douglas Crimp (geb. 1944). Auch Crimp kritisiert die institutionelle »Ghettoisierung« der Fotografie im Museum, ihre Herauslösung aus einem Geflecht diskursiver Praktiken, die das fotografische Bild ursprünglich zum Dokument, zum Beweismittel, zur Illustration oder zum Element der Reportage gemacht haben. Crimp leitet aus dieser Kritik die radikale Schlussfolgerung ab, dass es die Fotografie vor der institutionellen Etablierung eines diskursiven Artefakts namens ›Kunstfotografie‹ noch gar nicht gab. »Denn auch wenn die Fotografie 1839 erfunden wurde, *entdeckt* wurde sie erst in den sechziger und siebziger Jahren dieses Jahrhunderts – das heißt, die Fotografie als Essenz, als Fotografie *an sich.*«[42] Das empirische Vorhandensein fotografisch hergestellter Bilder ist für Crimp noch kein hinreichender Beleg dafür, dass ›die Fotografie‹ tatsächlich existiert. Bevor der ästhetische Diskurs sie aus einer Vielzahl von Praktiken und Funktionen künstlich isoliert hat, gab es keine Fotografie. Dementsprechend gibt es auch keine Eigenschaften der Fotografie, keine Qualität, die sie von anderen Kunstgattungen unterscheiden würde. Erst die »Ontologie der Fotografie macht aus der Fotografie ein Medium der Moderne im Greenbergschen Sinn des Wortes – eine Kunstform, die sich in ihren essentiellen Eigenschaften von allen anderen Kunstformen unterscheidet«[43]. Jenseits ihrer Zuschreibungen ist die Fotografie buchstäblich ein Nichts.

2.6 Analog/digital I: Das Ende der Referenz (Mitchell)

Ende der 1980er Jahre wurde das Konzept der Fotografie als einer unmittelbaren Einschreibung des Realen noch von anderer Seite infrage gestellt. Den Ausgangspunkt bot diesmal aber keine methodische Umorientierung innerhalb der Bildtheorie, sondern die technische Entwicklung der Bildproduktion selbst. Die Digitalisierung erzwang ein neues Verständnis der Herstellung, Bearbeitung und Distribution der Bilder. Der Begriff einer ›digitalen Fotografie‹ erscheint vor diesem Hintergrund paradox, weil er gerade dort eine Kontinuität – das Fortleben der ›Fotografie‹ –

suggeriert, wo er zugleich einen radikalen Bruch – die Ersetzung analoger durch digitale Information – behauptet. Die beschriebene Entwicklung ist überdies weder auf die Fotografie beschränkt noch stellt die Fotografie eine Technik dar, in der sie sich deutlicher oder folgenreicher abzeichnen würde als in anderen Medien. »Das umfassende Feld der digitalen Bildproduktion *digitale Fotografie* zu nennen macht alle Katzen grau«, bemerkt der Medienwissenschaftler Wolfgang Hagen deshalb zu Recht und kritisiert den »vorschnelle[n] Integrationsversuch des Digitalen unter das Schema der Fotografie«[44]. Im Folgenden soll aus diesem Grund auch keine Beschreibung allgemeiner Theorien des Digitalen gegeben werden, sondern lediglich eine Darstellung solcher Theorien, die das digitale Bild vor dem Hintergrund der traditionellen Fotografie betrachten. Mit der Bezeichnung ›digitale Fotografie‹ ist der Gegenstandsbereich solcher Theorien gemeint, die von der Schnittstelle ›analoger‹ und ›digitaler‹ Bilder ausgehen, das computergenerierte Bild also ausgehend von der traditionellen Fotografie und seiner Praxis der chemisch-physikalischen Aufzeichnung bestimmen.

»Kaum ein Statement über digitale Bildbearbeitung«, so schreibt Wolfgang Ullrich, »verzichtet auf die Behauptung, diese Technik verändere die Einstellung gegenüber Photographien im allgemeinen.« (DN: 63) So spricht der amerikanische Medienwissenschaftler William J. Mitchell bereits im Untertitel seiner 1992 erschienenen Abhandlung zur digitalen Fotografie programmatisch vom Anbruch einer »post-fotografischen Ära«. Mitchell gehört zu jenen Autoren, die den Wechsel vom analogen zum digitalen Bild als radikalen Bruch beschreiben. »Seit ihrem 150-jährigen Jubiläum im Jahr 1989 ist die Fotografie tot oder besser gesagt auf radikale und endgültige Weise verdrängt, so wie es 150 Jahre zuvor mit der Malerei geschah.« (RE: 20) Mitchell gesteht der Differenz von analogem und digitalem Bild also die gleiche

Bedeutung zu wie derjenigen zwischen einer Fotografie und einer manuell hergestellten Darstellung. Die Fotografie rückt damit in den Status einer überholten Kunst, in den sie selbst zuvor die Malerei versetzt hatte. Dieser Vorgang liegt für Mitchell in der besonderen Funktionsweise der digitalen Bilderzeugung begründet. Wie eine gewöhnliche Kamera verfügt bekanntlich auch eine Digitalkamera über ein Objektiv mit Blende und Linsensystem. Statt eines lichtempfindlichen Films befindet sich hinter der Blende jedoch ein Chip aus Siliziumdioden, der die empfangenen Helligkeitswerte in elektrische Spannungswerte überführt, die später von der verwendeten Software noch weiter verarbeitet werden. Die Apparatur ist also eine Kombination aus Objektiv, Chip, Software und einem Speichermedium, die ein analoges Signal in digitale Informationseinheiten umsetzt. Der Input, der auf diese Weise bearbeitet wird, kann von einer analogen oder digitalen Kamera kommen, aber auch von anderen Medien wie Scannern, Videos, Camcodern oder anderen Quellen. Die Umwandlung von analogen Signalen in digitale Information markiert den entscheidenden Unterschied zum traditionellen Aufzeichnungsverfahren der Fotografie. Während analoge Informationen stufenlos ineinander übergehen und kontinuierlich sind – Mitchell nennt als Beispiel das Thermometer, dessen Quecksilbersäule analog zur Temperatur steigt und sinkt –, bestehen digitale Informationen aus einer begrenzten Zahl von Abstufungen. Der Wechsel von einem digitalen Zeichen zum nächsten ist nicht kontinuierlich, sondern sprunghaft – Mitchell nennt als Beispiel ein digitales Thermometer, das die Temperatur nicht kontinuierlich überträgt, sondern sie in diskrete Werte übersetzt. Wo bei der gewöhnlichen Fotografie also eine unmittelbare und kontinuierliche Übertragung von Information angenommen wird, tritt beim digitalen Bild eine diskontinuierliche Umwandlung an ihre Stelle. Überdies nehmen die Möglichkeiten der nachträglichen Bearbeitung der Aufnahme zu. Mitchell bestreitet nicht, dass auch gewöhnliche Fotografien – beispielsweise durch Retusche – immer schon manipulierbar waren, und stellt in einem eigenen Kapitel entsprechende Beispiele vor. Stärker als eine analoge Fotografie, so das Argument, ist das digitale Bild aber von Anfang an auf seine spätere Bearbeitung hin angelegt.

Eine traditionelle Fotografie, schreibt Mitchell, gelte als »unmittelbarer Abdruck, so wie ein am Tatort zurückgelassener Fingerabdruck oder Spuren von Lippenstift an Ihrem Hemdkragen. Die Übereinstimmung mit der Realität beruht also auf einem kausalen Verhältnis.« (RE: 24) In der »post-fotografischen Ära« ist diese Bestimmung der Fotografie als kausale, unmittelbare Einschreibung des Realen obsolet geworden:

»Die digitale Bildpraxis verändert diese Spielregeln auf dramatische Weise. Sie hat zur Folge, dass ein Bildproduzent unter vielen verschiedenen Geräten und Verfahren auswählen kann, um Informationen von einem Schauplatz auf einen Monitor oder einen Ausdruck zu übertragen, in denen Bildfragmente aus unterschiedlichen Quellen schnell und nahtlos kombiniert werden können und in denen willkürliche Veränderungen der Bildkonstruktion leicht vorzunehmen und schwierig nachzuweisen sind. Die Unterscheidung zwischen der durch Kausalität bestimmten Funktionsweise der Kamera und dem auf Intentionalität beruhenden Vorgehen des Künstlers kann nicht länger auf dieselbe verlässliche und kategorische Weise getroffen werden. Eine digitale ›Fotografie‹ kann potentiell an jedem Punkt des Spektrums vom Algorithmischen zum Intentionalen angesiedelt sein. Der traditionelle Ursprungsmythos, der die Produkte menschlicher Kunstfertigkeit als automatisch erzeugte, perspektivische Bilder begreifen wollte, die der Kausalität natürlicher Objekte gehorchen, [...] hat für uns seine Überzeugungskraft verloren. Der Referent haftet dem Bild nicht mehr an.« (RE: 31)

Barthes' Bemerkung, in der Fotografie bleibe »der Referent [...] haften« (HK: 14), wurde demnach im post-fotografischen Zeitalter in ihr genaues Gegenteil verkehrt. Mitchell lässt offen, ob er die alte Bestimmung der traditionellen Fotografie als Spur und Einschreibung des Realen teilt oder nicht. Dieser Mythos, so heißt es, habe »für uns seine Überzeugungskraft verloren«, womit zumindest nicht bestritten wird, dass er diese Überzeugungskraft früher einmal besessen hat. Aber ganz gleich, ob diese Bestimmung des analogen Bildes zutrifft oder nicht – für Mitchell handelt es sich um ein Erklärungsmodell, das der Vergangenheit angehört. In seinem Buch geht es ihm vor allem um die neuen Anwendungen, die das digitale Bild in den Medien, in den Wissenschaften oder der Kriegführung hervorbringt. Der Bruch mit dem Modell der analogen Aufzeichnung hat für Mitchell zur Folge, dass die Bedingungen und Folgen des Bildgebrauchs noch einmal ganz neu reflektiert werden müssen. Diese Reflexion fällt, wie er am Ende seines Buches andeutet, nicht zuletzt auch in den Zuständigkeitsbereich der Ethik. »Das zunehmende Zirkulieren der neuen grafischen Währung der digitalen Bildtechnologie bewirkt eine unablässige Destabilisierung der alten fotografischen Orthodoxie. Sie denaturiert die etablierten Regeln der grafischen Kommunikation und bricht mit den vertrauten Praktiken der Herstellung und des Austauschs von Bildern. Diese Lage erfordert mit zunehmender Dringlichkeit eine fundamentale und kritische Neueinschätzung der Verwendungsweisen grafischer Artefakte, der Werte, die wir ihnen zuschreiben, und der ethischen Prinzipien, die unseren Umgang mit ihnen bestimmen.« (RE: 223)

2.7 Analog/digital II: Präzisierungen, Ergänzungen, Dementis

Mitchells Thesen zur Destabilisierung der Fotografie im Zeitalter der Digitalisierung wurden in der Folgezeit präzisiert, relativiert, aber auch als überzogen zurückgewiesen. Keiner der Kritiker hat bestritten, dass der Status der Fotografie durch die Möglichkeit ihrer digitalen Veränderbarkeit eine Umwandlung erfahren hat. Differenzen bestehen jedoch in der Analyse und Positionierung dieser Transformation sowie in der Einschätzung ihrer praktischen und theoretischen Konsequenzen.

Der amerikanische Medienwissenschaftler Peter Lunenfeld hält nicht die veränderten Herstellungsverfahren für die Ursache der Neubestimmung der Fotografie, sondern die grenzenlose Kombinierbarkeit fotografischer Bilder mit den unterschiedlichsten Formen digitaler Information. »Die wirklich radikale Transformation besteht [...] nicht – wie Mitchell und andere behaupten – im Übergang von chemischen zu digitalen Produktionssystemen, sondern in der Zusammensetzung des Outputs, der sich vom diskreten Foto zur Grafik gewandelt hat, die ihrem Wesen nach grenzenlos ist. Genau darin läßt sich die *revolutionäre* Veränderung verorten. Das *einmalige* Foto ist nun gezwungen, sich in die allgemeine grafische Umgebung einzufügen, wenn nicht in ihr unterzugehen.« (DF: 164) Diese systematische Zerstreuung der Fotografie markiert keine bloße Erweiterung des bereits in der mechanischen Reproduzierbarkeit angelegten Vervielfältigungspotenzials, sondern eine Aushöhlung der fotografischen Botschaft. »Zwar wohnte der Fotografie immer schon die Möglichkeit, verändert werden zu können, inne, aber das digitale Foto ist so unentwirrbar mit anderen Elementen der Computergrafik verbunden, daß die früher einzigartigen Qualitäten der Fotografie als Fotografie verlorengehen.« (DF: 165) Mit diesem Verlust verschwindet auch der Wahrheitsgehalt der Fotografie – wobei Lunenfeld nicht präzisiert, wodurch er diesen Wahrheitsgehalt ursprünglich gesichert sah (wenn die chemische Einschreibung des Realen für die beschriebene Transformation doch nicht entscheidend sein soll). Jedenfalls ist mit dem Eintritt in das »digitale Zeitalter« die Unterscheidung zwischen dem Foto als dokumentarischem Beweisstück und dem Foto als Gegenstand der Kunst hinfällig geworden, »da alle digitalen Fotografien – unabhängig von den Intentionen ihrer Produzenten – nun künstlerischen Fotografien gleichen« (DF: 170-171). Wie Mitchell deutet also auch Lunenfeld die Digitalisierung des Bildes als Destabilisierung der Fotografie, auch wenn er dieser ›Revolution‹ einen anderen Schauplatz und eine andere Ursache zuschreibt als Mitchell.

Florian Rötzer hingegen kritisiert die »scheinbar radikalen Infragestellungen der Fotografie durch deren Digitalisierung« (BF: 23). Dabei diagnostiziert auch er ein »Zeitalter der digitalen Bildverarbeitung«, in dem die Fotografie zum marginalen Medium geworden sei, das lediglich in »sehr begrenzten Nischen« wie beispielsweise der bildenden Kunst noch überlebe (BF: 20). Bald, so heißt es in einer mittlerweile freilich ein wenig schal anmutenden Emphase, werde »man nicht mehr fotografieren gehen«[45]. Obwohl also auch Rötzer den Übergang vom analogen zum digitalen Bild als einen radikalen Bruch versteht, widerspricht er Mitchells Analyse dieses Bruchs. Die »scheinbar radikalen Infragestellungen der Fotografie durch deren Digitalisierung« verkennen nämlich, so Rötzer, dass die Fotografie nicht erst durch ihre Digitalisierung infrage gestellt wurde. Vielmehr war sie von Anfang an ein Medium mit begrenztem Wahrheitsanspruch. Die Digitalisierung ist deshalb kein radikaler Bruch, sondern ein weiterer – wenn auch bedeutender – Schub innerhalb einer kontinuierlichen Entwicklung. Auch wenn Rötzer also ein neues »Zeitalter der digitalen Bildverarbeitung« diagnostiziert, das die Fotografie zum Verschwinden bringt, sieht er diese Entwicklung zugleich als eine gewöhnliche Episode innerhalb einer größeren Folge technischer Innovationen. »Realität und Fiktion sind im postfotografischen Zeitalter keineswegs ununterscheidbar geworden, während sie zu früheren Zeiten sauber getrennt gewesen wären. Nur ist ein weiteres Stück Naivität zerstört, denn immer haben neue

Erkenntnisse und Techniken nicht nur neue Möglichkeiten der Illusion geschaffen, sondern auch einen weiteren Schritt auf dem Weg zur Aufklärung [...].« (BF: 25) Je nachdem, aus welcher Perspektive man diese Entwicklung betrachtet, hat sich im Zeitalter der Digitalisierung also beinahe *alles* oder beinahe *nichts* geändert – *alles* aus Sicht der Fotografie, die es bald nicht mehr geben wird, so gut wie *nichts* für den abgeklärten Blick auf die Entwicklungslogik technischer Innovation, der hier lediglich eine neue Variante des vertrauten Dualismus von Illusion und Aufklärung erkennen wird.

Andere Autoren haben die Vorstellung vom »Zeitalter der Digitalisierung« deutlich kritischer gesehen und relativiert. So bemerkt etwa Bernd Stiegler: »Durch die Digitalisierung ist die Photographie zwar zu dem Medium der technischen Manipulierbarkeit geworden, mit dem wir tagein, tagaus zu tun haben, aber gleichzeitig haben die tradierten gesellschaftlichen und ästhetischen, diskursiven und lebensweltlichen Formen, die die Photographiegeschichte hervorgebracht hat, keineswegs ihre Gültigkeit verloren.« (TDF: 406) Auch die amerikanische Künstlerin und Autorin Martha Rosler erinnert an die ungebrochene Relevanz dieser gesellschaftlichen und diskursiven Formen, wenn sie die »radikale Entlegitimierung der Fotografie« zurückweist. Da es eine objektive Fotografie ohnehin niemals gegeben hat, macht es auch keinen Sinn, das Fehlen von Objektivität zu denunzieren. Die Gewissheit über das manipulative Potenzial aller Fotografien hat nicht zur Folge, dass man auf die »Zirkulation von Mitteilungen des Tatsächlichen« verzichten könnte. »Deshalb stellt sich nicht die Frage, ob Bilder manipuliert werden dürfen, sondern *wie* – und auch, wie man sie unmittelbar dazu verwendet, ›die Wahrheit zu sagen‹.« (BC: 152-153) Diese Frage stellt sich im Hinblick auf digitale Bilder aber nicht grundsätzlich anders als im Fall der analogen Fotografie. »Ungeachtet also der Digitalisierung des fotografischen Bildes heute«, so fasst Hubertus von Amelunxen diese Position zusammen, »kann Martha Rosler sagen, daß nicht die Struktur des fotografischen Bildes, sondern die der Fotografie vorangehende sozial und ideologisch restriktive Informationsverbreitung ›die wichtigste Herausforderung für die Zivilisation‹ bleibe.«[46] Demnach liegt mit Roslers Ausführungen abermals eine Beschreibung der Fotografie vor, die deren entscheidende Bestimmung nicht in spezifischen Eigenschaften oder Strukturen dieses Mediums sucht – ganz gleich ob analog oder digital –, sondern in den gesellschaftlichen Aushandlungsprozessen, die über Wert und Funktion der Bilder entscheiden. Die digitale Fotografie besitzt demnach ebenso wenig ein spezifisches ›Wesen‹ wie alle Fotografie bisher.

In seinen Überlegungen zum »digitalen Nominalismus« greift Wolfgang Ullrich die Frage nach den spezifischen Eigenschaften der digitalen und analogen Fotografie noch einmal auf, gibt ihr aber eine andere Wendung. »Ergibt sich der Status der digitalen Fotografie«, so fragt Ullrich, »aus ihren Entstehungsbedingungen oder aus ihrer ästhetischen Wirkung?« (DN: 65) Ist einem digitalen Bild sein Status als computerisiertes Bild also unmittelbar anzusehen, sieht man ihn erst, wenn man davon weiß, oder *sieht* man ihn vielleicht gar nicht? Die gleiche Frage lässt sich ebenso an die Erzeugnisse der gewöhnlichen Fotografie richten: Ist ihr häufig beschriebener Status als Einschreibung des Realen eine sichtbare Qualität der Bilder, oder handelt es sich um den Ausdruck eines tradierten Wissens oder einer Konvention? Wie bereits Dubois und andere Autoren so erinnert auch Ullrich zunächst daran, dass der Realismus, den man der Fotografie immer zugeschrieben hat, offenbar nicht auf eine besondere mimetische Qualität ihrer Produkte zurückgehen kann. Zahlreiche Fotografien sind ihrem Vorbild vollkommen unähnlich und fallen trotzdem nicht aus dem Spurenparadigma heraus. Andernfalls wäre auch nicht zu erklären, wieso selbst eine unscharfe oder fragmentierte Fotografie von den Theoretikern der Spur immer noch als realistischer eingeschätzt wird als ein noch so naturalistisch anmutendes Gemälde. »Obgleich eine sehr getreue Zeichnung weit mehr Auskünfte über das Modell gibt«, bemerkt André Bazin, »wird sie, unserem kritischen Geist zum Trotz, doch nie die irrationale Macht der Photographie besitzen, der wir Glauben schenken.« Ein fotografisches Bild »mag verschwommen sein, verzerrt, farblos, ohne dokumentarischen Wert, es gründet durch die Art seiner Entstehung im Dasein des Modells, es *ist* das Modell.« (OB: 37) Demnach kann für den Realismus der Fotografie also keine spezifische fotografische Ästhetik verantwortlich sein, sondern die besondere »Art seiner Entstehung«. Die Entstehungsbedingungen sind also einerseits fundmental für das Verständnis der Fotografie, andererseits entziehen sie sich aber der Sichtbarkeit. In seiner Charakterisierung des Fotoapparats spricht Vilém Flusser etwa von der »Undurchsichtigkeit seines Inneren« und bezeichnet ihn folgerichtig als eine »Black Box« (FPF: 26). Ullrich hebt hervor, dass diese Entzogenheit und Undurchsichtigkeit der Entstehung fotografischer Bilder dem Glauben an ihre Authentizität aber keinen Abbruch tut, sondern ganz im Gegenteil diesen Glauben ermöglicht. Erst die Verborgenheit der Entstehungsbedingungen erzeugt den Eindruck, hier entstehe ein Bild auf »acheiropoietische« Weise (vgl. Kapitel 1.8), d. h. ohne erkennbaren Eingriff von Menschenhand:

»Eine wichtige Voraussetzung für die Autorität des Acheiropoietischen ist seine gewisse Undurchschaubarkeit und Abstraktheit. Das begünstigt technisch hochentwickelte Bildmedien, wobei sich die – oft kritisch bemerkte – Unverständlichkeit der (modernen) Technik hier als autoritätsstiftend erweist. Der Benutzer hat ein Gerät – z. B. einen Photoapparat – lediglich zu bedienen, d. h. einen in der Apparatur verborgenerweise schon bereitliegenden Effekt auszulösen und nicht erst eigens – unter Einsatz von Kraft oder Überlegung – zu erzeugen. Sobald hingegen dieser Effekt in seinem Gemacht-Sein offensichtlich ist, er also [...] nachvollziehbar und damit Teil – und Thema – der Bildwahrnehmung werden kann, steht nicht mehr allein das Abgebildete im Mittelpunkt der Rezeptionsaufmerksamkeit, sondern die Konstitution der Abbildung, was deren Authentizitätswirkung hemmt und ein essentialistisches Verhältnis dazu ausschließt.« (DN: 66)

Der Realismus der Fotografie beruht demnach auf dem Wissen von der maschinellen Herkunft der Bilder sowie der gleichzeitigen Undurchsichtigkeit dieser Herkunft. Jenseits dieser Struktur »gibt es – logischerweise – kein Kriterium, das die acheiropoietische Verfaßtheit eines Photos *zeigen* könnte« (DN: 67).

Im Folgenden geht Ullrich von der Beobachtung aus, dass die neuen digitalen Bildtechniken häufig dazu verwendet werden, den Eindruck authentischer Fotografien zu simulieren, statt auf eine völlig neue digitale Ästhetik zu setzen. Zwei gegenläufige Prozesse treffen jetzt aufeinander: »Während der Authentizität vermittelnde Glaube an Acheiropoiesis immer mehr an Bedeutung verlieren wird, gelingt andererseits die Simulation des Photographischen und damit die Realitätssuggestion dank digitaler Techniken sehr gut.« (DN: 67) Im Falle der digitalen Fotografie wird diese Simulationsleistung aber nicht verborgen, sondern ist dank der zahlreichen Eingriffe, die das digitale Bild von Anfang an bestimmen, offensichtlich. Man hat es also zum einen mit Fotografien zu tun, die noch dem alten Modell der fotografischen Authentizität unterliegen, zum anderen mit digitalen Fotografien, die diese Authentizität zitieren und perfekt simulieren. Ullrichs zentrale These besagt, dass mit dieser Art des digitalen, das Analoge simulierenden Bilds ein neuer Bildtypus entstanden ist, dem auch eine neue Form der Rezeption entspricht. Zwar weiß man von der vielfachen Manipulierbarkeit der Bilder, aber dieses

Wissen führt nicht dazu, dass man dem Bild keine Glaubwürdigkeit mehr zugesteht. Während Mitchell die technischen Entstehungsbedingungen der Bilder zugrunde legt und folglich mit dem Wechsel dieser Bedingungen auch eine grundlegende Neudefinition der Fotografie verbindet, geht Ullrich vor allem von den Möglichkeiten und Bedingungen der Rezeption aus. Demnach steht es einem Betrachter frei, auch solche Bilder unter dem Zeichen des Authentischen zu sehen, die den Schein des Analogen lediglich zitieren. Diese Einstellung nennt Ullrich – in Anlehnung an den theologisch-philosophischen Universalienstreit des Mittelalters – »digitalen Nominalismus«. Im Universalienstreit standen sich eine essenzialistische und eine nominalistische Auffassung gegenüber. Während die Essenzialisten davon ausgingen, dass das Repräsentierende – in diesem Fall: die Sprache – mit dem Wesen des von ihm Repräsentierten identisch sei, d. h. an seiner Essenz unmittelbar teilhabe, gingen die Nominalisten von einem indirekten Verhältnis aus, in dem das Repräsentierende lediglich eine mögliche Darstellungsweise und ein Zeichen des Repräsentierten war. »Digitaler Nominalismus« – im Unterschied zu einer essenzialistischen Auffassung der Fotografie – wäre also eine Haltung, die das Gemachte und Konstruierte der digitalen Bilder zur Kenntnis nimmt, gleichwohl aber an ihrer möglichen Authentizität festhält. Damit entsteht die »Möglichkeit, zwar in einem aufgeklärt nominalistischen Verhältnis zu Bildern zu stehen, von diesen aber dennoch (eine gar noch überhöhte) Realität authentisch suggeriert zu bekommen« (DN: 69). Mit der Digitalisierung eröffnet sich also für Ullrich ein neuer Spielraum für die Gestaltung und Rezeption von Bildern. Sie ermöglicht es, »Bilder zu schaffen, die Realität verheißen, ohne dabei bloß reliquial zu sein. Insbesondere könnte aber auch eine Auslotung verschiedener Realitätsstufen – eben jener diskreten Übergänge von ›real‹ zu ›möglich‹ – zu neuen Bildtypen führen.« (DN: 70) Demnach ist unter den Bedingungen der Digitalisierung jetzt wählbar, welchen Authentizitätsgrad man einem Bild zugesteht, während »es bisher nur Bilder gab, die den Nimbus des Realitätssuggestiven entweder eindeutig nicht besaßen oder ihn eindeutig hatten« (DN: 70).

Auch der amerikanische Medienwissenschaftler Lev Manovich sieht den Übergang vom analogen zum digitalen Bild als einen dialektischen Prozess, in dem die Fotografie nicht einfach annulliert und ersetzt wird, sondern als Gegenpol des Digitalen fortbesteht. Manovich beschreibt die auf diese Weise entstandene Struktur als eine »Fotografie nach der Fotografie«: »Die Logik der digitalen Fotografie ist durch historische Kontinuität und Diskontinuität gekennzeichnet. Das digitale Bild reißt das Netz der semiotischen Codes der Darstellungsformen und der eingefahrenen Betrachtungsweisen in der modernen visuellen Kultur auseinander und webt zur selben Zeit dieses Netz sogar noch dichter. Das digitale Bild läßt die Fotografie verschwinden, während es das Fotografische festigt und verewigt. Kurzum: Diese Logik ist die der Fotografie nach der Fotografie.« (PDF: 58-59). Das Zeitalter des Digitalen löscht seine Vergangenheit also nicht einfach aus, sondern erklärt sie im Rückblick zum »Zeitalter des Prädigitalen«. Tatsächlich lässt sich im Sinne dieser Dialektik sagen, dass es erst, seit vom ›digitalen‹ Bild die Rede ist, überhaupt sinnvoll erscheint, im Gegenzug vom ›analogen‹ Bild zu sprechen. Zugespitzt formuliert: Die Digitalisierung bringt das Konzept der ›analogen Fotografie‹ zuallererst hervor. Insofern stabilisieren beide Konzepte sich gegenseitig. Durch die Digitalisierung erhält die klassiche Fotografie den Nimbus des Historischen, wird durch diesen Status aber zugleich, wie Manovich schreibt, »verewigt«. »Jedes fotografische Bild hat, ungeachtet seiner Bedeutung, automatisch etwas mit Gedächtnis und Nostalgie zu tun, einer Nostalgie hinsichtlich der Modernität und des 20. Jahrhunderts, dem Zeitalter des Prädigitalen und Präpostmodernen. Ungeachtet dessen, was es abbildet, repräsentiert jedes fotografische Bild heute zuallererst die Fotografie selbst.« (PDF: 60) Der Kunsthistoriker Beat Wyss spricht deshalb vom auratischen Wert, den das indexikalische Bild unter dem Eindruck der Digitalisierung rückwirkend erhalten hat. »Gewiß sind Film und Fotografie reproduzierbare Bilder. Trotzdem ist etwas eingetreten, wovon Walter Benjamin noch nicht träumen konnte. Fotografie und Film sind auratisch geworden in ihrem Anspruch, eine *vera icon* des Wirklichen zu sein.« (IB: 11) Aus dem Nebeneinander analoger und digitaler Bilder in der gegenwärtigen Kultur leitet Wyss die Forderung ab, dass der Status der Fotografie als Spur auch im »Informationszeitalter der spurlosen, digitalen Zeichen« aufrechterhalten werden muss. Das »indexikalische Bild braucht einen Schreibschutz« (IB: 10). Im Unterschied zu Mitchell oder Rötzer hat Wyss also nicht allein die gegenwärtige und zukünftige Bildproduktion im Blick, sondern fragt danach, was im Zeitalter des Digitalen mit den Bildern der Vergangenheit geschehen soll, die noch ganz im Zeichen ihrer Indexikalität erzeugt und betrachtet wurden. Die analogen Medien, die sie hervorgebracht haben, so Wyss, müssen als solche im Gedächntis verankert bleiben. »Sie sind der Obhut der Kunstgeschichte anheimzustellen, die darüber wachen muß, daß ihr indexikalischer Charakter bewahrt bleibt.« (IB: 11) Wyss hat den Überlegungen zum Verhältnis analoger und digitaler Bilder eine zusätzliche und überraschende Wendung gegeben. Die Fotografie als »Spur des Lichts« (IB: 8) wäre demnach zwar eine verloren gegangene Praxis. Die Bilder aber, die unter ihrer Schirmherrschaft entstanden sind, wären dennoch nicht verloren. Ihr Versprechen, die »Spur einer Wahrheit« zu sein, würde gerade im Siegeszug des Digitalen noch nachklingen, und die Nachwelt hätte die verloschene Kunst der Spur wie ein kostbares Fossil der Mediengeschichte in Erinnerung zu halten.

3. Zeit im Bild – Bilder in der Zeit

3.1 Fixierte Zeit

Es gibt eine Fotografie, die Adolf Hitler als winzige, anonyme Gestalt in einer großen Menschenmenge zeigt. Die Aufnahme entstand am 2. August 1914 anlässlich einer Kundgebung zur Mobilmachung auf dem Münchner Odeonsplatz. Zwei Jahrzehnte später, nachdem der unbekannte Mann in der Menge zu einer öffentlichen Figur geworden war, wurde die Aufnahme publiziert und später als ›Zigarettenbild‹ – ein zum Einkleben in Sammelalben gedachtes Foto – in hoher Auflage verbreitet. Offenbar hat Hitler selbst den Fotografen auf den Gedanken gebracht, die Aufnahme des historischen Ereignisses, an dem er als junger Mann teilgenommen hatte, nach Spuren seiner Gegenwart abzusuchen. »Ich ging in die Dunkelkammer und legte eine der Platten vom 2. August 1914 in den Vergrößerungsapparat. Mit höchster Spannung suchte ich unter den Zehntausenden nach einem Gesicht, das Hitler gehören konnte.«[47] Auf der publizierten Fotografie markiert ein heller Kreis den Ort in der Menge, wo Hitler zu sehen ist, und hebt ihn aus der gleichförmigen Menge heraus. Im Rückblick wird die Aufnahme als etwas entziffert, was sie zum Zeitpunkt ihrer Entstehung nicht gewesen ist – ein Bild des künftigen »Führers«. Denn die Aufnahme zeigt Hitler zu einem Zeitpunkt, als er noch gar keine Figur der Zeitgeschichte war. Der unbekannte und namenlose Mann auf dem Bild ist ein Statist in der anonymen Menge der Zuhörer. Er unterscheidet sich durch nichts von seinem Nebenmann, der einen weißen Hut mit breiter Krempe trägt und aus dem Gedächtnis der Weltgeschichte verschwunden ist. Hitler hingegen ist aus dieser Geschichte nicht mehr zu tilgen, und so ist es auch unmöglich, das Bild im Rückblick als das zu sehen, was es zum Zeitpunkt seiner Entstehung gewesen ist – eine Momentaufnahme ohne bestimmbare Zukunft. In den Zügen des unbekannten Mannes in der Menge wird man nachträglich immer schon die zukünftige Gestalt des Diktators sehen. Zwei Zeitregime fließen hier ineinander: der fotografisch fixierte Augenblick des Jahres 1914, der keine Zukunft hat, und der retrospektive Blick auf die Fotografie, der ihre Zukunftslosigkeit dementiert und ihr eine ›falsche‹ historische Erkennbarkeit unterstellt.

Vor allem solche Verschränkungen haben die Theoretiker der fotografischen Zeit immer wieder beschäftigt. Die ersten Kommentatoren der Fotografie richten ihre Aufmerksamkeit vornehmlich auf die neuen Möglichkeiten der Fixierung. »Niepce«, so schreibt Hubert Damisch, »und nach ihm die Anhänger der Daguerreotypie sowie die zahllosen Erfinder, die aus der Photographie das gemacht haben, was sie heute ist, hatten im Grunde genommen nicht so sehr zum Ziel, einen neuen Bildtyp zu schaffen und bisher noch nicht dagewesene Darstellungsweisen festzuschreiben, als vielmehr die Bilder zu fixieren, die sich ›spontan‹ an der Rückwand der *camera obscura* abzeichneten.«[48] Die ersten Überlegungen zur Zeitlichkeit der Fotografie waren deshalb unmittelbar an die Bestimmungen ihres Aufzeichnungs- und Spurencharakters gebunden. Was das fotografische Bild von den gewohnten Darstellungsformen der bildenden Kunst unterschied, war ja nicht die Stillstellung als solche – die Unbeweglichkeit des Bildes war schließich der Normalfall –, sondern der Umstand, dass es sich hier um einen stillgestellten Ausschnitt der Wirklichkeit handeln sollte. Die frühesten Äußerungen zur Zeitlichkeit der Fotografie gehen deshalb fast immer mit der Betonung ihres Aufzeichnungscharakters einher. Erst seine Kopplung an das Reale machte das stillgestellte Bild zur Aufzeichnung des Gewesenen. »Das Vergänglichste aller Dinge«, schreibt William Henry Fox Talbot 1844, »ein Schatten, das sprichwörtliche Sinnbild für alles, was flüchtig und vergänglich ist, kann durch den Zauber unserer natürlichen Magie gebannt und für immer festgehalten werden [...].« (APD: 84) Die phänomenologische Tragweite dieses »für immer festgehalten« war für Talbot und seine Zeitgenossen freilich eher zu ahnen, als tatsächlich zu erfahren. Für sie waren alle existierenden Fotografien neu und aktuell. Die Spaltung zwischen dem Augenblick, den ein Foto beharrlich zeigt, und der großen zeitlichen Ferne, deren versprengter Überrest es ist, war zur Zeit der Fotopioniere noch kaum zu erfassen. Einer Generation, die sich nicht an Aufnahmen der eigenen Vergangenheit *erinnern* konnte, weil sie nicht mit Fotografien gealtert war, musste das Bewusstsein für die Effekte der Nachträglichkeit noch fehlen. Das Wissen um die eingangs beschriebene Spaltung der ›unzeitgemässigen‹ Fotografie trat hinter der Faszination für das visuelle Anhalten der Zeit zurück, jene »vollkommen geronnene Stille« (ST: 121), in die nach Oliver Wendell Holmes jedes noch so beschleunigte Objekt im Foto einging.

In seinem *Pencil of Nature* versieht Talbot eine Ansicht des Pariser Boulevard des Capucines (Abb. 5) denn auch mit folgender Erläuterung: »Diese Ansicht wurde von einem der oberen Fenster des Hôtel de Douvres aufgenommen, das an der Ecke der Rue de la Paix liegt. Der Betrachter blickt nach Nordosten. Es ist Nachmittag.« (ZN: 61)

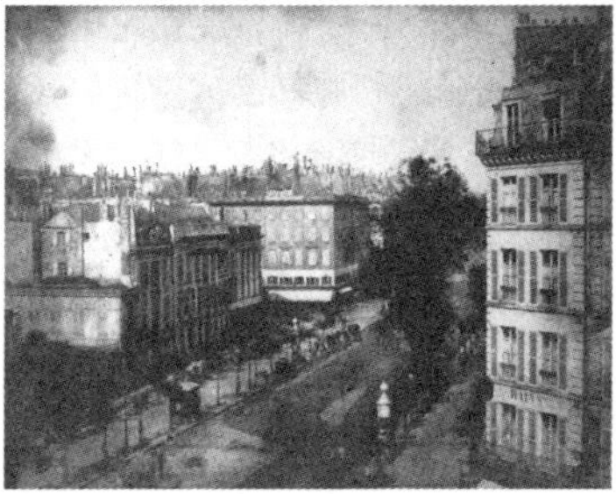

Abb. 5: William Henry Fox Talbot, Boulevard des Capucines, ca. 1843

Talbot liefert auch die genauen räumlichen Koordinaten der Aufnahme. Er taxiert die Höhe des Augpunkts und benennt den Blickwinkel, von dem aus die Fassaden und der Tiefenzug der Straße sich erschließen. Die Aufnahme wird nicht als eine abgekapselte und in sich geschlossene Szenerie beschrieben, sondern in Beziehung zum Standpunkt des Betrachters vor dem Bild gesetzt. Zu diesem Standpunkt gehört auch die zeitliche Positionierung des Bildes. »Die Zeit ist Nachmittag«, schreibt Talbot – als habe man hier keine in der Vergangenheit aufgenommene Ansicht einer fernen Stadt vor Augen, sondern ihre unmittelbare Gegenwart. »Talbots Kommentar versucht den photographischen Einschnitt ins zeitliche Gefüge zu markieren, gleichzeitig aber im Bericht der begleitenden Umstände das Bild wieder in eine Kontinuität einzubetten. Jedes Wort des Textes ist von der Absicht getragen, den Betrachter in den Augenblick der Aufnahme zu versetzen, rückzuversetzen.«[49] Die Vorstellung, dass das Dargestellte im Augenblick seiner Aufnahme weniger bewahrt als vielmehr abgetrennt und isoliert wurde, kommt hier noch nicht zum Ausdruck. Talbot sieht eher den konservierenden Charakter der Fotografie, wie ihn einhundert Jahre später noch André

Bazin hervorhebt – jene »Gegenwart eines in seinem Ablauf angehaltenen Lebens, von seiner Vergänglichkeit befreit nicht durch die Größe der Kunst, sondern kraft einer leidenschaftslosen Mechanik; denn die Photographie erschafft nicht, wie die Kunst, Ewigkeit, sondern sie balsamiert die Zeit ein, entzieht sie bloß ihrem Verfall« (OB: 39).

Talbots Aufnahme illustriert aber auch eine ganz andere zeitliche Bestimmung der frühen Fotografie. Der Boulevard, am hellichten Tag und im Zentrum der Großstadt Paris abgelichtet, ist menschenleer, denn die langen Belichtungszeiten der ersten Jahre brachten es mit sich, dass bewegte Personen und Objekte nicht erfasst werden konnten. So spricht der Kunstkritiker Eduard Kolloff bereits 1839 von der Fotografie als einem »chemischen Prozess, der nur über den Raum, nicht über die Zeit gebietet«[50]. Kolloff denkt an jene Zeit, die nicht auf Dauer in das Foto eingehen konnte, sondern im Moment der Aufnahme für immer aus ihm verschwunden ist. Seine Bemerkung erinnert daran, dass bereits die zeitliche Dauer des fotografischen Aufnahmevorgangs selbst von entscheidender Bedeutung für die Zeitlichkeit der Fotografie ist. Je nachdem, ob diese Zeit der Aufnahme sehr lang oder – wie in den winzigen Intervallen der Momentfotografie – sehr kurz ausfiel, änderte sich auch das gesamte zeitliche Gefüge der Fotografie.

3.2 Anti-Laokoon. Theorie der Momentaufnahme

»Alle Erscheinungen, zu deren Wesen wir es nach unsern Begriffen rechnen, daß sie plötzlich ausbrechen und plötzlich verschwinden, daß sie das, was sie sind, nur einen Augenblick seyn können; alle solche Erscheinungen, sie mögen angenehm oder schrecklich sein, erhalten durch die Verlängerung der Kunst ein so widernatürliches Ansehen, daß mit jeder wiederhohlten Erblickung der Eindruck schwächer wird, und uns endlich vor dem ganzen Gegenstande ekelt oder grauet.«[51]

Mit diesen Sätzen hatte Gotthold Ephraim Lessing in seiner berühmten Schrift *Laokoon* (1755) die Darstellung des Plötzlichen und Transitorischen aus den bildenden Künsten verbannt. Lessings Überlegungen zur Wahl des »fruchtbaren« Augenblicks beruhten vor allem auf zwei Voraussetzungen: 1. Ein Maler oder Bildhauer kann immer nur einen einzigen Moment des von ihm gewählten Geschehens zur Darstellung bringen. Dieser Moment wird durch seine Fixierung auf der Leinwand auf Dauer gestellt und muss deshalb mit Bedacht ausgewählt werden. 2. Im Gegensatz zur malerisch fixierten Zeit im Bild verläuft die Zeit des Betrachters vor dem Bild kontinuierlich. Diese Zeit ist variabel, weil man beliebig lange vor einem Bild verweilen kann und das auch soll, denn Kunstwerke sind dazu bestimmt, »nicht bloß erblickt, sondern betrachtet zu werden, lange und wiederhohltermaassen betrachtet zu werden«[52]. Lessing unterscheidet also zwei Regime der Zeit: die eingefrorene Zeit des Bildes und die kontinuierliche Zeit des Betrachters, die Augenblicklichkeit des Dargestellten und die Dauer seiner Betrachtung. Sein Entwurf des fruchtbaren Augenblicks der Kunst lässt sich von hier aus als ein Versuch lesen, diese beiden Zeiten zu synchronisieren. Das entscheidende Bindeglied bildet dabei die Einbildungskraft des Betrachters. »Dasjenige aber nur allein ist fruchtbar, was der Einbildungskraft freyes Spiel läßt. Je mehr wir sehen, desto mehr müssen wir hinzu denken können. Je mehr wir darzu denken, desto mehr müssen wir zu sehen glauben.«[53] Ein Maler oder Bildhauer muss für seine Darstellung einen Moment des Geschehens wählen, der es dem Betrachter erlaubt, sich vorzustellen, was davor geschah und was noch folgen könnte. Aus diesem Grund lobt Lessing den Schöpfer der antiken Skulpturengruppe des *Laokoon*, die den gleichnamigen trojanischen Priester nicht im Moment seines größten Schmerzes zeigt, sondern zu einem Zeitpunkt unmittelbar davor. »Wenn Laokoon also seufzet, so kann ihn die Einbildungskraft schreyen hören; wenn er aber schreyet, so kann sie von dieser Vorstellung weder eine Stuffe höher, noch eine Stuffe tiefer steigen, ohne ihn in einem leidlichern, folglich uninteressantern Zustande zu erblicken. Sie hört ihn erst ächzen, oder sie sieht ihn schon todt.«[54] Eine Darstellung der Klimax des Schmerzes hätte ein Bild geliefert, dem die Einbildungskraft nichts hätte hinzufügen können – den Anblick eines unnatürlich für immer geöffneten Mundes. Die künstliche Stillstellung des Transitorischen bricht mit der natürlichen Erfahrung von Zeit und verleiht dem Dargestellten nur ein »widernatürliches Ansehen«.

Die Liste fotografischer Motive, die Dolf Sternberger in seinem Essay *Über die Kunst der Fotografie* (1934) aufzählt, liest sich wie eine Antithese zu Lessings Ästhetik des fruchtbaren Augenblicks: »Der Moment vor dem Tode, der Moment des Motorradfahrers in der Kurve, der Moment des Schusses und der des Schmerzes, der Moment der Säuberung einer Straße durch die Polizei, der Moment glücklicher Ankunft, der Moment des Schreiens, der ohnmächtigen Wut des Gefangenen, des Hungers und der Üppigkeit, auch – der Moment des Fotografiertwerdens.« (KF: 239) Im Sinne Lessings handelt es sich hier um Motive, die der Einbildungskraft keinen Spielraum lassen, da sie das Transitorische im Sekundenbruchteil erfassen und es im Bild auf Dauer stellen. »Gäbe es ein Apriori der Momentfotografie«, schreibt Sternberger, »so wäre es nichts anderes als – der Moment. Dies Hundertstel oder Tausendstel einer Sekunde, das man zur Belichtung braucht, fährt wie ein Blitz hinein in das Dickicht der Welt und langt hervor, was unausdenkbar ist: den Zufall.« (KF: 238) Insofern überbietet die Momentfotografie jene Vorstellung von Plötzlichkeit, die Lessing einhundert Jahre zuvor noch als Inbegriff des Transitorischen gegolten hatte. Denn die Momentaufnahme stellt eine Zeit auf Dauer, die der natürlichen Erfahrung nicht nur widerspricht, sondern sich ihr entzieht. Während etwa das Bild eines Schreis ein Ereignis zeigt, das – wenn auch transitorisch – in der Realität doch wahrnehmbar gewesen wäre, hält das im Sekundenbruchteil aufgenommene Bild ein Ereignis fest, das in einer unwahrnehmbar kurzen Zeitspanne vorüberging. Die Aufnahme gibt nicht wieder, was auch ohne sie zu sehen gewesen wäre, sondern zeigt, was zu schnell war, um im Augenblick seines Auftretens wahrnehmbar zu sein. In seiner *Kleinen Geschichte der Photographie* hat Walter Benjamin diesen Verfremdungseffekt als das »optisch Unbewusste« der Fotografie beschrieben und von der »anderen Natur« gesprochen, die der Kamera entspricht.

> »Es ist ja eine andere Natur, welche zur Kamera als welche zum Auge spricht; anders vor allem so, daß an die Stelle eines vom Menschen mit Bewusstsein durchwirkten Raums ein unbewußt durchwirkter tritt. Ist es schon üblich, daß einer, beispielsweise vom Gang der Leute, sei es auch nur im groben, sich Rechenschaft gibt, so weiß er bestimmt nichts mehr von ihrer Haltung im Sekundenbruchteil des Ausschreitens. Die Photographie mit ihren Hilfsmitteln: Zeitlupen, Vergrößerungen erschließt sie ihm. Von diesem Optisch-Unbewussten erfährt er erst durch sie wie von dem Triebhaft-Unbewussten durch die Psychoanalyse.« (KGP: 371)

Vielleicht hat Benjamin hier auch an jene Passage aus der *Suche nach der verlorenen Zeit* gedacht, in der Marcel Proust einen ähnlichen Gedanken notiert. Während man Personen stets »im lebendigen Zusammenhang« wahrnehme, löse die fotografische Aufnahme diesen Zusammenhang auf – »dann sehen wir zum Beispiel auf dem Hof des Institut anstatt eines heraustretenden Académicien, der eine Droschke herbeirufen will, nur seinen schwankenden Gang, sein Bemühen, nicht hintenüber zu fallen, die Parabel seines Falls, als wäre er betrunken oder der Boden mit

Glatteis bedeckt«[55]. Die Isolierung der Figur aus ihrem lebensweltlichen Zusammenhang bewirkt deren Unkenntlichkeit. Aus dem Anblick des Bekannten wird die Momentaufnahme eines Fremden, der wie ein Betrunkener über das Pflaster stolpert. Diese »andere Natur« des Fotografischen, von der Benjamin spricht, deutet auch Sternberger an, wenn er bemerkt, der blitzartig aufgenommene Moment sei zuvor »unausdenkbar« gewesen (s.o.). Die von Lessing für die Malerei geforderte Angleichung von dargestellter Zeit und erlebter Zeit ist im Zeitregime der Momentaufnahme nicht mehr einzulösen. Gegen Ende des 19. Jahrhunderts sind die Aufnahmezeiten auf einen Zeitraum zusammengeschrumpft, dem kein Erfahrungshorizont mehr entspricht. Der aufgezeichnete Moment ist ein »aufgeschobenes Jetzt und Hier«, das, wie Iris Därmann schreibt, »uneinholbar, weil unerlebbar ist« – ein »Nullpunkt der Wahrnehmbarkeit«, an dem »ein apriorisches Zeitgesetz, dem zufolge die Zeit der Wahrnehmung mit der Zeit des Wahrgenommenen zusammenfällt, aus den Angeln gehoben« wird.[56]

Benjamin hat die verschiedenen Zeitregime der Fotografie am Beispiel des Porträts skizziert. In der Frühzeit der Fotografie verlangten die langen Belichtungszeiten den Modellen ab, sich minutenlang und unbewegt dem Objektiv der Kamera auszusetzen. »Das Verfahren selbst veranlaßte die Modelle, nicht aus dem Augenblick heraus, sondern in ihn hinein zu leben; während der langen Dauer dieser Aufnahmen wuchsen sie gleichsam in das Bild hinein und traten so in den entschiedensten Kontrast zu den Erscheinungen auf einer Momentaufnahme [...].« (KGP: 373) War in der Frühzeit die Technik langsamer als die gelebte Zeit der Modelle, verhielt es sich mit der späteren Momentfotografie genau umgekehrt. Nichts verdeutlicht dieses Auseinanderdriften von Aufzeichnung und Erfahrung so eindrücklich wie die Aufnahmen mit Magnesiumblitz, der gegen Ende des Jahrhunderts als künstliche Lichtquelle eingeführt wurde. Das plötzlich aufflammende Licht rief bei den Porträtierten ein physisches Erschrecken hervor, seine Dauer war aber, wie eine zeitgenössische Quelle vermerkt, »so *kurz*, dass eine Reaction während der Belichtung von Seiten des Modells nicht zu befürchten ist«[57]. Das reflexhafte Zusammenzucken der Porträtierten ist auf der Aufnahme nicht zu sehen, weil die Zeit der Aufnahme die Zeit des Reflexes unterschreitet. Der Fotograf Albert Londe demonstriert diesen Umstand an einer Serie von zwölf Aufnahmen, die hintereinander im Abstand von einer Hundertstelsekunde aufgenommen wurden (Abb. 6).

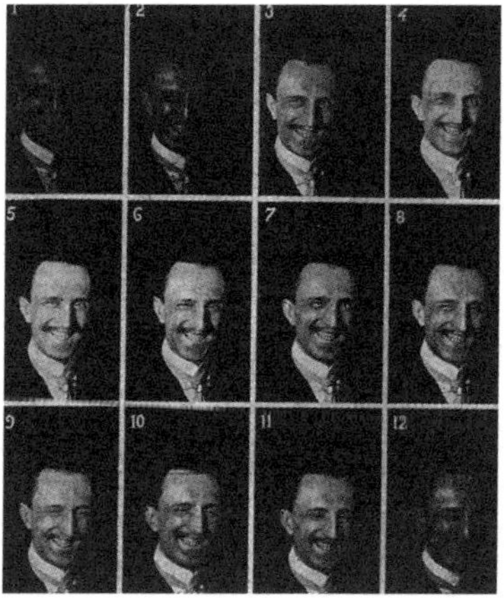

Abb. 6: Albert Londe, Momentaufnahmen mit Blitzlicht, ca. 1902

Der Blitz modelliert das Gesicht des Porträtierten allmählich aus der Dunkelheit des Ateliers hervor und lässt es auf dem letzten Bild in diese zurückkehren. Das entscheidende Detail sind die Augen des Porträtierten. Erst nach der siebten Aufnahme – also nach sieben Hundertstelsekunden – setzt der Lidreflex ein. Während der sechs Aufnahmen zuvor ist der Dargestellte also bereits vom gleißenden Blitzlicht geblendet, hatte aber buchstäblich noch keine Zeit, darauf zu reagieren. Ein isoliertes Bild dieser Serie, etwa Aufnahme 3, ließe sich als gewöhnliches Porträt eines Mannes sehen, der seine Mimik unter Kontrolle hat und dem Fotografen freundlich zulächelt. In der chronofotografischen Sequenz ist die Integrität eines solchen Ausdrucks aber aufgelöst. Bevor er auf dem ersten Bild erscheint, lacht der Dargestellte schon beziehungslos in die Dunkelheit des Ateliers hinein, und er lacht auch noch auf dem zwölften Bild der Serie, wenn sein Auge längst geblendet ist. Mit offenen Augen schaut der Abgebildete einem Ereignis entgegen, das zugleich bereits stattgefunden hat. Das Gesicht zerfällt gewissermaßen in unterschiedlich schnelle Reaktionszeiten. Die Augen haben zwölf Einzelbilder lang Zeit, sich allmählich zu schließen, während das permanente Lächeln im unteren Teil der Bilder nicht verschwinden will und das Gesicht zu einer Maske macht, die wie losgelöst von ihrem Träger zwölf Mal beziehungslos ins Dunkel lacht. Die Irritation solcher Aufnahmen hat mit der Gleichzeitigkeit zweier Faktoren zu tun: dem Wissen um die ungeheure Kürze des dargestellten Augenblicks, der nicht länger als zwölf Hundertstelsekunden angedauert hat, und der langsamen Zerdehnung, in der dieser Augenblick in der Betrachtung der Bilder erscheint. In seiner seriellen Wiederholung gerät das Lächeln des Mannes zu einem irritierend langen Grinsen, tatsächlich aber war seine Dauer viel zu kurz, als dass es zum Zeitpunkt und am Ort der Aufnahme irgendjemand hätte wahrnehmen können.[58]

Ähnlich wie Benjamin am Beispiel des Porträts unterscheidet der kanadische Kunsthistoriker Thierry de Duve (geb. 1944) zwei Zeitregime der Fotografie – die Zeitbelichtung (*time exposure*) und die Momentaufnahme bzw. den Schnappschuss (*snapshot*). Während die Zeitbelichtung eine längere Dauer erfasst – jene Zeit, von der Benjamin sagt, dass die Dargestellten in ihr »gleichsam in das Bild hinein« wuchsen –, spaltet die Momentaufnahme die Welt in Sekundenbruchteile auf. Beide Formen zeichnen sich dadurch aus, dass sie den kontinuierlichen Fluss der Zeit auf spezifische Weise bearbeiten und verfehlen. »Während sich der Schnappschuss auf die Flüchtigkeit der Zeit bezieht, ohne sie übertragen zu können, versteinert die Zeitbelichtung die Zeit des Referenten und entziffert sie als eine vergangene.« (TS: 113) Wie Benjamin und Sternberger hebt auch de Duve das Befremdliche der Momentaufnahme hervor. Der Schnappschuss bewirkt den »Schock einer Zeit, die sich zwischen *Nicht mehr* und *Noch nicht* aufspaltet«, er hat »ein Leben entwendet [...], das er nicht zurückgeben kann« (TS: 113-114). Der Betrachtung einer Momentaufnahme entspricht deshalb nichts weniger als Nostalgie oder Melancholie. »Das Bild«, so Bernd Busch, »öffnet sich zwar in die Tiefe – ästhetisches Ideal der Momentaufnahme war lange Zeit die Schärfe, die Präzision der (räumlichen) Wiedergabe –, aber es verschließt sich tendenziell dem Versuch, es in eine Erzählung zu transformieren.« (BW: 378)

Die Funktion der Zeitbelichtung führt de Duve am Beispiel des Porträts weiter aus. »Während sich das Porträt als *Denkmal* auf den Zustand eines Lebens bezieht, der für immer vergangen ist, bietet es zugleich die Möglichkeit, dieses Leben auf Dauer und immer wieder neu im Gedächtnis zu behalten. [...] Die Zeitbelichtung bezieht sich nicht auf das Leben als einen Prozess, eine Entwicklung, eine zeitliche Abfolge, wie es der Schnappschuss tut. Sie handelt von einem imaginären Leben, das autonom, diskontinuierlich und reversibel ist, weil dieses Leben keinen anderen Ort besitzt als die Oberfläche der Fotografie.« (TS: 113-114) Demnach macht die Zeitbelichtung das Bild zum Schauplatz einer eigenen, paradoxen Erfahrung von Zeit. Sie erhält und versteinert, sie bewahrt ein Leben, dessen Vergangensein sie zugleich zur Voraussetzung hat. Es ist diese gespenstische Funktion des Fotos, die auch Siegfried Kracauer und Roland Barthes in ihren Bann gezogen hat.

3.3 Das Foto als Gespenst (Kracauer)

In seinem Essay *Die Photographie* (1927) zeigt Siegfried Kracauer (1889 – 1966) auf eindrückliche Weise, wie ein fotografisches Bild, das zum Zeitpunkt seiner Aufnahme ein aktuelles Geschehen fixierte, allmählich in die Ferne der Vergangenheit rückt. Kracauers Ausgangspunkt ist die Aufnahme einer vierundzwanzigjährigen Filmdiva auf dem Titelblatt einer Illustrierten. Das Bild zeigt die junge Frau an einem Septembertag vor dem Eingang eines mondänen Hotels am Lido in Venedig, den Kopf in einer verführerischen Pose nach hinten geneigt und im modischen Stil der 1920er Jahre gekleidet. »Zeit: Gegenwart« setzt Kracauer lakonisch hinzu (DPh: 21). Diesem Titelbild stellt er eine historische Fotografie an die Seite, eine Aufnahme von 1864, die ebenfalls eine vierundzwanzigjährige Frau zeigt. Diesmal handelt es sich um die Fotografie einer längst verstorbenen Verwandten, die im altmodischen Korsett im Atelier eines Hoffotografen posiert. Während das Titelbild der Illustrierten mit einer Legende versehen ist, welche die Dargestellte als »dämonische Diva« ausweist, ist die historische Aufnahme unbeschriftet. Für sich genommen ist die Verwandte auf dem Bild nicht identifizierbar. Handelt es sich tatsächlich um die Großmutter? Ohne Vorwissen, ohne familiäre Überlieferungen und Erzählungen wäre die Porträtierte unmöglich als dieselbe Person zu identifizieren, die man als gealterte Frau in den letzten Jahren ihres Lebens gekannt hat. »[...] aus dem Bild ließe sich die Großmutter nicht rekonstruieren« (DPh:

22). Ob die beiden Aufnahmen tatsächlich existieren oder nicht, ob es die Verwandte des Autors wirklich gegeben hat, geht aus dem Text nicht eindeutig hervor, ist für Kracauers Überlegungen aber auch unerheblich. Was Kracauer in seinem Vergleich der beiden Fotografien interessiert, ist das Ineinandergreifen der folgenden drei Zeithorizonte: der im Foto abgebildeten Zeit, also jenem Septembertag am Lido, und jenem längst vergangenen Tag im Atelier des Hoffotografen; der Zeitlichkeit des Bildes selbst, also jenem Ausschnitt, den die Aufnahme aus dem Fluss der Ereignisse herauslöst und auf Dauer stellt; schließlich dem Zeitpunkt der Betrachtung, dem Hier und Jetzt, in dem der Blick die Fotografien trifft. In der Betrachtung der historischen Aufnahme driften diese Horizonte auseinander.

»Die Nachwelt wird von uns nicht nur wissen, was wir taten und dachten, sondern auch, wie wir aussahen und was wir sahen. Der beschreibbare Umriß der Ereignisse wird mit sinnlichem Material aufgefüllt werden, getreu registriert und leicht kommunizierbar.«[59] Gemessen an Kracauers Analyse erscheint diese Einschätzung des amerikanischen Philosophen George Santayana, formuliert um 1905, äußerst optimistisch. Denn während für Santayana die Gegenwart im fotografischen Bild offenbar in ihrer Integrität bewahrt bleibt, geht Kracauer von einer wachsenden Entfremdung zwischen Gegenwart und Vergangenheit aus.

Kracauer setzt bei dem einfachen Umstand an, dass die Diva und Großmutter zum Zeitpunkt der Aufnahme das gleiche Alter von 24 Jahren haben, sich die Aufnahmen aber doch auf sehr unterschiedliche Weise in die aktuelle Gegenwart einfügen. Während die Filmdiva – jedenfalls zum Zeitpunkt der Niederschrift des Textes – den modischen Geschmack der Zeit repräsentiert und das gesamte Bild dem Zeitkolorit der 1920er Jahre entspricht, zeigt sich das Foto von 1864 als Fragment aus der Vergangenheit, das keinen Anschluss an die Jetztzeit findet. Die Vermittlungsfunktion, die dem aktuellen Bild mühelos von selbst gelingt, setzt im Fall der historischen Aufnahme aus. Jede Fotografie »muß wesentlich dem Zeitpunkt ihrer Entstehung zugeordnet sein« (DPh: 29). Über diesen Zeitpunkt weist die alte Fotografie nicht hinaus. Sie zeigt beharrlich immer denselben, abgetrennten Augenblick der Vergangenheit und gibt kein Bild davon, was zuvor geschah oder was der Aufnahme noch folgte. Das historische Foto hat keine historische Umgebung. Die junge Frau von 1864 »lächelt in einem fort, immer dasselbe Lächeln, das Lächeln bleibt stehen, ohne noch auf das Leben zu weisen, aus dem es herausgenommen ist« (DPh: 22).

In Kracauers Beschreibung dieser zeitlichen Struktur spielt die Mode eine entscheidende Rolle, da sie ein augenfälliger Indikator für das Vergehen von Zeit ist. »Der Zeitgebundenheit der Photographie entspricht genau die der Mode.« (DPh: 30) Während der Kleidungsstil der eigenen Zeit nicht als historisch wahrgenommen wird und insofern transparent ist, wirkt die Kleidung einer vergangenen Epoche auffällig und befremdlich. Aus der Gegenwart betrachtet wird aus der jungen Frau auf der alten Fotografie »ein archäologisches Mannequin, das der Veranschaulichung des Zeitkostüms dient« (DPh: 22). Mit »Veranschaulichung« meint Kracauer hier aber gerade nicht, dass die Aufnahme das Zeitkostüm samt seiner Trägerin über alle Zeiten hinweg lebendig erhält und dokumentiert. Denn anschaulich wird auf dem Foto nicht die vergangene Zeit, sondern die Tatsache ihres Vergangenseins. Während die Zeit voranschreitet, bleibt das abgelichtete Kostüm im Bild zurück. »[...] die Photographie faßt den Restbestand, den die Geschichte abgeschieden hat« (DPh: 30). Der Anschein des Kostümierten und Abgelegten betrifft dabei nicht nur die Kleidung, sondern alles Gegenständliche im Bild. Im Sinne Kracauers ist auch die Landschaft auf einer historischen Fotografie Teil der Kostümierung. Susan Sontag hat einen zweiten Aspekt dieser Verfremdung des Dargestellten durch die Zeit hervorgehoben – seine zunehmende Ästhetisierbarkeit, sobald sich die Aktualität seiner Botschaft dem Blick nicht mehr aufdrängt. Das Bild, das allmählich in die Ferne der Vergangenheit einrückt und seine ursprünglichen Bezüge verliert, bietet sich stärker als zuvor einer formalen und ästhetischen Betrachtung an. »Es scheint, daß die ästhetische Distanz ein Bestandteil der Erfahrung ist, die man beim Betrachten von Fotos macht, wenn nicht von Anfang an, so doch im Laufe der Zeit. Die Zeit erhebt die meisten Fotografien, auch die dilettantischsten, auf die Ebene der Kunst.« (PH: 27)

Von diesem Auseinanderdriften von Vergangenheit und Gegenwart bleibt die aktuelle Aufnahme – jedenfalls vorerst noch – verschont: »Die aktuelle Photographie, die eine dem gegenwärtigen Bewußtsein vertraute Erscheinung abbildet, gewährt in begrenztem Umfang dem Leben des Originals Einlaß. [...] die Diva weilt zum Glück unter den Lebenden, und die Titelseite der Illustrierten erfüllt die Aufgabe, an ihre leibhafte Wirklichkeit zu erinnern.« (DPh: 29) Die Dargestellte und ihr Erscheinen im Bild bestätigen sich gegenseitig. Da die aktuelle Aufnahme aber nicht dauerhaft aktuell bleiben kann, versteht es sich von selbst, dass die fragile Korrespondenz früher oder später zerfällt. »Eines Tages entweicht der Diva die Dämonie, und ihre Ponny-Frisur bleibt neben den Chignons zurück. So zerbröckeln die Bestände, da sie nicht zusammengehalten werden. Das photographische Archiv versammelt im Abbild die letzten Elemente der dem Gemeinten entfremdeten Natur.« (DPh: 38) Mit dem Hinweis auf das »Gemeinte« spielt Kracauer an dieser Stelle auf den Unterschied zwischen fotografischem Archiv und Gedächtnis an. Im Gegensatz zur Kamera, die alles ›sinnlos‹ registriert, »meint« das Gedächtnis etwas. Es wählt aus, hebt bestimmte Erinnerungen auf Kosten anderer hervor und fügt das Erinnerte zu einer lückenhaften, aber absichtsvollen Geschichte zusammen. Die Fotografie hingegen erfasst das Gegebene nicht im Hinblick auf seinen möglichen Sinn, sondern scheidet es als Überrest, Fragment und »Abfall« der Geschichte aus:

> »[...] die Photographie sammelt Fragmente um ein Nichts. Als die Großmutter vor dem Objektiv stand, war sie für eine Sekunde in dem Raumkontinuum zugegen, das dem Objektiv sich darbot. Verewigt worden ist aber statt der Großmutter jener Aspekt. Es fröstelt den Betrachter alter Photographien. Denn sie veranschaulichen nicht die Erkenntnis des Originals, sondern die räumliche Konfiguration eines Augenblicks; nicht der Mensch tritt in seiner Photographie heraus, sondern die Summe dessen, was von ihm abzuziehen ist. Sie vernichtet ihn, indem sie ihn abbildet, und fiele er mit ihr zusammen, so wäre er nicht mehr vorhanden.« (DPh: 32)

Kracauer macht hier noch einmal deutlich, wie sehr die besondere Zeitlichkeit der Fotografie an den Prozess der Aufzeichnung gebunden ist. Im Augenblick der Aufnahme nimmt die Fotografie das Dargestellte aus der Zeit heraus. Letztlich ist es nicht die Zeit, die hier abgebildet wird, sondern »die räumliche Konfiguration eines Augenblicks«. Was im Moment der Aufnahme ins Bild eingeht, überlebt dort nicht. Das Bild hält das Dargestellte nicht auf Dauer lebendig, sondern bestätigt im Gegenteil seine Abgeschiedenheit. Deshalb führt die Betrachtung auch nicht zum Dargestellten zurück, nicht zur »Erkenntnis des Originals«, sondern zeigt »die Summe dessen, was von ihm abzuziehen ist«. Im Augenblick der Aufnahme sondert sich das Leben ab, um später nur mehr als Rest erkennbar zu sein. So kommt Kracauer zu der scheinbar paradoxen Feststellung, dass die fotografische Abbildung die Dargestellten nicht bewahrt und im Gedächtnis behält, sondern sie vernichtet.

Mit der fotografischen Vernichtung ist freilich nur die eine Seite dieses Vorgangs beschrieben. Denn zugleich bestätigt das Bild, dass die Abgebildeten im kurzen Augenblick der Aufnahme existiert haben. Die Großmutter war »für eine Sekunde in dem Raumkontinuum zugegen, das dem Objektiv sich darbot«. Ähnlich wie später Roland Barthes koppelt Kracauer das Wissen um die Unwiederholbarkeit des Dargestellten an das gleichzeitige Bestätigungsvermögen der Fotografie. »Die Photographie wird zum Gespenst, weil die Kostümpuppe gelebt hat. Durch das Bild ist bewiesen, daß die fremden Attrappen als ein selbstverständlicher Zubehör in das Leben einbezogen worden sind.« (DPh: 31) Der sichtbare Beweis der gewesenen Existenz fällt mit der Einsicht in die zeitliche Ferne des Gezeigten zusammen. Das Foto leistet ein Hervorholen des Vergangenen, das es aber zugleich auch sichtlich dementiert. Derselbe Widerstreit ist gemeint, wenn Kracauer schreibt, die Fotografie umfasse Bestände, »die eingeschrumpft sind, ohne es zugeben zu wollen« (DPh: 31). Kracauer ist wohl einer der Ersten, die Abbildung und Vernichtung, Dauer und Verschwinden als gleichzeitige Bestandteile der Fotografie zusammengedacht haben. Aus dieser Denkfigur bezieht er auch die eindrücklichen Sprachbilder seines Textes. Während Bazin die fotografische »Objektivität der Zeit« dadurch gesichert sieht, dass ein Foto seinen Gegenstand bewahrt »wie der Bernstein den intakten Körper von Insekten aus einer fernen Zeit« (OB: 39), führt Kracauer Metaphern an, die mit ebendieser Vorstellung von Intaktheit brechen: nicht das geborgene und unversehrte Lebewesen ist sein Leitbild, sondern die kostümierte Puppe, das Mannequin, die Leiche, das Gespenst. Alle diese Gestalten sind dem Bereich des Lebensechten und doch Leblosen entnommen. Diese zeitliche Inkongruenz der Fotografie ist für Kracauer kein Defizit, vielmehr bietet sie eine Erkenntnismöglichkeit, die es in der Geschichte der Bilder zuvor nicht gegeben hat. »Das naturbefangene Bewußtsein vermag seinen Untergrund nicht zu erblicken. Es ist die Aufgabe der Photographie, das bisher noch ungesichtete *Naturfundament* aufzuweisen. Zum ersten Mal in der Geschichte treibt sie die ganze naturale Hülle heraus, zum ersten Mal vergegenwärtigt sich durch sie die Totenwelt in ihrer Unabhängigkeit vom Menschen.« (DPh: 38)

3.4 »Es-ist-so-gewesen« (Barthes, Derrida)

Bereits im ersten Kapitel wurde darauf hingewiesen, dass Roland Barthes' Verständnis der Fotografie als unmittelbare Einschreibung der Wirklichkeit leicht als Ausdruck eines ungebrochenen Realismus verstanden werden kann, wenn man nicht auch die zeitliche Dimension dieser Einschreibung hinzunimmt. Tatsächlich gibt es in der *Hellen Kammer* Passagen wie die folgende, in denen Barthes offensichtlich einer größtmöglichen Unmittelbarkeit der Fotografie das Wort redet: »Man könnte meinen, die PHOTOGRAPHIE habe ihren Referenten immer im Gefolge [...]: sie sind aneinander gebunden, Glied an Glied [...]. Die PHOTOGRAPHIE gehört zu jener Klasse von geschichteten Objekten, von denen man auch nicht zwei Blätter abtrennen kann, ohne sie zu zerstören: die Fensterscheibe und die Landschaft [...].« (HK: 13-14). Eine Fotografie und ihr reales Vorbild existierten demnach miteinander und *zur gleichen Zeit* und wären so ununterscheidbar wie ein transparentes Fensterglas und die Landschaft, die es erkennen lässt. Der Vergleich nimmt die alte Metapher vom Bild als Fenster zur Welt wieder auf und erweckt den Anschein, im Fall der Fotografie treffe der Blick durch dieses Fenster keine Repräsentation, sondern die Sache selbst – ohne Umweg, ohne Vermittler, ohne zeitliche Verzögerung oder die Wahrscheinlichkeit einer Abweichung. Auch die von Barthes aufgeworfene Frage, ob die Besonderheit der Fotografie nicht darin bestehe, sich »als Medium aufzuheben« und also kein »Zeichen, sondern die Sache selbst zu sein« (HK: 55), ist nicht dazu angetan, den Eindruck einer ungefilterten Ontologie des fotografischen Bildes zu verringern. Dieser Eindruck verflüchtigt sich allerdings, wenn man Barthes' komplementäre Bestimmung der fotografischen Zeit hinzunimmt und erkennt, »daß die Zeugenschaft der PHOTOGRAPHIE sich nicht auf das Objekt, sondern auf die Zeit bezieht« (HK: 99). Die »Emanation des Referenten« ist eine gewesene. Das Wort »Referent«, schreibt Jacques Derrida über die *Helle Kammer*, könnte »störend sein, wenn der Kontext es nicht neu formieren würde« (TRB: 13). Diese neue Formierung besagt, dass eine Fotografie keine Präsenz vor Augen stellt, nichts bewahrt und nichts zurückholt. »[...] was ich sehe, ist keine Erinnerung, keine Phantasie, keine Wiederherstellung, kein Teil der Maja, wie die Kunst sie in verschwenderischer Fülle bietet, sondern das Wirkliche im vergangenen Zustand: das Vergangene und das Wirkliche zugleich.« (HK: 93) Barthes' Insistieren auf dem Bestätigungscharakter der Fotografie ist also mit dem entscheidenden Zusatz versehen, dass diese Bestätigung nicht die Gegenwart des Gezeigten betrifft, sondern dessen Vergangensein:

> »Der Name des Noemas der PHOTOGRAPHIE sei also: ›Es-ist-so-gewesen‹ oder auch: das UNVERÄNDERLICHE. Im Lateinischen (eine Pedanterie, die notwendig ist, da sie Nuancen erhellt) hieße dies zweifellos: ›interfuit‹: das, was ich sehe, befand sich dort, an dem Ort, der zwischen der Unendlichkeit und dem wahrnehmenden Subjekt (*operator* und *spectator*) liegt; es ist dagewesen und gleichwohl auf der Stelle abgesondert worden; es war ganz und gar, unwiderlegbar gegenwärtig und war doch bereits abgeschieden.« (HK: 87)

Eine Fotografie hält das in ihr Gezeigte deshalb nicht über alle Zeiten lebendig, sondern bestätigt im Gegenteil seine Abgeschiedenheit, im Sinne Barthes' kann man auch sagen: seinen Tod. Es handelt sich um ein »Bild, das den Tod hervorbringt, indem es das Leben aufbewahren will«, um »die bildliche Darstellung des reglosen, geschminkten Gesichtes, in der wir die Toten sehen« (HK: 103; HK: 41).[60] Wie Kracauer vergleicht deshalb auch Barthes die Fotografie mit einer Puppe, die »etwas verzweifelt Lebloses und dennoch Verfügbares« (HK: 126) hat. Der Zusammenhang von Abbildung und Vernichtung wird in der *Hellen Kammer* aber nicht nur aus der Perspektive des Betrachters von Fotografien beschrieben, sondern auch aus der Erfahrung des zu Porträtierenden, der in die Kamera blickt und im Moment der Aufnahme fühlt, wie er zum Objekt wird: »[...] ich erfahre dabei im kleinen das Ereignis des Todes (der Ausklammerung) [...] wenn ich mich auf dem aus dieser Operation hervorgegangenen Gebilde erblicke, so sehe ich, daß ich GANZ UND GAR BILD geworden bin, das heißt der Tod in Person [...]« (HK: 22-23).

In seinem Text *Die Tode des Roland Barthes* (1981) hat auch Jacques Derrida die Bindung der Referenz an den Tod als Merkmal der Fotografie hervorgehoben. Derridas Affinität zu Barthes' Bestimmung der fotografischen Zeit verwundert nicht, denn seine eigene Theorie des Gedächtnisses ist, wie Bernd Stiegler in Erinnerung ruft, »eng mit der Schrift verbunden, ja steht im Zeichen der Schrift. Die Lichtschrift der Photographie wird dann diese Denkbewegung aufnehmen.« (TG: 351) Tatsächlich hat Derrida immer wieder hervorgehoben, dass jede Markierung oder Einschreibung ihren Ausgang von der Präsenz oder Lebendigkeit des Notierten nimmt, mit der Niederschrift dann aber zugleich dessen Tod anzeigt. Derrida demonstriert diesen Zusammenhang etwa am Beispiel der fragilen Zeugenschaft des Namens: »Wenn wir jemanden zu seinen Lebzeiten mit Namen rufen oder nennen, wissen wir, daß sein Name ihn überleben kann und ihn bereits überlebt, daß er bereits zu seinen Lebzeiten damit beginnt, sich von ihm zu lösen, indem er jedes Mal, wenn er in eine Liste, ein amtliches Register oder eine Signatur eingeschrieben wird, seinen Tod aussagt und vorträgt. [...] er ist von Anbeginn ›in Gedenken an‹.«[61] Ähnlich wie Kracauer spricht Derrida vor diesem Hintergrund von der gespenstischen Anmutung des fotografischen Referenten. »Auch wenn er nicht mehr *da* ist (gegenwärtig, lebendig, real etc.), bildet sein *Dagewesensein* gegenwärtig einen Teil der referentiellen oder intentionalen Struktur meiner Beziehung zum Photogramm, die Wiederkehr des Referenten nimmt fast die Form eines Spuks an. Es ist eine ›Wiederkehr des Toten‹, dessen gespenstisch-spektrales Erscheinen im Bereich selbst des Photogramms einer Emission oder Emanation ähnelt.« (TRB: 35) Um diesen Zusammenhang zu präzisieren, unterscheidet Derrida den Referenten, dessen physische Präsenz im Bild offensichtlich nicht zugegen ist, von der »Referenz dieses Referenten«, d. h. jenes Überrests, der sein Gewesensein doch voraussetzt. In dieser Struktur sieht Derrida ein spezifisches Vermögen der Fotografie. »In anderen Formen von Bildern oder Diskursen, oder sagen wir Markierungen ganz allgemein, geschieht das nicht – jedenfalls nicht auf die gleiche Art und Weise, weil die Implikation und Form der Referenz andere Wege und Umwege gehen.« (TPB: 35) Diesen Zusammenhang von Verschwinden und gleichzeitiger sichtbarer Markierung dieses Verschwindens hebt auch Jean Baudrillard hervor. »Das Foto bewahrt den Moment des Verschwindens, während im synthetischen Bild, wie es auch immer sei, das Reale bereits verschwunden ist.« (PF: 258) Im Unterschied zu anderen Formen der Repräsentation erzeugt die fotografische Aufnahme im Moment ihrer Entstehung einen sichtbaren *Rest*:

»Es ist die moderne Möglichkeit der Photographie (ob Kunst oder Technik ist hier unwichtig), die den Tod und den Referenten in einem System miteinander verbindet. Das geschieht nicht zum ersten Mal, und diese Verbindung, die einen wesentlichen Bezug zur Reproduktionstechnik, zur Technik schlechthin hat, hat nicht auf die PHOTOGRAPHIE gewartet. Aber der unmittelbare Beweis, den das photographische Dispositiv liefert, oder die Struktur des *Restes*, den es zurückläßt, sind irreduzible, unbestreitbar originelle Elemente. Das bedeutet das Scheitern oder zumindest die Grenze alles dessen, was in der Sprache, in der Literatur und in den anderen Künsten irgendwelche grobschlächtigen Theoreme über eine generelle Entwertung des REFERENTEN oder dessen zu begründen scheint, was in mancher karikaturhafter Vereinfachung unter diesen weiten und vagen Begriff subsumiert wurde. Zumindest in dem Augenblick aber, wo das *punctum* den Raum zerreißt, machen die Referenz und der Tod gemeinsame Sache mit der Photographie.« (TRB: 34)

Am Ende dieser Passage spielt Derrida auf Barthes' Unterscheidung von *punctum* und *studium* an. Das *studium* bezeichnet ein allgemeines, historisch und kulturell geprägtes Interesse an der Fotografie, »beflissen zwar, doch ohne Heftigkeit« (HK: 35). Das ebenfalls dem Lateinischen entlehnte *punctum* (u. a.: *Punkt*, *Stich*, *Wurf*, *der Würfel*) hingegen bezeichnet eine unvorhersehbare Unterbrechung des *studiums*. Das *punctum* wird nicht gesucht, kultiviert und ausgebildet, vielmehr stößt es dem Rezipienten zu. »Das punctum einer Photographie, das ist jenes Zufällige an ihr, das mich besticht (mich aber auch verwundet, trifft).« (HK: 36) Das *punctum* kann ein Detail sein, ein Teil des Abgebildeten, der ohne Zutun des Fotografen mit ins Bild geraten ist und die routinierte Betrachtung in Unruhe versetzt. Neben dem Detail nennt Barthes aber noch eine zweite Erscheinungsweise des *punctum*, diesmal »nicht mehr eines der Form, sondern der Dichte«, nämlich die Zeit, eben jene »erschütternde Emphase des Noemas (›Es-ist-so-gewesen‹), seine reine Abbildung« (HK: 105). Barthes erläutert diesen Effekt der Zeit am Beispiel einer historischen Aufnahme, die den jungen Attentäter Lewis Payne in seiner Todeszelle zeigt (Abb. 7), und bezieht auch das Kinderfoto seiner Mutter im Wintergarten, das in der *Hellen Kammer* nicht gezeigt wird, aber das unsichtbare Zentrum des Buchs darstellt, in diese Betrachtung mit ein.

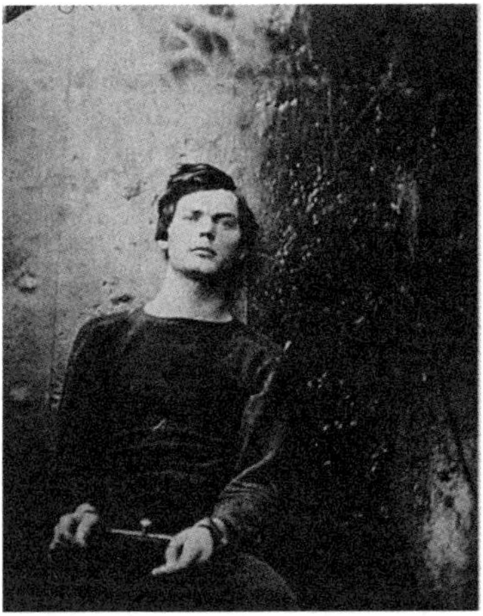

Abb. 7: Alexander Gardner, Porträt Lewis Paynes, 1865

»Das Photo ist schön, schön auch der Bursche: das ist das *studium*. Das *punctum* aber ist dies: er wird sterben. Ich lese gleichzeitig: *das wird sein* und *das ist gewesen*; nur mit Schrecken gewahre ich eine vollendete Zukunft, deren Einsatz der Tod ist. Indem die Photographie mir die vollendete Vergangenheit der Pose (den Ariost) darbietet, setzt sie für mich den Tod in die Zukunft. Was mich besticht, ist die Entdeckung dieser Gleichwertigkeit. Das Kinderphoto meiner Mutter vor Augen, sage ich mir: sie wird sterben: ich erschauere wie der Psychotiker bei Winnicott *vor einer Katastrophe, die bereits stattgefunden hat.* Gleichviel, ob das Subjekt, das sie erfährt, schon tot ist oder nicht, ist jegliche Photographie diese Katastrophe.

Dieses *punctum*, das die Überfülle und die Buntscheckigkeit der Aktualitätenphotos mehr oder weniger ausradiert hat, tritt in der historischen Photographie klar lesbar zutage: immer wird hier die ZEIT zermalmt: dies ist tot und dies wird sterben.« (HK: 106)

Wie Kracauer setzt auch Barthes den Zeitpunkt der historischen Aufnahme in Beziehung zum Jetzt ihrer Betrachtung. Und wie Kracauer hebt auch Barthes hervor, dass die paradoxe Gleichzeitigkeit, in der sie zusammenfallen, das ›Zermalmen‹ der Zeit, vom »Aktualitätenphoto« überspielt wird. Zweifellos spielt hier auch die reduzierte Farbigkeit der alten Bilder eine Rolle. Das Schwarz-Weiß ist eine zusätzliche Signatur der Zeit. Es trennt das Bild des Vergangenen von der Farbigkeit, der »Buntscheckigkeit« der Gegenwart. Es überrascht deshalb nicht, dass Barthes an anderer Stelle seines Buches bekennt, er könne »an der FARBE keinerlei Gefallen finden«, da sie die »ursprüngliche Wahrheit des SCHWARZ-WEISSEN« übertünche (HK: 91-92). Diese Äußerung macht noch einmal deutlich, dass Barthes' Theorie der Fotografie keine Theorie der Ähnlichkeit ist. Das Schwarz-Weiß einer historischen Aufnahme macht unübersehbar deutlich, dass sie die Dinge entstellt und unähnlich macht. Die Abwesenheit der Farbe bezeichnet hier aber keinen Mangel der Repräsentation, sondern setzt das *punctum* der Zeit nur umso augenscheinlicher ins Bild. Seiner Buntheit entblößt tritt das Vergangene im Sinne Barthes' nur umso deutlicher in Erscheinung. »So ist auch die Photographie aus dem Wintergarten, so verblaßt sie sein mag, für mich der reiche Quell jener Strahlen, die von meiner Mutter ausgegangen sind, als sie ein Kind war – von ihren Haaren, ihrer Haut, ihrem Kleid, ihrem Blick, *damals, an jenem Tage.*« (HK: 92) Wie Derrida in seinen Überlegungen zum Gedächtnis fügt auch Barthes hinzu, dass diese Form des Überlebtwerdens nicht erst das Bild bereits Gestorbener betrifft, sondern jegliche Fotografie, »gleichviel, ob das Subjekt, das sie erfährt, schon tot ist oder nicht« (s.o.). Im Augenblick der Aufnahme ist der Tod, die Absonderung des Lebendigen, *schon eingetreten*, für das ebenfalls gilt, was Derrida von der Niederschrift eines Namens sagt – es ist »von Anbeginn ›in Gedenken an‹«.

Dementsprechend oszillieren Barthes' Lektüren der einzelnen Fotografien zwischen Vergegenwärtigung und Entzug des Dargestellten. Dieser Struktur unterliegt auf besondere Weise auch der Blick der Porträtierten. Bereits in den ersten Sätzen der *Hellen Kammer* berichtet Barthes von den Augen des jüngsten Bruders von Napoleon, die ihm auf einer historischen Aufnahme von 1852 begegnet sind. »›Ich sehe die Augen, die den Kaiser gesehen haben.‹« (HK: 11) Aber, so ließe sich im Sinne des *punctum* hinzufügen: »Diese Augen sehen mich nicht.« Ihr Anblick ermöglicht kein Zwiegespräch, keinen Blickkontakt mit einer historischen Existenz. Wie alles Übrige im Bild so wurde auch der aufgezeichnete Blick im Moment der Aufnahme von seiner Umgebung abgetrennt. »[...] wie kann man ansehen, ohne zu sehen?«, fragt Barthes angesichts dieser Beziehungslosigkeit des fotografischen Blicks. Der Porträtierte wirft dem Betrachter aus dem Bild heraus einen Blick zu, aber »in Wirklichkeit sieht er nichts an« (HK: 122-124). Barthes hebt die eigentümliche Abkapselung des fotografischen Bildes hervor, die bereits Kracauer ins Zentrum seiner zeitlichen Bestimmung der Fotografie gerückt hat. Im Gegensatz zum Film, der in kontinuierlicher Folge ein Bild aus dem anderen hervorgehen lässt, ist die stillgestellte Fotografie »ohne Zukunft (darin liegt ihr Pathos, ihre Melancholie); sie besitzt nicht den geringsten Drang nach vorne [...]« (HK: 100). Diese Abkapselung bestimmt auch den Blick. Man wird aus der Vergangenheit heraus angeschaut, ist aber doch nicht gemeint. Das Foto, so Derrida, steht für »die Singularität des Anderen, insofern sie mich erreicht, ohne an mich gerichtet zu sein« (TRB: 13).

Die Zeit kommt in Barthes' Theorie der Fotografie schließlich noch auf eine andere Weise ins Spiel, nämlich mit Blick auf ihre eigene Geschichtlichkeit. Barthes hat das Erstaunen über das »Es-ist-so-gewesen« für ein historisches Phänomen gehalten, das zur Zeit der Niederschrift seines Textes bereits im Verschwinden begriffen sei. Er sei, so heißt es, »einer seiner letzten Zeugen (Zeuge des UNZEITGEMÄSSEN), und dieses Buch ist seine archaische Spur« (HK: 104). Ob das zutrifft, wird sich noch zeigen müssen. Vielleicht wird eine Zeit, die den Blick in alte Fotoalben nicht mehr kennt und Bilder von vorneherein als fluide Objekte digitaler Zirkulation begreift, mit der Suche nach der verlorenen Zeit im Bild nichts mehr anfangen können. Vielleicht wird sich aber auch ein digitales »Es-ist-so-gewesen« entfalten.

4. Fotografie im Plural: Serialität, Reproduktion, Zirkulation

4.1 Reproduziertes und reproduzierendes Bild

›Reproduktion‹ kann im Bereich der Fotografie zweierlei bedeuten: einmal die Wiederholung der Wirklichkeit im Bild, dann aber auch die massenweise Vervielfältigung dieser Wiederholung – das *reproduzierende* Bild und das *reproduzierte* Bild. Beide Funktionen greifen eng ineinander und sind oftmals kaum zu unterscheiden, wie etwa folgende Bemerkung Roland Barthes' zeigt: »[...] was die PHOTOGRAPHIE endlos reproduziert, hat nur einmal stattgefunden: sie wiederholt mechanisch, was sich existentiell nie mehr wird wiederholen können.« (HK: 12) Die endlose Reproduktion, die mechanische Wiederholung, von der Barthes hier spricht, kann sowohl die auf Dauer gestellte Reproduktion eines Geschehens im einzelnen Bild meinen als auch die technische Reproduktion und Zerstreuung dieses einzelnen Bildes in viele, identische Bilder. Die folgende Darstellung konzentriert sich auf die zweite der genannten Bedeutungen – das reproduzierte Bild –, da der Aspekt der Vervielfältigung spätestens seit Walter Benjamins berühmtem Aufsatz *Das Kunstwerk im Zeitalter seiner technischen Reproduzierbarkeit* (1936) die Diskussion bestimmt. Bei Benjamin – wie nach ihm bei André Malraux und William M. Ivins[62] – bildet die Reproduktion von Kunstwerken den Ausgangspunkt der Analyse. Benjamins Formulierung vom »Zeitalter« der technischen Reproduzierbarkeit deutet aber bereits an, dass hier mehr im Spiel war als nur ein Wandel im Bereich der Kunst. Tatsächlich wurde Benjamins Frage nach der Reproduzierbarkeit später auf die gesamte Sphäre der Bedeutungsproduktion ausgeweitet. »Es war Walter Benjamin«, so schreibt etwa Jean Baudrillard, »der im ›Kunstwerk im Zeitalter der technischen Reproduzierbarkeit‹ als erster die wesentlichen Konsequenzen dieses Reproduktionsprinzips entwickelt hat. Er zeigt, daß die Reproduktion den Reproduktionsprozeß absorbiert, seine Richtung verändert und den Status des Produkts und des Produzenten verkehrt. Er zeigt dies für den Bereich der Kunst, des Kinos und der Photographie [...], aber wir wissen heute, daß die gesamte materielle Produktion in diese Sphäre übergeht.«[63] Autoren wie Baudrillard streifen die Fotografie in ihren Betrachtungen deshalb nur am Rande. Auch eine eher kulturkritische Lesart, die Vervielfältigung grundsätzlich als Entwertung und Verlust begreift (verdichtet in der Metapher einer »Bilderflut«, die das Wirkliche allmählich ersetze), findet ihre Beispiele im gesamten Spektrum der Bildproduktion. Die folgende Darstellung konzentriert sich deshalb auf Autoren, die in ihrem Nachdenken über die Logik der Reproduktion der Fotografie eine besondere Bedeutung zugestanden haben.

4.2 Reproduktion als Verlust der Aura (Benjamin)

Walter Benjamins Überlegungen zur Reproduzierbarkeit der Kunst setzten einmal mehr bei den besonderen Herstellungsbedingungen an, die fotografische Bilder von manuellen Bildverfahren unterscheiden. »Mit der Photographie war die Hand im Prozeß bildlicher Reproduktion zum ersten Mal von den wichtigsten künstlerischen Obliegenheiten entlastet, welche nunmehr dem Auge allein zufielen. Da das Auge schneller erfaßt, als die Hand zeichnet, so wurde der Prozeß bildlicher Reproduktion so ungeheuer beschleunigt, daß er mit dem Sprechen Schritt halten konnte.« (KTR: 436) Der Wechsel vom manuell hergestellten Kupferstich zur Fotografie hatte vor Benjamin bereits zahlreiche Kunsthistoriker beschäftigt. »Sicher ist«, so schreibt etwa Moritz Thausing 1866, »daß solchen fotografischen Produkten etwas von dem fehlt, wodurch Kunstwerke auf uns einwirken; es fehlt der unmittelbare Zusammenhang mit der fühlenden Hand des Künstlers.« Während der von Hand gefertigte Kupferstich etwas vom künstlerischen Gehalt des Originals bewahre, behalte das mechanisch hergestellte Abbild »immer etwas Leichenhaftes«[64]. Dass der Kupferstecher seine eigene Interpretation in die Reproduktion einbrachte, bedeutete für Thausing keinen Mangel, sondern im Gegenteil eine Qualität, da diese subjektive Darstellungsleistung die Reproduktion selbst zu einem Kunstwerk machte. Die Fotografie hingegen sei zu genau und exakt, um den künstlerischen Gehalt eines Werkes wiedergeben zu können. Was sie reproduziert, ist nach Thausing nicht der künstlerische Gehalt, sondern die materielle und wesenlose Oberfläche der Werke.

Während Thausing vor allem nach der künstlerischen Angemessenheit und Qualität der Reproduktionen fragt, gehen Benjamins Überlegungen in eine andere Richtung. Benjamin interessieren weniger die sichtbaren stilistischen Veränderungen, die das reproduzierte Werk von seinem Vorbild trennen, als der grundsätzliche Wertewandel, den die massenweise Wiederholbarkeit des Kunstwerks in Gang setzt. Die Reproduktion des Kunstwerks, so die zentrale These, annulliert seine Einmaligkeit. »Noch in der höchstvollendeten Reproduktion fällt *eines* aus: das Hier und Jetzt des Kunstwerks – sein einmaliges Dasein an dem Orte, an dem es sich befindet. An diesem einmaligen Dasein aber und an nichts sonst vollzog sich die Geschichte, der es im Laufe seines Bestehens unterworfen gewesen ist. Dahin rechnen sowohl die Veränderungen, die es im Laufe der Zeit in seiner physischen Struktur erlitten hat, wie die wechselnden Besitzverhältnisse, in die es eingetreten sein mag.« (KTR: 437) Das einzelne Kunstwerk stand demnach stets im Fluchtpunkt sämtlicher Betrachtungen, die im Verlauf seiner Geschichte über es angestellt wurden. Alles, was darüber gesagt oder geschrieben wurde, alle materiellen Veränderungen, die man an ihm vornahm, bezogen sich auf dasselbe, einmalige Werk in seiner physischen und ideellen Integrität. Diese Integrität wird durch die Reproduktion zersetzt. Der zentrale Fluchtpunkt löst sich in endlos viele Perspektiven auf. Entscheidend an Benjamins These ist also, dass die Reproduktion dem genuinen Werk nicht äußerlich bleibt. Bezeichnenderweise spricht er nicht einfach von der Summe der ›Reproduktionen‹, sondern von der grundsätzlichen ›Reproduzierbarkeit‹ und bezeichnet damit eine Eigenschaft der Werke selbst, ein ihnen innewohnendes Potenzial der Zerstreuung. Die systematische Zerstreuung und Ersetzung des Hier und Jetzt hebt letztlich auch die Echtheit eines Kunstwerks auf. »Die Echtheit einer Sache ist der Inbegriff alles vom Ursprung her an ihr Tradierbaren, von ihrer materiellen Dauer bis zu ihrer geschichtlichen Zeugenschaft.« (KTR: 438) Diese Echtheit entzieht sich der technischen Reproduzierbarkeit. Was in der Reproduktion vervielfältigt wird, ist also das Werk ohne seine Echtheit. Die Echtheit bleibt aber nicht einfach als Restbestand im Original zurück, vielmehr ist sie auch dort bereits verschwunden. Entscheidend für Benjamins Überlegung ist nicht, dass Reproduktionen mangelhafte Kopien des Originals sind. Entscheidend ist, was sie am Original selbst bewirken, nämlich dessen Zersetzung. Im Zeitalter der technischen Reproduzierbarkeit ist auch das Original nicht mehr echt. Es war dieser radikale Ansatz, der Benjamin für die späteren Theoretiker der Simulation so interessant machte. In diesem Zusammenhang führt Benjamin auch den berühmten Begriff der ›Aura‹ ein.

»Man kann diese Merkmale im Begriff der Aura zusammenfassen und sagen: Was im Zeitalter der technischen Reproduzierbarkeit des Kunstwerkes verkümmert, das ist seine Aura. Der Vorgang ist symptomatisch; seine Bedeutung weist über den Bereich der Kunst weit hinaus. *Die Reproduktionstechnik, so ließe sich allgemein formulieren, löst das Reproduzierte aus dem Bereich der Tradition ab.* Indem sie die Reproduktion vervielfältigt, setzt sie an die Stelle seines einmaligen Vorkommens sein massenweises. Und indem sie der Reproduktion erlaubt, dem Beschauer in seiner jeweiligen Situation entgegenzukommen, aktualisiert sie das Reproduzierte.« (KTR: 438)

Das Werk erscheint nicht mehr nur an seinem ursprünglichen Ort, sondern zugleich auch an beliebig vielen anderen Orten, nämlich überall dort, wo der Rezipient es »in seiner jeweiligen Situation« in Gestalt der Reproduktion aktualisiert. Mit dem Begriff der Aura, die bei dieser Vervielfältigung verloren geht, ist noch einmal daran erinnert, dass dasjenige, was die Reproduktion annulliert, nicht eigentlich dem Bereich der Sichtbarkeit angehört. »Auratisch«, so schreibt Georges Didi-Huberman, wäre »jener Gegenstand, dessen Erscheinung über seine eigene Sichtbarkeit hinaus das verbreitet, was mit *Vorstellungen* zu bezeichnen wäre, Vorstellungen, die Konstellationen oder Wolken um ihn herum bilden, die sich uns als ebenso viele assoziierte Figuren aufdrängen [...].«[65] Die Aura eines Kunstwerks, seine Echtheit im Hier und Jetzt, wäre also etwas, das man sich vor allem auch vorstellen muss, etwas, das man dem Werk, so die Formulierung Didi-Hubermans, »assoziiert«. Die massenweise Reproduktion des Kunstwerks unterläuft diese Tätigkeit der Vorstellungskraft, indem sie das Einmalige der Nivellierung unterwirft. »Die Entschälung des Gegenstandes aus seiner Hülle, die Zertrümmerung der Aura, ist die Signatur einer Wahrnehmung, deren ›Sinn für das Gleichartige in der Welt‹ so gewachsen ist, daß sie es mittels der Reproduktion auch dem Einmaligen abgewinnt.« (KTR: 15-16)

Man kann Benjamins Theorie des Auraverlusts durch die fotografische Reproduktion als eine Kritik an der Nivellierung des Einmaligen lesen. Es gibt aber auch Passagen, die nahelegen, das Verschwinden der Aura nicht als Verlust, sondern als Befreiung, nämlich als Loslösung aus alten Bindungen zu verstehen. »Die ursprünglichste Art der Einbettung des Kunstwerks in den Traditionszusammenhang fand ihren Ausdruck im Kult. Die ältesten Kunstwerke sind, wie wir wissen, im Dienst eines Rituals entstanden, zuerst eines magischen, dann eines religiösen.« (KTR: 441) Auch nach dem Verschwinden der religiösen Fundierung der Kunst lebt diese Bindung als »säkularisiertes Ritual« fort. Erst die Zerstreuung der Aura durch die Reproduktion löst diese Bindung auf. »[...] die technische Reproduzierbarkeit des Kunstwerks emanzipiert dieses zum ersten Mal in der Weltgeschichte von seinem parasitären Dasein am Ritual.« (KTR: 442) Die »Zertrümmerung der Aura« ist demnach kein Zerstörungsakt, sondern ein Befreiungsschlag, Benjamins These keine Technikkritik.

Es sei Benjamins »Verdienst, die Kulturkritik von der Technikverachtung befreit zu haben«, schreibt Horst Bredekamp im Sinne dieser Deutung, fügt allerdings einen entscheidenden Einwand gegen Benjamins Thesen hinzu. »Sein Fehler aber war eine Verkennung des Mechanismus, daß die Reproduktion die Aura des Originals nicht etwa mindert, sondern eher als deren Botschafter, Stellvertreter und Vorhut auftritt. Mit diesem Irrtum kam die fatale These, daß Reproduktion die Aura und das Original vernichtet, ins Spiel.«[66] Bredekamp stützt seinen Einwand zunächst auf den historischen Hinweis, dass die Reproduktion von Kunst bereits im Mittelalter – etwa in der massenhaften Produktion von Devotionsfiguren – eine geläufige Praxis gewesen sei, ohne dem religiösen Gehalt der einzelnen Werke dabei Abbruch zu tun. Dass Kunst auch vor der Fotografie bereits reproduzierbar war, hatte Benjamin allerdings auch gar nicht bestritten, obgleich dieser Umstand in seinen Thesen tatsächlich unterbelichtet bleibt. Entscheidender als der historische Einwand ist Bredekamps Gegenthese, wonach die Aura eines Werks durch seine Reproduzierbarkeit keineswegs geschmälert, sondern stabilisiert und erhalten werde. Das Hier und Jetzt, die Echtheit eines Werks, bliebe demnach trotz seiner technischen Reproduzierbarkeit erhalten. Man könnte sogar sagen: Die Echtheit bleibt nicht *trotz*, sondern gerade *aufgrund* der Reproduzierbarkeit des Kunstwerks erhalten, da jede einzelne Reproduktion ein Verweis auf die Einmaligkeit des abwesenden Originals ist, das auf diese Weise in der Summe seiner Vervielfältigungen ständig in Erinnerung gerufen, aber doch nicht erreicht und ersetzt werden kann.

Auch eine andere Einschätzung Benjamins wurde später relativiert. Nach Benjamin war in der Fotografie eine beliebige Anzahl von Abzügen einer bestimmten Vorlage möglich, so dass die »Frage nach dem echten Abzug [...] keinen Sinn« ergebe. Nach Einschätzung des amerikanischen Kurators und Kunstkritikers Christopher Phillips hat sich diese Beobachtung zumindest in der modernen Museumspraxis nicht bewahrheitet. Seit auch der Fotografie weitgehend Kunststatus zugestanden wird, ist die Kategorie des Meisterwerks auch auf fotografische Bilder anwendbar (vgl. Kapitel 2.5). Dabei zählt dann aber gerade nicht die Reproduzierbarkeit des fotografischen Bildes, sondern die Aura des echten und einmaligen Werks von Künstlerhand. Philipps beschreibt deshalb eine »Verlagerung von der Multiplizität, Allgegenwärtigkeit und Gleichwertigkeit hin zur Singularität, Seltenheit und Echtheit« und kritisiert die dahinter stehende »merkwürdige Leugnung – oder strategische Vermeidung – der offenkundigen

Multiplizität der Fotografie«. Diese spätere Entwicklung habe Benjamins Thesen ein »ironisches Postskriptum« hinzugefügt.[67] Ungeachtet dieser berechtigten Einwände und Ergänzungen bleibt Benjamins Kunstwerkaufsatz einer der wichtigsten Beiträge zum Phänomen der Multiplizität der Fotografie. Neben der grundlegenden Frage nach der dialektischen Rückwirkung der Reproduktion auf das Reproduzierte selbst hat Benjamin als einer der Ersten jene Umkehrung beschrieben, die für spätere Theorien des fotografischen Bilderkosmos entscheidend war. Wolfgang Ullrich hat diese Umkehrung folgendermaßen beschrieben: »Daß man sich nicht mehr auf den Weg zu Bildern zu machen braucht, sondern daß sie zu einem ins Haus kommen, versetzt sie erstmals in die Rolle, als aufdringliche Gäste – schließlich gar als Flut – empfunden zu werden.« (OF: 77)

4.3 Reproduktion als Bedeutungsgewinn (Malraux)

Im gleichen Jahr, in dem Benjamins Thesen zur Reproduzierbarkeit der Kunst erschienen, publizierte der französische Schriftsteller und Essayist André Malraux (1901 – 1976) einen Aufsatz über Verwaltung und Überlieferung des kulturellen Erbes (*Sur l'heritage culturel*). »Seit dreißig Jahren«, heißt es dort, »arbeitet jede Kunst an ihrer eigenen Vervielfältigung: das Radio, das Kino, die Fotografie. [...] Die Fotografie eines Rembrandt führt zu Rembrandt, schlechte Malerei führt nicht dorthin. Es spielt jedoch keine Rolle, ob uns diese neue Tatsache erfreut oder betrübt: entscheidend ist, daß sie die Übertragung unseres kulturellen Erbes bestimmt und daß dieses Erbe sich durch seine Übertragung verändert.«[68] Damit bindet Malraux, ähnlich wie Benjamin, das Schicksal der Künste und Medien unmittelbar an die Bedingungen ihrer Reproduktion. Diese Bedingungen sind den Botschaften dieser Künste nicht äußerlich, sondern greifen von Anfang an bestimmend in sie ein. Die zweite These betrifft den Einfluss, den diese Abhängigkeit auf den Status des einzelnen Werks hat. »Die Überzeugungskraft eines Werkes liegt keineswegs in seiner Totalität. Sie liegt in der Differenz zwischen ihm und den Werken, die ihm vorangegangen sind.«[69] Nimmt man beide Stellungnahmen zusammen, dann wird deutlich, warum Malraux so großen Wert auf die Bedingungen der Übertragung legt. Wenn die Bedeutung der Werke nicht durch sich selbst, sondern durch ihre Differenz zu bereits existierenden Werken bestimmt wird, ist es entscheidend, auf welche Weise diese Differenz produziert wird, wie die Nähe zu anderen Werken erzeugt oder auch verhindert wird. Malraux' Leitfrage ist deshalb, welche Faktoren den Austausch der Werke ermöglichen, ihn unter Umständen sogar erzwingen.

In seiner Schrift *Das imaginäre Museum* (1947) stellt Malraux diese Abhängigkeit am Beispiel der fotografischen Reproduktion der Kunst dar. Malraux' Arbeiten wurden sehr unterschiedlich bewertet. Während Ernst Gombrich ihnen die wissenschaftliche Ernsthaftigkeit absprach und lediglich einige brillante *aperçus* gelten lassen wollte, sieht die amerikanische Kunsthistorikerin Mary Bergstein Malraux als Begründer einer neuen und zeitgemäßen Praxis des vergleichenden Sehens.[70] *Das imaginäre Museum* behandelt zwei Institutionen der Distribution von Kunst – zum einen das traditionelle Museum, das Kunstwerke als materielle Artefakte präsentiert, zum anderen das mit Fotografien illustrierte Buch, das diese Werke in Gestalt fotografischer Reproduktionen miteinander kombiniert. Diese zweite, fotografische Ordnung der Bilder nennt Malraux das »imaginäre Museum«. Im Gegensatz zu William M. Ivins betrachtet er die Fotografie weniger im medialen Kontext vorangegangener Reproduktionstechniken als vielmehr in ihrer Beziehung zum Museum und seiner Praxis des

Sammelns und Ordnens von Kunst. Das traditonelle Museum, so lautet Malraux' Ausgangsbeobachtung, zerstört historische Kontexte, erzeugt zugleich aber auch neue Formen der Nachbarschaft. »Eine gotische Statue stand im Verbund der Kathedrale, ein klassisches Bild in dem seiner Zeit eigenen dekorativen Zusammenhang: jedes Kunstwerk lebte jedenfalls in irgendeiner Bindung; allerdings niemals mit Werken einer anderen Geisteshaltung. Von diesen blieb es im Gegenteil isoliert, um desto besser genossen werden zu können. Das Museum trennt das Kunstwerk von allem übrigen und bringt es mit entgegengesetzten oder rivalisierenden Werken zusammen. Damit stellt es Metamorphosen gegeneinander.« (IM: 6-7) Auf diese Weise erzwingt das Museum einen bis dahin unbekannten Dialog der Werke. Statt also lediglich ein Depot isolierter, ihrem ursprünglichen Kontext entfremdeter Fragmente zu sein, erzeugt es neue topologische Ordnungen. »Das Museum zwingt zu einer Auseinandersetzung mit allen Ausdrucksformen der Welt.« (IM: 8)

Trotzdem bleiben die Vergleichsmöglichkeiten innerhalb einer Sammlung auf die wenigen Werke beschränkt, die dort auch tatsächlich physisch vorhanden sind. Malraux gibt eine eindrückliche Schilderung dieser eingeschränkten Vergleichbarkeit der Werke, indem er sich in die Perspektive jener Kunstbetrachter versetzt, denen das imaginäre Museum der Fotografie noch nicht zur Verfügung stand: »Baudelaire hat weder die Hauptwerke Grecos noch die Michelangelos, Masaccios, Pieros della Francesca oder Grünewalds gesehen. Was hat er überhaupt gesehen? Was Stendhal, was vor dem Jahre 1900 alle die, deren Gedanken über Kunst für uns noch heute aufschlußreich oder bedeutsam sind; alle die, von denen wir annehmen, sie reden von den gleichen Werken wie wir, sie beziehen sich auf das gleiche wie wir? Einige Museen waren es nur und die Reproduktionen eines geringen Teils der Meisterwerke in Europa; die Mehrzahl ihrer Leser kannte noch weniger. [...] selbst wenn man Stiche zur Hilfe heranzieht, ist das visuelle Erinnerungsvermögen nicht unfehlbar, und zwischen dem Vergleich von zwei Bildern lagen doch immer zumindest Wochen.« (IM: 9)

Gemessen an dieser Beschränkung stellt sich der durch die fotografische Reproduktion freigesetzte Vergleichsraum als ein perfektioniertes und ins Grenzenlose erweitertes Museum dar. »[...] ein imaginäres Museum, wie es noch niemals da war, hat seine Pforten aufgetan: es wird die Intellektualisierung, wie sie durch die unvollständige Gegenüberstellung der Kunstwerke in den wirklichen Museen begann, zum Äußersten treiben.« (IM: 9) Die Konvertierung dreidimensionaler Objekte in zweidimensionale Fotografien, wie sie für das imaginäre Museum charakteristisch ist, bewirkt eine radikale Vereinheitlichung der Werke. Ein gewöhnliches Museum isoliert die Exponate zwar aus ihren funktionalen und räumlichen Zusammenhängen, lässt ihre physische Integrität aber weitgehend unangetastet. Das imaginäre Museum hingegen annulliert die Materialität. Das Kunstwerk tritt als flaches Stück Papier in die virtuelle Sammlung ein, seine Materialeigenschaften verschwinden. Auf der Basis dieser formalen Vereinheitlichung werden Objekte, die bislang durch Zeit und Ort getrennt waren, in einen gemeinsamen Vergleichsraum überführt und stehen in beliebiger Kombination zur Verfügung. Im Layout seines Buches führt Malraux die Möglichkeiten dieser Vereinheitlichung eindrücklich vor Augen, indem er Kunstwerke unterschiedlichster Zeiten und Kulturkreise im gemeinsamen Medium der Reproduktion aufeinandertreffen lässt. Die Nivellierung betrifft nicht zuletzt auch die Größendimensionen der Werke. Das Format des Buches ebnet sie ein, und eine monumentale Skulptur erscheint in gleicher Größe wie eine Elfenbeinminiatur. In seinem *Pencil of Nature* hatte bereits Talbot in der Frühzeit der Fotografie diese Möglichkeit der produktiven Manipulation angedeutet: »Alle

Arten von Gravüren können fotografisch kopiert werden. Diese Anwendung der fotografischen Kunst ist von entscheidender Bedeutung, nicht nur weil sie beinahe Faksimiles hervorbringt, sondern weil sie es erlaubt, den Maßstab des Originals nach Belieben zu verändern und die Kopien unseren Wünschen gemäß größer oder kleiner als die Originale zu gestalten.« (ZN: 72) »Kopieren« schließt also bereits bei Talbot neben dem Ideal der identischen Reproduktion auch die entgegengesetzte Möglichkeit ein, »nach Belieben« in die Integrität der Originale einzugreifen und ihre Gestalt in der Reproduktion zu verändern. Während eine solche Nivellierung aus kulturkritischer Sicht in der Regel als ein Verlust an ursprünglicher Bedeutung gewertet wird, behauptet Malraux das genaue Gegenteil: Da die Bedeutung eines Werks sich erst durch seine Beziehung zu anderen Werken ergibt, findet die Kunst erst durch ihre systematische Zerstreuung im imaginären Museum zu sich selbst. »Alle diese Miniaturen, Fresken, Glasfenster, Teppiche, skytischen Schmuckstücke, Gemälde, griechischen Vasenbildnisse – selbst die plastischen Bildwerke – sind zu *Abbildungen* geworden. Was haben sie damit verloren? Ihre Eigenschaft als Gegenstände. Und was gewonnen? Die stärkste Bedeutung, die sie im Sinne eines künstlerischen Stils überhaupt gewinnen können.« (IM: 44-45) Die Bilanz dieser Nutzen-Kosten-Rechnung fällt mithin ganz zugunsten der fotografischen Sinnstiftung aus. Seit Oliver Wendell Holmes und seiner Utopie einer Ersetzung von Materie durch fotografische Form (vgl. Kapitel 1.1) war dieser Zusammenhang wohl nirgends so radikal formuliert worden: Der Verlust der Materialität ist ein Gewinn an Bedeutung. Die fotografische Reproduktion übertrifft letztlich sogar die Bedeutsamkeit des Originals, da diese erst durch ihren Eintritt in das virtuelle Museum ihren Sinn entfaltet.[71] Statt also den Gehalt der Werke zu schmälern, bringen die Reproduktionen ihre stilistische Identität allererst hervor. Denn ›Stil‹ ist im

Sinne Malraux' keine gegebene Eigenschaft der Werke, sondern ein visueller Effekt, der erst im Vergleich ihrer Reproduktionen hervortritt. Durch die große Menge an Werken, die sie auf einen Schlag verfügbar macht, bringt die Reproduktion »einen Stil wie einen Künstler als Ganzes« hervor und »zwingt ihn damit auch, ›positiv‹ zu werden, sich in seiner eigenen Sinnbedeutung zu begründen« (IM: 16). Die unreproduzierten Werke verharren demnach in einer Latenz, aus der erst die Versetzung in den Vergleichsraum der Fotografie sie erlösen kann. Dieses ›Positiv-werden‹ der Werke bezeichnet Malraux auch als »eine Art Auferstehung« (IM: 15). »Wie Filmstars«, so der amerikanische Kunsthistoriker Henri Zerner, »besitzen Malraux' Meisterwerke eine virtuelle Existenz, die erst durch ihre fotografische Reproduktion ganz zur Geltung kommt.«[72]

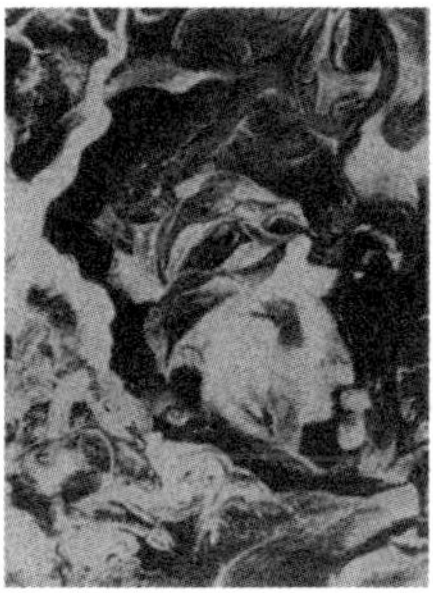

Abb. 8: Peter Paul Rubens / André Malraux, Das Opfer Adams (fotografisches Negativ)

Der visuelle Mehrwert der fotografischen Reproduktion zeigt sich aber nicht erst in der Multiplikation der Bilder, sondern kann auch an der einzelnen Reproduktion in Erscheinung treten, wie Malraux in *Les voix du silence* (1951) mithilfe einer eigentümlichen Aufnahme demonstriert (Abb. 8).

Auf den ersten Blick ist kaum etwas zu entziffern. Man sieht ein abstraktes schwarz-weißes Gebilde, etwas Wirbelndes und konvulsivisch Bewegtes, auf der linken Seite eine klar konturierte Form, die einem Astwerk gleicht, und ein wehendes Gewand in der Mitte des Bildes. Bei der Abbildung handelt es sich um das fotografische Negativ eines Gemäldes, das Malraux bereits in seinem *Imaginären Museum* abgebildet hatte – dort allerdings in entzifferbarer Form, nämlich als im Positiv erkennbare Reproduktion von Rubens' Gemälde *Das Opfer Adams.* Durch die systematische Verkehrung der Hell- und Dunkelwerte sowie die Vertauschung von links und rechts hat Malraux die ikonografische Ordnung des Bildes in ein fotografisches Artefakt verwandelt. Die Aufnahme soll den Blick von der Wiedererkennbarkeit des Dargestellten ablenken, um die Aufmerksamkeit ganz auf die Komposition und den formalen Aufbau des Bildes zu richten. Wie eine Röntgenfotografie im Bereich des Ästhetischen soll das Negativ das verborgene Kompositionsschema des Bildes zur Darstellung bringen, ein »Schema«, das sich im vorliegenden Fall wie »ein Nervensystem auf der Suche nach seinem Fleisch« zu erkennen gibt.[73]

In seinem *Account on the Art of Photogenic Drawing* hat bereits Talbot diese Möglichkeit der Sichtbarmachung durch Verfremdung beschrieben. Bei den ersten Fotografien, die Talbot in den 1830er Jahren erzeugte, handelte es sich um fotografische Negative, die er zum damaligen Zeitpunkt noch nicht in positive Bilder umkehren konnte. In einer bemerkenswerten Notiz hebt Talbot jedoch hervor, dass es gerade diese unnatürliche und entstellende Verkehrung durch das Negativ sei, die eine besondere ästhetische Qualität erzeuge. »Die Wirkung der Kopie, die dem Original zwangsläufig unähnlich ist (da sie Licht gegen Schatten vertauscht und umgekehrt), ist gleichwohl oftmals sehr ansprechend und könnte, wie ich meine, den Künstlern hilfreiche Ideen über

Licht und Schatten eingeben.« (APD: 208) Die fotografische Wiedergabe eines Objekts erscheint also bereits bei Talbot als eine Technik, die nicht einfach existierende Qualitäten des Originals kopiert, sondern im Gegenteil neue und abweichende Qualitäten erzeugt. Sie bringt »hilfreiche Ideen« hervor, die beim Anblick des Vorbilds selbst nicht in Erscheinung getreten wären. Das reproduzierte Werk ist keine bloße Verdopplung, sondern kann auch einen Mehrwert erzeugen, der das Original übersteigt. Auf ähnliche Weise hat auch Malraux in seiner negativen Reproduktion des Gemäldes ganz gezielt auf ein Maximum an Entfremdung gesetzt. Die Reproduktion ist keine möglichst wahrheitsgetreue Wiedergabe, sondern eine fotografische Deutung des Gemäldes, seine Transformation in ein fotografisches Artefakt. Insofern führt Malraux hier an einem extremen Beispiel vor, was er im Übrigen für den Normalfall des imaginären Museums hält – dass es die Originale nicht einfach verdoppelt, sondern sie einer neuen und unvorhergesehenen Ordnung zuführt.

Malraux verleiht dieser Funktion des imaginären Museums schließlich noch eine weitere Zuspitzung. »Die Photographie, die als bescheidenes Mittel zunächst dazu bestimmt schien, unbestrittene Meisterwerke denen zugänglich zu machen, die sich Stich-Reproduktionen nicht kaufen konnten, diente anscheinend zunächst nur der Bestätigung anerkannter Werte. Aber man reproduziert immer mehr Kunstwerke in immer größerer Anzahl, und die Natur der technischen Verfahren bleibt damit auch auf die Auswahl der Werke nicht ohne Einfluß.« (IM: 10) Im Verlauf seiner Darstellung kommt Malraux zu der Einsicht, dass dieses Konzept vom »Einfluß« der Fotografie auf die Auswahl des Fotografierten noch weit untertrieben war. Denn die Kunstgeschichte, so heißt es an einer späteren Stelle, sei die »Geschichte des *Photographierbaren* geworden« (IM: 24). Demnach fällt die Geschichte des Gegenstands (Kunst) mit der Geschichte seiner Reproduktionsform (Fotografie) zusammen. Die Vorzeichen sind vertauscht: Die Reproduktion dient nicht länger der Kunst, vielmehr richtet sich die Kunst an den Bedingungen ihrer Reproduzierbarkeit aus. Diese Abhängigkeit hatte bereits Benjamin gesehen. »Das reproduzierte Kunstwerk wird in immer steigendem Maße die Reproduktion eines auf Reproduzierbarkeit angelegten Kunstwerks.« (KTR: 442) Die vorangegangene Darstellung hat gezeigt, dass dieser Vorgang für Malraux nichts Beunruhigendes hat.

4.4 Kritik der ›Bilderflut‹ (Kracauer, Sontag)

Einige Jahre vor Benjamins *Kunstwerk*-Aufsatz hebt bereits Siegfried Kracauer hervor, dass die Werke der Kunst, »statt hinter den Reproduktionen zu erscheinen«, dazu neigen, »in ihrer Mannigfaltigkeit zu verschwinden und als Kunstphotographie weiterzuleben.« (DPh: 34) Kracauer weitet die Analyse dieses Verschwindens aber auf den gesamten Bereich der fotografischen Bildproduktion aus, wie er sich zu seiner Zeit in illustrierten Zeitschriften findet. »Noch niemals hat eine Zeit so gut über sich Bescheid gewußt, wenn Bescheid wissen heißt: ein Bild von den Dingen haben, das ihnen im Sinne der Photographie ähnlich ist.« (DPh: 33) Diese Ähnlichkeit »im Sinne der Photographie« bezeichnet freilich eine ganz andere Ähnlichkeit mit den Dingen als jene, die das Bewusstsein des Menschen herstellt. Kracauer ist wohl einer der Ersten, der in diesem Zusammenhang von einer ›Bildflut‹ spricht, einer »Flut der Photos«, die »das vielleicht vorhandene Bewußtsein entscheidender Züge zu vernichten droht« (DPh: 34). Die Menge publizierter Bilder bringt der Erfahrung die Wirklichkeit also nicht näher, sondern rückt sie im Gegenteil von ihr ab. Die tägliche Ration an Bildern verstellt die Wirklichkeit, die sie angeblich zur Anschauung bringt.

»Als aktuelle Photographien beziehen sich die meisten Bilder der Illustrierten auf Gegenstände, die im Original gegeben sind. Die Abbilder sind also grundsätzlich Zeichen, die an das Original erinnern mögen, das zu erkennen wäre. [...] In Wirklichkeit aber wird der Hinweis auf die Urbilder von der photographischen Wochenration gar nicht bezweckt. Böte sie sich dem Gedächtnis als Stütze an, so müßte das Gedächtnis ihre Auswahl bestimmen. Doch die Flut der Photos fegt seine Dämme hinweg. So gewaltig ist der Ansturm der Bildkollektionen, daß er das vielleicht vorhandene Bewußtsein entscheidender Züge zu vernichten droht. [...] In den Illustrierten sieht das Publikum die Welt, an deren Wahrnehmung es die Illustrierten hindern.« (DPh: 34-35)

Die Fotografie ist also zugleich Ersatz und Auslöschung des Gedächtnisses. Zwar unterhält sie ein Verhältnis zu den Dingen, die sie reproduziert, aber ihr massenhaftes Erscheinen erzeugt zugleich auch eine ganz eigene Wirklichkeit. Der Zuwachs an Bildern geht mit einem Verlust des Bewusstseins einher. Aus diesem Grund kann Kracauer seine Behauptung, noch nie habe eine Zeit – im Sinne der fotografischen Ähnlichkeit – so gut über sich Bescheid gewusst, wenige Zeilen später in ihr genaues Gegenteil verkehren: »Noch niemals hat eine Zeit so wenig über sich Bescheid gewußt. Die Einrichtung der Illustrierten ist in der Hand der herrschenden Gesellschaft eines der mächtigsten Streikmittel gegen die Erkenntnis. Der erfolgreichen Durchführung des Streiks dient nicht zuletzt das bunte Arrangement der Bilder. Ihr *Nebeneinander* schließt systematisch den Zusammenhang aus, der dem Bewußtsein sich öffnet. Die ›Bildidee‹ vertreibt die Idee, das Schneegestöber der Photographien verrät die Gleichgültigkeit gegen das mit den Sachen Gemeinte.« (DPh: 34) Kracauers Kritik der fotografischen Entwirklichung wiederholt die gespenstische Dialektik, die er bereits in seiner Bestimmung der fotografischen Zeit skizziert hatte (vgl. Kapitel 3.3). So wie das historische Foto das Dargestellte scheinbar dauerhaft am Leben hält, tatsächlich aber dessen Überlebtsein zeigt, so erzeugt auch das stetige Abbilden der Geschehnisse eine vielfache Präsenz, die zugleich den Verlust dieser Geschehnisse zur Voraussetzung hat. »In den illustrierten Zeitungen ist die Welt zur photographierbaren Gegenwart geworden und die photographierte Gegenwart ganz verewigt. Sie scheint dem Tod entrissen zu sein; in Wirklichkeit ist sie ihm preisgegeben.« (DPh: 35)

Ein halbes Jahrhundert nach Kracauer hebt auch die amerikanische Journalistin und Schriftstellerin Susan Sontag (1933–2004) hervor, dass die inflationäre fotografische Fixierung des Geschehens die Wirklichkeit nicht näher bringt, sondern sie im Gegenteil der Aufmerksamkeit entzieht. »Die Versuche von Fotografen, einen erschöpften Wirklichkeitssinn künstlich am Leben zu erhalten, bewirken nichts als das Gegenteil. [...] Die Kamera ist Gegengift und Krankheit zugleich. Mittel zur Aneignung der Realität und Mittel zu ihrer Abnutzung.« (BW: 171) Wie sie bereits im Titel ihres Essays *Die Bilderwelt* andeutet, geht auch Sontag von einer Verlagerung des Wirklichen in eine visuelle Parallelwelt aus. »Im Vorwort zur zweiten Ausgabe (1843) von *Das Wesen des Christentums* schreibt Feuerbach, seine Epoche ziehe das Bild dem Ding vor, die Kopie dem Original, die Darstellung der Realität, die Erscheinung dem Sein – und sei sich dessen durchaus bewußt.« (BW: 146) In der von Feuerbach beschriebenen Vorherrschaft des Sekundären sieht Sontag die Vorzeichen einer Besitzergreifung der Realität durch Bilder, die mit der inflationären Verbreitung der Fotografie im 20. Jahrhundert ihren Höhepunkt fand. Eine der Hauptaktivitäten der modernen Gesellschaft ist demnach das Produzieren und Konsumieren von Bildern, welche die Realität nicht nur beeinflussen, sondern als deren Ersatz in Erscheinung treten können. Im Fall der Fotografie ist es ihr spezifischer Charakter als materielle Spur, der diese besondere Bindung an die Wirklichkeit ermöglicht. »Niemand hat angesichts eines Bildes von der Staffelei das Gefühl, dieses Bild sei von der gleichen Substanz wie sein Gegenstand. Es stellt etwas dar oder verweist auf etwas. Eine Fotografie aber ist nicht nur ›wie‹ ihr Gegenstand, eine Huldigung an den Gegenstand. Sie ist Teil, ist Erweiterung dieses Gegenstandes; und sie ist ein wirksames Mittel, ihn in Besitz zu nehmen, ihn unter Kontrolle zu bringen.« (BW: 148) Der von zahlreichen Theoretikern hervorgehobene Spurencharakter der Fotografie (vgl. Kapitel 1) ist demnach nicht nur eine besondere Form der Bezeichnung von Wirklichkeit, sondern bildet auch eine Basis für deren Veränderung und Manipulation. Die Fotografie dringt in die Substanz des Wirklichen ein und vermag sie deshalb auf eine ganz andere Weise umzuformen als beispielsweise ein Gemälde. Dass Fotografien das von ihnen Gezeigte ersetzen, beschreibt deshalb nur die eine Seite ihrer Funktionsweise. Als Surrogate der Realität wirken sie zugleich auch auf diese zurück. Sie stellen »unabhängige materielle Realitäten« dar, »Ablagerungen dessen, was sie ausgesendet hat« (BW: 172), und sind deshalb imstande, die Wirklichkeit, deren Stellvertreter sie sind, zugleich zu beeinflussen.

Sontag betont also den Zusammenhang zwischen dem medienspezifischen Status von Fotografien als Spuren des Realen und der Zirkulation und Konsumtion dieser Spuren. Fotografie und Wirklichkeit bedingen sich wechselseitig. Die Wirklichkeit wird in eine fotografische »Bilderwelt« überführt, die aber stets auf sie zurückwirkt und Einfluss darauf nimmt, was überhaupt als ›wirklich‹ zu gelten hat. Bereits Kracauer hat diese Rückkopplung angedeutet, wenn er davon spricht, die Veröffentlichung einer Momentaufnahme könne über die Karriere eines Sportlers entscheiden, oder Ereignisse nennt, die, wie er ironisch vermerkt, einzig stattfinden, um fotografierbar zu sein: »In Genf tagt der Völkerbundkongreß. Er dient dazu, die Herren Stresemann und Briand vor dem Hoteleingang im Gespräch zu zeigen.« (DPh: 33)

Die Fotografie repräsentiert hier kein Geschehen, das auch ohne sie stattgefunden hätte, vielmehr fällt das Ereignis mit seiner Abbildung zusammen.

In dieser wechselseitigen Modellierung von Bild und Wirklichkeit sieht Sontag die besondere Funktionsweise der Fotografie. Die Wirklichkeit werde »mehr und mehr so wie das, was uns die Kameras zeigen« (BW: 154). Diese Angleichung der Lebenswelt an ihre Abbildbarkeit folgt der Logik des Konsums. Je mehr konsumiert wird, desto größer der Bedarf nach neuen Konsumprodukten, je mehr Bilder produziert und betrachtet werden, desto mehr Bilder ziehen sie nach sich. Diese inflationäre Zirkulation der Bilder hat eine Nivellierung des Dargestellten zur Folge. Die Bilderwelt kombiniert alles mit allem und gleicht alles einander an – eine Beobachtung, die bereits Kracauer gemacht hatte, wenn er hervorhebt, das Nebeneinander der Bilder verweise auf die »Gleichgültigkeit gegen das mit den Sachen Gemeinte« (s.o.). Das Verfahren, das diese Nivellierung bewirkt, bezeichnet Sontag als »Recycling«:

»Fotografie reproduziert nicht einfach das Wirkliche; sie stellt es im Sinne des ›Recycling‹ – ein Schlüsselprozeß der modernen Gesellschaft – auf neue Weise zur Verfügung. In Gestalt von fotografischen Bildern werden Dinge und Bedeutungen zugeschrieben, die die Unterschiede zwischen dem Schönen und dem Häßlichen, dem Wahren und dem Falschen, dem Nützlichen und dem Nutzlosen, dem guten und dem schlechten Geschmack belanglos machen. [...] Das fotografische ›Recycling‹ macht aus einmaligen Objekten Klischees, aus Klischees spezifische, lebendige Kunstprodukte. Zwischen Bilder von realen Dingen schieben sich Schichten aus Bildern von Bildern. [...] Wir machen aus der Fotografie ein Instrument, mit dem buchstäblich alles ausgesagt werden kann. Was in der Realität vereinzelt ist, fügen Bilder zusammen. Als Fotografie kann die Explosion einer Wasserstoffbombe zur Werbung für die Sicherheit eines Tresors benutzt werden.« (BW: 166-167)

Wie diese Sätze bereits erkennen lassen, geht Sontags Beschreibung der Bilderwelt weit über eine bloße Analyse hinaus. Sontag zielt auf eine politische Kritik der Fotografie, da ihr stetiges Recycling der Wirklichkeit die Welt verfügbarer erscheinen lasse, als sie tatsächlich sei. Wo der Schriftsteller Oliver Wendell Holmes einhundert Jahre zuvor die Überführung der Welt in Fotografien noch als Gewinn verbuchen wollte[74], sieht Sontag vor allem die politischen Defizite dieser Ersatzwelt. »Die Fotografie impliziert, daß wir über die Welt Bescheid wissen, wenn wir sie so hinnehmen, wie die Kamera sie aufzeichnet. Dies aber ist das Gegenteil von Verstehen, das damit beginnt, daß die Welt nicht so hingenommen wird, wie sie sich dem Betrachter darbietet.« (PH: 28)[75]

4.5 Das ›Fotouniversum‹ (Flusser)

Auch der Medientheoretiker Vilém Flusser (1920–1991) geht in seiner Schrift *Für eine Philosophie der Fotografie* der Frage nach den Gesetzen und Bedingungen einer technisch vermittelten Bilderwelt nach. Für Flusser drängt sich allerdings weniger die Metapher einer dynamischen »Bilderflut« auf als vielmehr das Bild eines in sich kreisenden Strudels, in den alle verfügbaren Informationen einfließen, um dort endlos zu zirkulieren. Statt sinnlicher Überwältigung durch eine rasende Bilderflut stellt sich hier eher der paradoxe Eindruck eines bewegten und dauerhaften Stillstands ein:

»Technische Bilder sind Flächen, die wie Staudämme wirken. Die traditionellen Bilder fließen in sie ein und werden ewig reproduzierbar: Sie kreisen in ihnen (etwa in Form von Posters). Die wissenschaftlichen Texte fließen in sie ein und werden dort aus Zeilen in Sachverhalte umcodiert und

> gewinnen magischen Charakter (etwa in Form von Modellen, die die Einsteinsche Gleichung vorstellbar zu machen versuchen). Und die billigen Texte, diese Flut von Zeitungsartikeln, Flugblättern, Romanen usw. fließen in sie ein, und die ihnen innewohnende Magie und Ideologie verwandeln sich in programmierte Magie der technischen Bilder (etwa in Form der Fotoromane). So saugen die technischen Bilder alle Geschichte in sich auf und bilden ein ewig sich drehendes Gedächtnis der Gesellschaft. [...] Das Universum der technischen Bilder, so wie es beginnt, sich um uns herum abzuzeichnen, stellt sich als Fülle der Zeiten dar, in der alle Handlungen und Leiden unablässig kreisen. Nur unter diesem apokalyptischen Gesichtswinkel, so scheint es, gewinnt das Problem der Fotografie die ihm gebührenden Konturen.« (PHF: 18-19)

Damit ist das Nachdenken über die Fotografie in eine globale, gar »apokalyptische« Dimension gerückt. Die Fotografie nimmt in dieser Betrachtung zwar einerseits keinen exklusiven Platz ein, sondern ist lediglich Teil einer umfassenden Umwälzung, andererseits kann »das Fotouniversum als Modell für das nachindustrielle Leben schlechthin dienen« (PHF: 68). Dementsprechend geht Flusser weit in die Kulturgeschichte zurück, um den aktuellen Ort der Fotografie zu bestimmen. Während es jahrhundertelang eine kulturelle Dominanz der Texte gegeben habe, werde diese Vorherrschaft der Schrift in der nachindustriellen Gesellschaft durch Bilder abgelöst. Das textbasierte Erbe verschwindet aber nicht einfach, sondern wird, bevor es in das Universum der technischen Bilder eintritt, ›umcodiert‹. Das Resultat ist eine Ordnung der Information, in der nicht länger Texte Bilder erklären, sondern in der umgekehrt die Bilder den Texten vorgeschaltet sind. Wenn Flusser in diesem Zusammenhang von der »programmierten Magie der technischen Bilder« spricht, so ist das keineswegs im Sinne der magischen Vorstellung einer Selbstabbildung der Natur gemeint, wie sie in der Theorie der Fotografie häufig beschrieben wurde (vgl. Kapitel 1.1). In seinem Begriffsglossar definiert Flusser »Magie« als »die der ewigen Wiederkehr des Gleichen entsprechende Daseinsform« (PHF: 76). Das Magische bezeichnet die dem Bild eigene Raumzeit, die halluzinatorische Struktur, die bewirkt, dass sich im Universum der technischen Bilder alles wiederholt und aufeinander bezieht. »Die allgegenwärtigen technischen Bilder um uns herum sind daran, unsere ›Wirklichkeit‹ magisch umzustrukturieren und in ein globales Bildszenarium umzukehren. Es geht hier im wesentlichen um ein ›Vergessen‹. Der Mensch vergißt, daß er es war, der die Bilder erzeugte, um sich an ihnen in der Welt zu orientieren. Er kann sie nicht mehr entziffern und lebt von nun ab in Funktion seiner eigenen Bilder: Imagination ist in Halluzination umgeschlagen.« (PHF: 10) Erst vor dem Hintergrund dieser nachindustriellen Funktionsweise ist nach Flusser auch die Fotografie zu verstehen. Es handelt sich um die Funktionsweise einer Gesellschaft, in der nicht mehr Dinge, sondern einzig Informationen zählen. Der nachindustriellen Logik geht es folglich nicht länger um Besitz oder Verteilung von Gegenständen, sondern um das Programmieren und die Distribution von Information. Zwar sind Bilder – beispielsweise Fotografien – weiterhin als materielle Objekte vorhanden, entscheidend ist aber nicht ihre materielle Erscheinung, sondern die ablösbare und vor allem reproduzierbare Information. Für Flussers theoretische Bestimmung der Fotografie ist deshalb die einzelne, materielle und sinnlich erfahrbare Fotografie nicht von Bedeutung, da sie ohnehin nur das Endprodukt einer Kette von Programmierungen darstellt. »Das Foto ist eine unbewegte und stumme Fläche, die geduldig darauf wartet, durch Reproduktion verteilt zu werden.« (PHF: 45)

Entsprechend seiner These von der Vorherrschaft technischer Bilder denkt Flusser auch die Fotografie von ihrer apparativen Seite her. Dabei radikalisiert er eine Beobachtung, die bereits Kracauer angestellt hatte, wenn er hervorhebt, die Absicht der illustrierten Zeitungen sei die »vollständige Wiedergabe der dem photographischen Apparat zugänglichen Welt [...]« (DPh: 33). Bei Flusser fällt diese dem »Apparat zugängliche Welt« mit der Welt überhaupt zusammen. Das Verhältnis des Menschen zur Wirklichkeit bleibt innerhalb der Grenzen, die der Apparat ihm vorschreibt. Der Fotograf führt aus, was der Apparat ihm an Möglichkeiten vorgibt. »Sein Interesse ist auf den Apparat konzentriert, die Welt ihm nur Vorwand für die Verwirklichung von Apparatemöglichkeiten. Kurz: Er arbeitet nicht, er will nicht die Welt verändern, sondern er sucht nach Informationen.« (PHF: 25) Mit »Apparat« meint Flusser hier freilich nicht nur das konkrete, technische Gerät – den Fotoapparat –, sondern auch den in diesem technischen Gerät gleichsam verdinglichten anonymen »Apparat« der nachindustriellen Gesellschaft, der diesen programmiert. »Der Fotoapparat ist programmiert, Fotografien zu erzeugen, und jede Fotografie ist eine Verwirklichung der im Programm des Apparats enthaltenen Möglichkeiten. Die Zahl dieser Möglichkeiten ist groß, aber sie ist dennoch endlich: Es ist die Zahl all jener Fotografien, die von einem Apparat aufgenommen werden können.« (PHF: 24) Zwischen dem Apparat und seinem Benutzer ergibt sich ein Verhältnis der wechselseitigen Abhängigkeit. Der Fotograf besitzt eine gewisse Freiheit, aber nur innerhalb der Grenzen, die das Apparateprogramm ihm vorgibt. Er kann eigene Gestaltungsabsichten geltend machen, zugleich werden diese Absichten aber durch die vorgesehenen Möglichkeiten des ›Apparateprogramms‹ strukturiert. »Während der Apparat in Funktion der Absicht des Fotografen funktioniert, funktioniert diese Absicht selbst in Funktion des Programms des Apparats. [...] In der Fotogeste tut der Apparat, was der Fotograf will, und der Fotograf muß wollen, was der Apparat kann.« (PHF: 33) Die einfache Handhabung und die massenweise Verbreitung der Kameras führen zu der paradoxen Situation, dass die Entzifferung von Fotos immer schwieriger wird, gerade weil sich deren Existenz scheinbar von selbst versteht. Das fraglose Funktionieren der Apparate erzeugt den Anschein von Normalität. »Jeder glaubt, es sei unnötig, Fotos entziffern zu müssen, da jeder zu wissen meint, wie Fotos gemacht werden und was sie bedeuten.« (PHF: 54) Flusser unterscheidet in diesem Zusammenhang die Tätigkeit des Fotografen von derjenigen des Knipsers. Während der Fotograf versucht, die Grenzen des vorgesehenen Programms auszuloten, liefert sich der Knipser diesem Programm aus und wird dabei selbst zur Verlängerung und Funktion des Apparats:

»Die Kamera verlangt von ihrem Besitzer (von jenem, der von ihr besessen ist) immerfort zu knipsen, immer weitere redundante Bilder herzustellen. [...] Der Knipser kann die Welt dann nur noch durch den Apparat und in den Fotokategorien ansehen. Er steht nicht ›über‹ dem Fotografieren, sondern ist von der Gier seines Apparats verschlungen, zum verlängerten Selbstauslöser seines Apparats geworden. Sein Verhalten ist automatisches Kamera-Funktionieren. Ein ständiger Fluß bewußtlos erzeugter Bilder ist die Folge. Sie bilden ein Apparategedächtnis, einen Speicher für automatisches Funktionieren. Wer im Album eines Knipsers blättert, erkennt darin nicht etwa festgehaltene Erlebnisse, Erkenntnisse oder Werte eines Menschen, sondern automatisch verwirklichte Apparatmöglichkeiten. Eine derart dokumentierte Italienreise speichert die Orte und Zeiten, an denen der Knipser zum Druck auf den Auslöser verleitet wurde, und zeigt, wo der Apparat überall war und was er dort getan hat.« (PHF: 53)

Im Tagebuch seiner ersten Griechenlandreise hat Martin Heidegger 1962 eine ähnliche Beobachtung formuliert. Vor dem Tempel der Athene »häufte sich die Menge der Besucher. Der kaum erlangte Aufenthalt wurde durch das Veranstalten von Besichtigungen abgelöst. Diese selbst wurden durch das Funktionieren der Photo- und Filmapparate ersetzt.«[76] Das »Funktionieren« der Apparate wird von Heidegger als integraler Teil einer ganz auf Verwertbarkeit hin ausgerichteten Reiseindustrie beschrieben. Zwischen den Tempeltrümmern von Delos notiert er wenig später: »[...] überall photographierende Leute. Sie werfen ihr Gedächtnis weg in das technisch hergestellte Bild.«[77] Ähnlich wie Flusser in seinem Konzept des »Apparategedächtnisses« denkt offenbar auch Heidegger an ein technisch verfasstes Gedächtnis, das seinen Ort nicht länger in der persönlichen Erfahrung des Einzelnen hat, sondern sich des Menschen gewissermaßen als seines Handlangers bedient, um funktionieren zu können. Wenige Jahre zuvor hatte auch Günther Anders in seiner Schrift *Die Antiquiertheit des Menschen* einen ähnlichen Gedanken formuliert. »Wer Gelegenheit hatte, Reisende, namentlich solche aus höchst industrialisierten Ländern, unterwegs, in Rom oder Florenz, zu beobachten, der wird bemerkt haben, in welchem Grad es sie irritiert, *Einmaligkeiten* zu begegnen; also jenen großen historischen Gegenständen, die als einzige Exemplare in der Serienwelt herumstehen. Tatsächlich tragen diese Reisenden auch durchweg ein Mittel gegen diese Störung bei sich; [...] sie sind alle mit einem *photographischen Apparat* ausgerüstet [...] ›Wirklich‹ ist für sie [...] die Aufnahme, das heißt: das in das Serien-Universum aufgenommene und zu ihrem Eigentum gewordene Exemplar der Reproduktions-Serie.«[78]

Anders kritisiert die Unfähigkeit des modernen Reisenden, das historisch Einmalige an seinem Ort auch als einmalig zu erfahren. Flusser hätte diese Beschreibung vermutlich als Ausdruck einer überholten, humanistisch geprägten Apparatekritik gedeutet. Anders' Beschreibung erweckt jedenfalls den Eindruck, als gebe es jenseits des entfremdeten Umgangs mit der Apparatur noch die Möglichkeit eines unverstellten Zugangs zu den Phänomenen. Flussers Diagnose – und wohl auch diejenige Heideggers – erscheint hier ungleich radikaler. Heidegger sah die Herausforderung durch die Technik als »Geschick« – man konnte nicht einfach dafür oder dagegen sein, ihm bewusst entsprechen oder sich ihm willentlich entziehen. »Darum kommt die Frage, wie wir in eine Beziehung zum Wesen der Technik gelangen sollen, in dieser Form jederzeit zu spät.«[79] Auf ähnliche Weise hebt auch Flusser hervor, dass die Kritik der Kulturindustrie, wie sie beispielsweise die Frankfurter Schule formuliert hat, das Wesen der Technik verkennt. »Sie entdeckt hinter den Bildern geheime, übermenschliche Kräfte (etwa den Kapitalismus), der bösen Willens all diese Programme programmiert hat – anstatt hinzunehmen, daß die Programmierung stupid automatisch vor sich geht. Ein geradezu unheimlicher Vorgang, bei dem hinter den exorzierten Gespenstern immer neue heraufbeschworen werden.« (PHF: 58) Indem sie hinter den Apparaten noch letzte Reste menschlicher Absichten vermutet, verkennt die humanistische Apparatekritik, das hinter dem Funktionieren der Apparate letztlich keine Absicht erkennbar ist, sondern lediglich ein Selbstzweck, der Automatismus dieses Funktionierens selbst. »Da die Apparate automatisch funktionieren und keiner menschlichen Entscheidung gehorchen, können sie auch von niemandem besessen werden.« (PHF: 68)

Gemessen an dieser abgeklärten Beschreibung der Lage nehmen sich Flussers abschließende Überlegungen zur Aufgabe einer Philosophie der Fotografie dann freilich erstaunlich emphatisch aus. Die Aufgabe dieser Philosophie sei es, die »entsetzliche Tatsache dieses absichtslosen, sturen und unkontrollierbaren Funktionierens der Apparate aufzudecken, um sie so in den Griff zu bekommen« (PHF: 67). Ähnlich wie der Fotograf, der im Unterschied zum Knipser dem Funktionieren der Apparate nicht zuarbeitet, sondern dessen Grenzen bestimmt und unvorhergesehene Informationen in Umlauf bringt, soll auch die philosophische Kritik die Freiheit aufzeigen, die im Universum der technischen Bilder trotz allem noch möglich ist. Angesichts der Übermacht und Allgegenwart, die Flusser dem Funktionieren der Apparate zugesteht, wird nicht ganz deutlich, auf welchem Wege sich am Ende dann doch »menschliche Absichten« in das Programm des Apparats »hineinschmuggeln« lassen, wie das »unkontrollierbare Funktionieren« schließlich doch in Teilen kontrollierbar sein soll. So endet Flussers Schrift mit der Formulierung eines zugleich desillusionierten und emphatischen Programms: »Die Philosophie der Fotografie hat aufzudecken, daß die menschliche Freiheit im Bereich der automatisch programmierten und programmierenden Apparate keinen Platz hat, um schließlich aufzuzeigen, wie es dennoch möglich ist, für die Freiheit einen Raum zu eröffnen. [...] Eine solche Philosophie ist notwendig, weil sie die einzige Form von Revolution ist, die uns noch offensteht.« (PHF: 74)

4.6 Lob des Vergessens (Ullrich)

In seinem Essay *Ohne Folgen? Bilder im Plural* (2003) geht Wolfgang Ullrich noch einmal auf jene Frage zurück, die in der Rede von der Bilderflut scheinbar immer schon beantwortet ist und deshalb nicht mehr eigens gestellt werden muss: »Warum aber ist es schlimm, wenn viele Bilder im Umlauf sind?« (OF: 66) Warum soll die Multiplikation des Visuellen zwangsläufig mit einem Verlust, einer Verdrängung und Annullierung einhergehen? Aus welcher Perspektive also erscheint die Pluralität der Bilder überhaupt als Nachteil, ihre Vereinzelung und Einmaligkeit hingegen als selbstverständliche Qualität? Die Kritik an der Inflation der Bilder erweist sich von hier aus als Folge überzogener Erwartungen an die Wirkungsgmacht des einzelnen Bilds. Hinter der Wahrnehmung eines durch Zerstreuung bewirkten Bedeutungsverlusts stünde demnach die Utopie eines singulären, unvergesslichen und einmaligen Bildes. Erst vor dem Hintergrund eines solchen Ideals der Konzentration, der Vereinzelung und Dichte zeigt sich die Zerstreuung der Bilder dann als Defizit. Ullrich bezieht seine Beispiele vor allem aus dem Bereich der Kunstgeschichte. Dem von Benjamin beschriebenen Zeitalter der technischen Reproduzierbarkeit ging eine Phase voraus, in der man Bilder im Gedächtnis bewahren musste, da noch kein fotografisches Double zur Verfügung stand. Diesen Umstand hebt bereits Malraux hervor, wenn er daran erinnert, wie schwierig es ohne Reproduktionen war, die überall verstreuten Werke im Gedächtnis zu behalten (s. o.). Ein Bild, das aufgrund bestimmter Merkmale im Gedächtnis blieb, musste angesichts der begrenzten Aufnahmefähigkeit des Rezipienten als Ideal erscheinen. »Solange man sich Bilder eigens merken mußte, existierte auch der Anspruch, daß ein Bild den Charakter eines Konzentrats hatte und eine Verdichtungsleistung darstellte. Nur dann war der Merkaufwand rentabel, denn während ein beliebiges Bild keinen Begriff und keine Erfahrung markant einfing und nichts Neues offenbarte, ließ sich ein kompakt-vielschichtiges Werk immer wieder erinnern [...].« (OF: 73) Entsprechende Kritik an der Bedeutungslosigkeit oder Folgenlosigkeit einzelner Werke gründete demnach auch in einer mnemotechnischen Bestimmung der Bilder.

Auch in Ullrichs Überlegungen zur Bilderflut steht die Fotografie nicht im Zentrum. Sie erscheint aber doch als Modellfall, an dem sich ein entscheidender Bruch mit dem beschriebenen Regime des einzigartigen, komplexen und zeitlosen Bildes zur Darstellung bringen lässt. Ullrich bezieht sich auf die Funktionsweise der sogenannten »Stock-Photography«, also jene fotografischen Bildarchive, die von kommerziellen Agenturen angelegt und verschlagwortet werden, um auf Anfrage Bilder zu allen erdenklichen Themen und Schlagworten liefern zu können. »Die Bilder der Stock-Photography haben nicht die Aufgabe, zu veranschaulichen oder eine Information oder Erkenntnis zu vermitteln, sie sollen schon gar nicht überwältigen und Folgen vermitteln, sondern sie fungieren eher als Blickfang und unverbindliche Animation, manchmal auch als visueller Gag oder etwas, dessen sich ein Blatt bedient, um seine Corporate identity auszudrücken.« (OF: 82) Ullrich beschreibt die Distribution dieser Fotografien als Ausdruck eines neuen Typs von Bildrezeption, bei der es von vorneherein so wenig auf die Bedeutung der Bilder ankommt, dass auch von einem Bedeutungsverlust keine Rede sein kann. Wo Einzigartigkeit keine Option darstellt, wird auch Pluralität nicht als Mangel empfunden.

»Anstatt einzeln – im Singular – aufzufallen, werden diese Bilder als Kontinuum – wenn nicht als Flut, so doch als gleichmäßiger Strom – wahrgenommen. Sie sind so gleichförmig, daß sie verwechselbar und austauschbar werden. Doch braucht das in diesem Fall nicht als Defizit angesehen zu werden; vielmehr wird ein Bild für die Agentur sogar um so wertvoller, je belangloser – beliebiger – es ist, läßt es sich dann doch um so besser – und häufiger – verkaufen. Im Idealfall ist ein Foto so neutral, inhaltlich so indefinit, daß es zu sehr vielen Anlässen paßt. In seiner Unverbindlichkeit hat es zudem den Vorteil, daß es schnell wieder vergessen wird und entsprechend selbst von derselben Zeitung nach kurzer Zeit erneut verwendet werden kann – dann vielleicht in ganz anderem Zusammenhang.« (OF: 82)

Hier werden also sämtliche Werte negiert, die man für gewöhnlich von ›starken‹ Bildern erwartet: Dauer, Unverwechselbarkeit, visuelle Prägnanz. An die Stelle möglichst guter Memorierbarkeit tritt eine Kultur des Vergessens und der Unverbindlichkeit. Zweifellos stellt die Praxis der Stock-Photography eine sehr spezielle Form des Umgangs mit Bildern dar. Es wäre deshalb verfehlt, aus ihrer Funktionsweise eine globale Theorie des Bedeutungsverlusts der Bilder abzuleiten. Trotzdem macht diese Form der Distribution und Rezeption auf eine aktuelle Bestimmung des Fotografischen aufmerksam, in der Singularität kein Ideal und Pluralität folglich keinen Verlust bedeutet. Ullrich findet eine vergleichbare Tendenz zur Folgenlosigkeit der Bilder aber auch in der zeitgenössischen Fotokunst, wenn etwa Thomas Ruff unter dem Titel *Substrat* Schichten von Bilder übereinanderlagert, bis keines dieser Bilder mehr erkennbar ist. Das »Substrat« der Bilder wäre hier also nicht die verdichtete Essenz, die von der Summe der Bilder zurückbleibt, sondern im Gegenteil die Signatur ihrer Auslöschung. Bei solchen Verfahren, so Ullrich, gehe es nicht länger darum, möglichst viele Bilder in einem einzigen Bild aufzuheben, sondern gerade umgekehrt darum, möglichst viele Bilder in einem Bild verschwinden zu lassen. »So implodiert nicht nur alle Individualität von Bildern, sondern auch jegliche Kulturkritik – und der Blick wird frei auf eine Bildproduktion, deren Akteure einverstanden damit sind, Bilder ohne Folgen zu machen.« (OF: 92-93)

5. Kunsttheoretische Bestimmungen: Die Fotografie im System der Künste

5.1 Fotografie und Malerei: Differenz und wechselseitige Modellierung

Fotografien gehören heute zum festen Bestand von Museen und Kunstgalerien. Die Preise, die sie im Kunsthandel erzielen, nähern sie dem Prestige der klassischen Bildkünste, und neben Malerei, Skulptur, Architektur und Kunsthandwerk ist die Fotografie allmählich auch zum festen Bestandteil der kunsthistorischen Ausbildung geworden. Der Status als eigenständige Kunst war ihr jedoch nicht von Anfang an mit auf den Weg gegeben, sondern musste zuallererst begründet und etabliert werden. Sollten die Erzeugnisse dieses neuen Verfahrens, so fragte man im frühen 19. Jahrhundert, tatsächlich den Werken der bildenden Kunst zur Seite gestellt werden? Oder handelte es sich bei dem Zusammenwirken von Camera obscura, Kupferplatte, Joddämpfen, Quecksilber und Fixiersalz nicht viel eher um ein kunstloses Produkt der Naturwissenschaften? Im Folgenden interessieren weniger die sozialhistorischen und institutionellen Aspekte dieser Debatte als vielmehr die kunsttheoretischen Überlegungen, die ihr zugrunde lagen.

Die Bestimmung der Fotografie als eigenständige Kunst, als Nicht-Kunst oder Anti-Kunst wurde meist im Vergleich mit anderen Bildkünsten vorgenommen. In der Frühzeit der Fotografie drängte sich dieser vergleichende Blick ganz von selbst auf, da hier eine neue Bildtechnik in Erscheinung trat, die nach ihrer Positionierung im Kontext der etablierten Künste verlangte. So nennt William Henry Fox Talbot seine ersten fotografischen Versuche »fotogenische Zeichnungen« und bezeichnet das neue Verfahren als »Zeichenstift der Natur«. Auch wenn Talbot diese Bezeichnungen verwendet, um auf die automatische Funktionsweise hinzuweisen, die das fotografische Bild von der Handzeichnung unterscheidet, bleibt die Zeichenkunst hier doch der Maßstab und Vergleichspunkt, an dem er seine Definitionen ausrichtet (vgl. auch Kapitel 1.8). »Die PHOTOGRAPHIE«, schreibt Barthes, »wurde und wird immer noch vom Gespenst der Malerei heimgesucht [...], sie hat die Malerei, indem sie diese kopierte oder in Frage stellte, zur absoluten, zur väterlichen REFERENZ gemacht [...].« (HK: 40) Nach Walter Benjamin gilt diese Abhängigkeit von der vorangegangenen Kunst jedoch nicht nur für die Fotografie, sondern auch für ihre theoretische Durchdringung. Die ersten Theoretiker, so Benjamin, »unternahmen nichts anderes, als den Photographen vor eben dem Richterstuhl zu beglaubigen, den er umwarf« (KGP: 369), nämlich dem Richterstuhl der bildenden Kunst. Die Vergleiche mit Zeichnung, Grafik und Malerei waren jedoch keineswegs auf die Frühzeit der Fotografie beschränkt. Sie durchziehen die fototheoretische Literatur bis heute und lassen sich deshalb auch nicht rein historisch – etwa durch den Hinweis auf den anfänglichen Legitimationsdruck des neuen Verfahrens – erklären. Auch in den einschlägigen Schriften von Kracauer, Arnheim, Barthes, Sontag oder Krauss bilden die Künste immer wieder ein Bezugsfeld für die Bestimmung der Fotografie.

Vor allem die Theoretiker der fotografischen Spur und des Abdrucks (vgl. Kapitel 1) verweisen gern auf die Malerei, um in diesem Verweis die ganz andere Funktionsweise der Fotografie aufzuzeigen. So berichtet Rudolf Arnheim:

> »Kürzlich entdeckte ich im Vordergrund von Georges Seurats großem Gemälde *Ein Nachmittag auf der Grande Jatte* einen Schmetterling, der mir bei keinem meiner früheren Besuche im Museum von Chicago aufgefallen war. Da es sich um ein Gemälde handelte, hatte ich mich zu fragen: ›Warum hat der Maler dort zwischen den Figuren dies Tierchen eingefügt?‹ Wäre das Bild dagegen eine Fotografie, so wäre meine Reaktion gewesen: ›Sieh einmal, dort saß ein Schmetterling!‹ Gewiß hält auch Seurats Gemälde ein tatsächliches historisches Geschehen fest [...]. Tatsächlich hatten die Pariser Ausflügler unter den Bäumen gesessen. Aber nur eine Fotografie behandeln wir vertrauensvoll wie die Wirklichkeit selbst [...].« (FSA: 36)

Arnheims Blick auf ein Gemälde zeigt ihm, was der Normalfall der Fotografie ist: Während ein gemaltes Objekt in der Regel nicht ohne Gestaltungsabsicht des Künstlers auf die Leinwand gekommen sein kann, so das Argument, verweisen die Motive einer Fotografie weniger auf die Absicht ihres Autors als vielmehr auf ihr reales Vorhandensein am Ort und zum Zeitpunkt der Aufnahme. »Die faszinierende Objektivität eines Chardin ist natürlich nicht die der Photographie«, bemerkt auch André Bazin (OB: 36). Mit Jean-Baptiste-Siméon Chardin nennt Bazin einen Maler des 18. Jahrhunderts, dessen malerischer Realismus häufig als Vorläufer der Fotografie gedeutet worden ist. Bazin relativiert diese scheinbare Nähe von Malerei und Fotografie, um auf die ungleich größeren Differenzen hinzuweisen. Das Kriterium liegt für ihn »nicht im Ergebnis, sondern in der Entstehung« (OB: 36). Im Vergleich von Malerei und Fotografie entscheidet demnach nicht die Ähnlichkeit und Vergleichbarkeit der Resultate, sondern die technische Unvergleichbarkeit der Produktionsverfahren – im einen Fall durch die Vermittlung einer »unvermeidlichen Subjektivität«, im anderen durch »mechanische Reproduktion«. Die Persönlichkeit des Fotografen, so Bazin, spiele »nur in der Auswahl und Anordnung des Gegenstands und bei der beabsichtigten Wirkung eine Rolle: So sichtbar seine Persönlichkeit im fertigen Werk sein mag, so ist sie doch weit weniger maßgeblich als die des Malers.« (OB: 37)

Diese Vergleiche müssen nicht zwangsläufig mit ästhetischen Wertungen oder Qualitätsurteilen einhergehen. Bei Arnheim und Bazin zielen sie eher darauf ab, spezifische Merkmale der Fotografie durch ihre Kontrastierung mit der Malerei umso schärfer hervortreten zu lassen. Diese Kontrastierung kann umgekehrt dann auch zu einer Neubestimmung der traditionellen Künste führen. Das zeigt beispielsweise eine Denkfigur, die, wie Wolfgang Kemp notiert, längst ein »klassisches Erklärungsmodell abstrakter Kunst« darstellt: »Die Kapazität der Fotografie ist und bleibt die Abbildung der Realität, während die Kunst sich der Erschließung der abstrakten Bildwelten zuwendet.« (ETF 2: 13) Hier geht es also nicht primär um die Bestimmung der Fotografie vor dem Hintergrund der Malerei, sondern umgekehrt: Erst mit dem Erscheinen der Fotografie, so das Argument, ist die Malerei zu sich selbst gekommen. »Die Photographie«, schreibt in diesem Sinne etwa Bazin, »scheint also das wichtigste Ereignis in der Geschichte der bildenden Kunst zu sein. Gleichzeitig Befreiung und Vollendung, hat sie es der abendländischen Malerei ermöglicht, sich endgültig vom zwanghaften Realismus zu befreien und zu ihrer ästhetischen Autonomie zurückzufinden.« (OB: 40) Die Bemühungen um Ähnlichkeit und Illusion können aufgegeben werden, sobald die fotografische Kamera diese Aufgabe ungleich besser erfüllt. Die derart von ihrer »Ähnlichkeitsbesessenheit« befreite Malerei kann sich endlich ihren eigentlichen Vermögen zuwenden – dem »Ausdruck einer geistigen Wirklichkeit« (OB: 35). Bazin insistiert zu Recht darauf, das Wirkungspotenzial von

Malerei und Fotografie *in beiden Richtungen* zu denken. Die Fotografie tritt nicht einfach als späterer Zusatz in ein stabiles und unwandelbares System der Künste ein, vielmehr verändert ihr Erscheinen dessen gesamtes Gefüge. Bazins Festlegung der Malerei auf einen »zwanghaften Realismus« ist aus kunsthistorischer Sicht allerdings unhaltbar. Weder befand sich die Malerei bis zu ihrer »Befreiung« im 19. Jahrhundert in einem Zustand des Mangels und der Uneigentlichkeit noch beschränkt sich die Fotografie seither auf das Geschäft der »mechanischen Reproduktion«. Bazins Positionsbestimmung endet in einem erstaunlich statischen Modell: Malerei und Fotografie haben darin zu ihrer finalen Bestimmung gefunden – und sollen dauerhaft an dem ihnen zugewiesenen Platz verbleiben. Weitere Wechselwirkungen oder Kreuzungen sind nicht vorgesehen.

Eine erneute Umdeutung erfuhr das Verhältnis der Medien und Künste mit dem Aufkommen der digitalen Bildbearbeitung. Während Bazin Fotografie und Malerei als idealtypische Pole einander gegenüberstellt, gleichen einige Theoretiker des Digitalen beide Bereiche einander an. Spätestens in der Nachbearbeitung im Computer verliert das fotografische Bild seine Haftung im Realen und nähert sich den grenzenlosen Gestaltungsmöglichkeiten der bildenden Künste. Fotografie, so Florian Rötzer, erweist sich jetzt als »perfekte Malerei eines digitalen Surrealismus«. Die »analoge« Fotografie erhält jetzt selbst den Status der überwundenen Gattung, den sie zuvor der Malerei zugewiesen hatte. »Die vor noch nicht allzulanger Zeit durch die Fotografie und den Film errettete Wirklichkeit, vielmehr natürlich der Glaube daran, verschwindet hinter den Zurichtungen der Fotografenkünstler, die Objektivität hinter deren Phantasie.« (BF: 21)

5.2 Lob der Fotografie als Nicht-Kunst (Kracauer, Barthes)

In seiner *Theorie des Films* hat auch Siegfried Kracauer aus der wechselseitigen Erhellung der Medien und Künste eine Positionsbestimmung der Fotografie abgeleitet. Nach Kracauer sind »die Leistungen innerhalb eines bestimmten Mediums künstlerisch um so befriedigender [...], je mehr sie von den spezifischen Eigenschaften dieses Mediums ausgehen« (F: 41). In der Umkehrung bedeutet das: Die künstlerische Qualität eines Mediums nimmt ab, je stärker es die spezifischen Eigenschaften eines anderen Mediums adaptiert. Zwar räumt Kracauer ein, dass sich diese Eigenschaften nicht dogmatisch festlegen lassen und eine künstlerisch überzeugende Lösung gerade auch darin bestehen kann, das vermeintlich unveränderliche Wesen eines Mediums zu erweitern. Gleichwohl hält er daran fest, dass »ein Werk, das in irgendeiner Weise dem Wesen seines Mediums zuwiderläuft – indem es etwa auf Effekte abzielt, die der Natur eines anderen Mediums besser entsprächen«, sich nur »selten als geglückt erweisen« wird (F: 41-42). In diesem Spiel der Differenzen verhalten sich Fotografie und Malerei antagonistisch: Im System der Medien hat die Fotografie ihren Platz an »dem der Malerei entgegengesetzten Ende« (F: 43). Wie Arnheim benennt auch Kracauer die Absichtslosigkeit fotografischer Bilder als entscheidende Differenz zur Malerei. Im Gegensatz zu Arnheim verleiht Kracauer seinen Thesen zum »ästhetischen Grundprinzip« der Medien und Künste jedoch einen ausgesprochen normativen Charakter. Statt wie ein Maler »menschlichen Intentionen« zum Ausdruck zu verhelfen, soll der Fotograf der »registrierenden Funktion der Kamera« Rechnung tragen. Seine Aufgabe besteht darin, die »Natur im Rohzustand wiederzugeben, sowie sie unabhängig von uns existiert« (F: 52). Dieser medienspezifischen Bestimmung kommt der Fotograf am nächsten, wenn er auf Formgebung, Komposition oder technische Manipulation weitestgehend verzichtet und stattdessen dem Zufall und der ungestellten Realität Eingang in seine Bilder verschafft. Eine in diesem Sinne adäquate Fotografie ist gewissermaßen so ungeordnet und unvorhersehbar wie die Wirklichkeit selbst. Dementsprechend hebt Kracauer die Affinität der Fotografie zum »Diffusen und Unorganisierten« hervor. Die Malerei erscheint als der äußerste Gegenpol dieser »realistischen Tendenz«. In Kracauers zugespitzter Polarisierung der Medien und Künste gerät sie zur bloßen Verkörperung vorgefasster Intentionen und zur Trägerin einer bestimmten, rekonstruierbaren Bedeutung: »Mit einem Foto verglichen hat jedes Gemälde einen relativ festlegbaren Sinn.« (F: 55) Eine Fotografie, die ihrer ästhetischen Bestimmung gerecht werden will, so lässt sich das Diktum Kracauers zusammenfassen, muss so unmalerisch wie möglich sein.

Kracauers Überlegungen zur Medienspezifik der Fotografie betreffen aber nicht nur ihre Differenz zur Malerei, sondern behandeln auch die grundsätzliche Frage nach dem Kunstcharakter der Fotografie. Von der »realistischen Tendenz« der Fotografie unterscheidet Kracauer die »formgebende Tendenz«, deren Vertreter auf Komposition, Inszenierung und künstlerischen Ausdruck setzen. Nach Ansicht Kracauers entsteht auf diese Weise eine hybride Bildform, die weder dem ästhetischen Grundprinzip der Fotografie noch dem kreativen Potenzial der bildenden Künste gerecht wird. »Es ist, als führe die Verwendung der Fotografie zu rein künstlerischen Zwecken in ein Niemandsland zwischen Reproduktion und freier Komposition.« (F: 51) Ein Beispiel für diese Tendenz stellt Kracauer zufolge eine Aufnahme der amerikanischen Fotografin Mary Ann Dorr dar (Abb. 9):

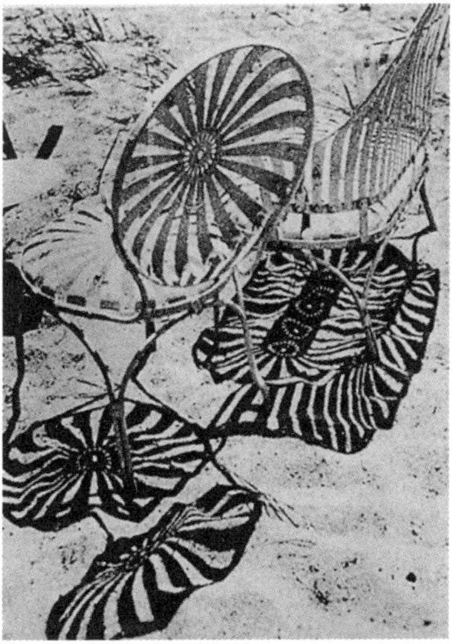

Abb. 9: Mary Ann Dorr, Stühle im Sonnenlicht (undatiert)

»Gewiß, auf der einen Seite wird sie den Eigenschaften des Mediums gerecht: das Stuhlgeflecht und der Schatten, den es wirft, existieren wirklich. Auf der anderen aber ist dieselbe Aufnahme spürbar als Kunstschöpfung beabsichtigt: Schatten wie Stühle beeindrucken uns nicht so sehr als Naturobjekte denn als Elemente einer freien Komposition.« (F: 50) Tatsächlich wurde dieses Bild offenbar nicht zu Dokumentationszwecken angefertigt. Weder soll die reale Existenz der beiden Stühle am Strand bewiesen werden noch geht es um eine möglichst sachliche Wiedergabe ihrer physikalischen Eigenschaften. Die Objekte »existieren wirklich«, schreibt Kracauer, aber ihre wirkliche Existenz ist für die Aufnahme nebensächlich. Die Realität der »Naturobjekte« bietet lediglich den äußeren Anlass, um bestimmte Effekte von Licht und Schatten in Szene zu setzen. Kracauer kritisiert, dass zwischen den Objekten und ihrer fotografischen Aufnahme nicht die registrierende Funktion der Kamera vermittelt, sondern der Gestaltungswille der Fotografin. Dass die Aufnahme »als Kunstschöpfung beabsichtigt« ist, entfremdet sie in seinen Augen dem ästhetischen Grundprinzip der Fotografie. Umgekehrt behauptet Kracauer nicht, dass Aufnahmen im Sinne der realistischen Tendenz ästhetisch neutral sein müssen. Ihre ästhetische Qualität ist dann aber – wie beispielsweise die Schönheit einer militärischen Luftaufnahme – ein »unbeabsichtigtes Nebenprodukt« (F: 44) und nicht das Ergebnis künstlerischer Formgebung.

Statt also beide Modi – »realistische« und »formgebende« Tendenz – koexistieren zu lassen, beschreibt Kracauer ihr Zusammentreffen als Missklang und kategorischen Widerspruch. Sein »ästhetisches Grundprinzip« operiert mit idealtypischen Alternativen und Unterscheidungen: Realismus *oder* Kunst, Reproduktion *oder* Formgebung, Fotografie *oder* Malerei. Hinter dieser Polarisierung steht eine normative Auffassung vom Wesen der Fotografie: Die »registrierende Funktion der Kamera« stellt ihre eigentliche Bestimmung dar. Nur unter dieser Voraussetzung macht es Sinn, zwischen angemessenen und unangemessenen Verwendungsweisen des Mediums zu unterscheiden. Die von Kracauer aufgeworfene »Frage nach der Kunst« (F: 58) kann im Rahmen seiner Theorie deshalb nicht zu einer positiven Bestimmung führen. Auch wenn das künstlerische Potenzial der Fotografie von zahlreichen Fotografen genutzt wird, gehört es doch nicht wesentlich dazu. Es stellt lediglich ein Beiwerk dar, das in einigen Fotografien sichtbar in Erscheinung tritt und insofern nicht einfach ignoriert werden kann. Dasselbe gilt für die Schönheit fotografischer Aufnahmen. Fotografien können schön sein, ihre Schönheit darf aber nicht als Selbstzweck in Erscheinung treten. »Allgemein gesprochen können Fotos in dem Maße als schön gelten, in dem sie der fotografischen Einstellung Rechnung tragen.« (F: 57)

Aus dieser Struktur erklärt sich die ambivalente Haltung, die Kracauer zur Frage der Fotografie als Kunst einnimmt und auch an einigen konkreten Beispielen erläutert. Neben den Erzeugnissen der »formgebenden Tendenz« führt er die freien Kompositionen der Experimentalfotografen an. Diese stellen Fotocollagen her oder verzichten – wie Man Ray und László Moholy-Nagy – in ihren Fotogrammen gänzlich auf den Einsatz der Kamera.[80] Kracauer betrachtet die so entstehenden Resultate als eine »Spielart der graphischen Künste« (F: 51). Rein technisch gesehen handelt es sich zwar um Fotografien, die Freiheit der kompositorischen Gestaltung macht sie aber zu Bildern, die »außerhalb des Gebiets der eigentlichen Fotografie liegen« und Gefahr laufen, »die Aufmerksamkeit von den wirklich charakteristischen Merkmalen des Mediums abzulenken« (F: 59).

Problematisch im Sinne Kracauers ist die bewusste Ausschaltung des Zufälligen im Namen künstlerischer Gestaltung. Neben den freien Kompositionen der Experimentalfotografen und den Werken der »formgebenden Tendenz« nennt Kracauer aber noch eine weitere Spielart der künstlerischen Fotografie, die dem »ästhetischen Grundprinzip« des Mediums in weitaus höherem Maße entspricht. Als Beispiel nennt er Henri Cartier-Bressons Fotografie *Kinder in Ruinen* (Abb. 10, nächste Seite).

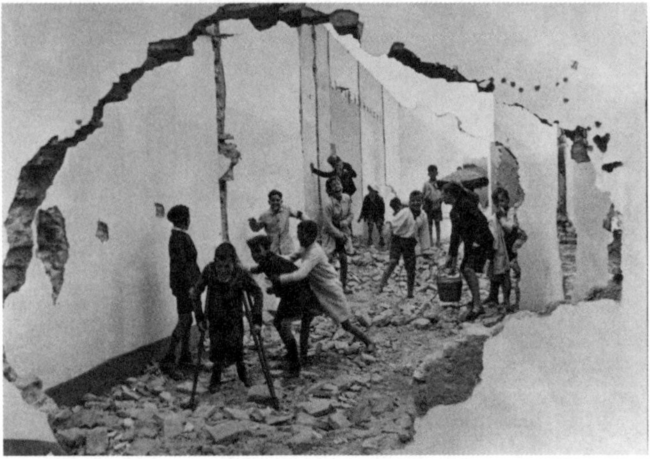

Abb. 10: Henri Cartier-Bresson, Kinder in Ruinen, 1933

Der Blick fällt durch die gebrochene Öffnung eines Mauerwerks, das die Szene als zweiter Rahmen umschließt. Die Gruppe wirkt dadurch leicht entrückt, wie ein in sich abgerundetes Bild im Bild. Der Standpunkt des Fotografen ist deutlich markiert, und insofern widerspricht die Aufnahme Kracauers Entwurf der »realistischen Tendenz« der Fotografie, die ihre Motive losgelöst von der Präsenz des Fotografen zeigen soll. Trotz des formalen Kunstgriffs Cartier-Bressons besitzt das Bild jedoch zugleich die Unmittelbarkeit einer Momentaufnahme. Die dargestellte Szene wurde offenbar nicht für den Fotografen gestellt, sondern fixiert einen bestimmten Augenblick aus dem kontinuierlichen Fluss der Ereignisse. Im Unterschied zum artifiziellen Arrangement Mary Ann Dorrs (Abb. 9) gibt das Bild den Blick auf ein reales Geschehen frei und entspricht insofern Kracauers »ästhetischem Grundprinzip« der Fotografie. Letztlich führen aber auch diese hybriden Gebilde nur zu einer uneigentlichen und, wie Kracauer selbst hinzufügt, »unzulänglichen« Bestimmung des Kunstcharakters der Fotografie: »Vielleicht wäre es fruchtbarer, den Begriff ›Kunst‹ so lose anzuwenden, daß er, wenn auch unzulänglich, die aus wahrhaft fotografischem Geiste entstandenen Bilder umfaßt – das heißt Bilder, die weder Kunstwerke im traditionellen Sinn noch ästhetisch neutrale Erzeugnisse sind.« (F: 59) Kracauer formuliert auch hier keine positive Bestimmung der Fotografie als Kunst. Zwar soll der Begriff ›Kunst‹ auch die »aus wahrhaft fotografischem Geiste entstandenen Bilder« umfassen, letztlich erfolgt diese Definition aber vor dem Hintergrund eines zweifachen Mangels der künstlerischen Fotografie: ihrer Bestimmung, weder reine Fotografie noch Kunst im eigentlichen Sinne zu sein. Die künstlerische Dimension der Fotografie besetzt in Kracauers Theorie eine Randzone: Sie bleibt eine Zutat, ein Beiwerk oder Nebenprodukt, das als solches zwar nicht ignoriert werden kann, zugleich aber nicht ausreicht, um das »ästhetische Grundprinzip« der Fotografie maßgeblich mitzubestimmen. Das Wesen der Fotografie lässt sich nach Kracauer auch ohne Berücksichtigung ihrer künstlerischen Dimension formulieren.

Auch Barthes' Fokussierung auf den Bezeugungscharakter der Fotografie lässt wenig Raum für eine positive Bestimmung ihrer künstlerischen Dimension. Die Kunst wird aber auch hier aufgerufen, um zu demonstrieren, was Fotografie ihrem Wesen nach gerade *nicht* ist. Wie bereits erwähnt sieht Barthes die Fotografie »als *Magie* und nicht als Kunst« (HK: 99). Wenn die Produkte dieser »Magie« mitunter gleichwohl künstlerischen Ambitionen folgen, dann geschieht das um den Preis ihrer Selbstaufgabe. Die Kunstfotografie kommt für Barthes einer Zähmung gleich, in der das realistische Potenzial des Verfahrens verleugnet und auf eine vergleichsweise konventionelle Bildsprache reduziert wird. »Tatsächlich kann die Photographie Kunst sein: wenn jegliche Verrücktheit, jegliches Noema aus ihr verschwunden ist und damit ihr Wesen keine Wirkung mehr auf mich ausübt: könnte ich denn vor den ›Promeneuses‹ von Puyo aus der Fassung geraten und ausrufen: ›*Es ist so gewesen*‹?« (HK: 128) Mit Constant Puyo wählt Barthes nicht zufällig einen Vertreter des Piktorialismus, jener Kunstrichtung des späten 19. Jahrhunderts, die durch manuelle Eingriffe, künstliche Unschärfe und den Einsatz von Edeldruckverfahren eine größtmögliche Annäherung an die Erscheinungsweise von Malerei und Grafik gesucht hat. Eine Aufnahme wie Puyos »Promeneuses« arbeitet gewissermaßen systematisch gegen sämtliche Eigenschaften an, die Barthes als Essenz der Fotografie betrachtet.

Die »Emanation des Referenten« bildet hier lediglich das Rohmaterial der künstlerischen Gestaltung. Gegen diesen Willen zur Kunstfertigkeit setzt Barthes das Lob des fotografischen Amateurs. Während man ihn üblicherweise als »unausgereiften Künstler« betrachte, komme der Amateur in Wahrheit »dem Noema der PHOTOGRAPHIE am nächsten« (HK: 109). Zu den spezifischen Merkmalen fotografischer Aufnahmen gehört demnach ihre Tendenz zur Kunstlosigkeit. Je weniger Gestaltungswille erkennbar ist, desto stärker kommt das eigentliche Potenzial der Fotografie zum Vorschein. Oder umgekehrt: Je bewusster ein Fotograf seine Motive gestaltet, komponiert und in Szene setzt, desto stärker bringt er den essenziellen Gehalt der Fotografie zum Verschwinden. Wie Kracauer argumentiert auch Barthes hier normativ: Der referenzielle Charakter gilt als »Noema« und Normalfall der Fotografie, ihre Verwendung als Kunstform zeigt sich vor diesem Hintergrund als Abweichung und Abdriften ins Uneigentliche.

Abgesehen von einem privaten Familienbild handelt es sich bei den von Barthes reproduzierten Fotografien allerdings nicht um Amateuraufnahmen, sondern um Arbeiten von Berufsfotografen oder Künstlern (Nadar, August Sander, André Kertész, Richard Avedon, Robert Mapplethorpe u. a.). Darin liegt zunächst kein Widerspruch. Schon auf den ersten Seiten hebt Barthes hervor, dass ihn empirische oder ästhetische Einteilungen – wie die Unterscheidung »realistische Fotografie/Kunstfotografie« – nicht interessieren, da es sich hier »um dem Gegenstand äußerliche« Klassifizierungen handele (HK: 12). Insofern hindert ihn nichts daran, auch Fotografien, die im Kunstkontext zirkulieren, nach den Maßtäben seiner »magischen« Auffassung der Fotografie zu betrachten. In seinen Lektüren geht Barthes dementsprechend kaum auf Aspekte der Formgebung oder Gestaltung ein, sondern blickt – gleichsam durch die Kunst hindurch – auf die gewesenen »Sachen selbst«: die Kleidung der Porträtierten, ihr Alter zum Zeitpunkt der Aufnahme, die »schlechten Zähne des kleinen Jungen«, den »Verband am Finger des Mädchens«, das »Tuch, das die Mutter weinend in Händen hält«. In der Überlieferung dieser Details erkennt Barthes jene »Verrücktheit« der Fotografie, die durch ein Zuviel an künstlerischer Gestaltung nur gezähmt würde.

Trotzdem liegt eine gewisse Ironie darin, dass Barthes' Ästhetik der »Sache selbst« an Fotografien entwickelt wird, deren Autoren ihren Blick – als Kriegsberichterstatter, Porträtfotografen oder bildende Künstler – bewusst geschult und bestimmten Regeln und Erfahrungen unterstellt haben. Angesichts des Lobs der Amateurfotografie verwundert es auch, dass zugleich von der »Porträtfotografie großer Meister« (HK: 19) die Rede ist oder Nadar als der »größte Photograph der Welt« (HK: 79) bezeichnet wird. Oder ist hier gemeint, dass die Meisterschaft der großen Fotografen gerade darin besteht, sich selbst aus dem Bild zurückzunehmen, um dem dargestellten Objekt zur vollen Entfaltung zu verhelfen? »[...] hier weist«, so heißt es ja von einer historischen

Aufnahme von Kertész, »die Photographie wirklich über sich selbst hinaus: ist dies nicht der einzige Beweis ihrer Kunst? Sich als Medium aufzuheben, nicht mehr Zeichen, sondern die Sache selbst zu sein?« (HK: 55) Eine gewisse Ambivalenz in der Bestimmung der Fotografie als Nicht-Kunst bleibt trotzdem bestehen. Ähnlich wie Kracauer, der den gestalterischen Anteil der Fotografie nicht ignorieren kann, ihn zu ihrem Wesen dann aber doch nicht hinzurechnen will, bleibt auch Barthes an dieser Stelle unentschieden. In seinem Kommentar zu einer Aufnahme Robert Mapplethorpes (Abb. 11) bemerkt er, die Hand des Porträtierten sei »genau im richtigen Grad des Sich-Öffnens« festgehalten – »ein paar Millimeter mehr oder weniger, und der Körper, den man erahnt, hätte sich nicht mehr wohlwollend dargeboten [...]« (HK: 69-70).

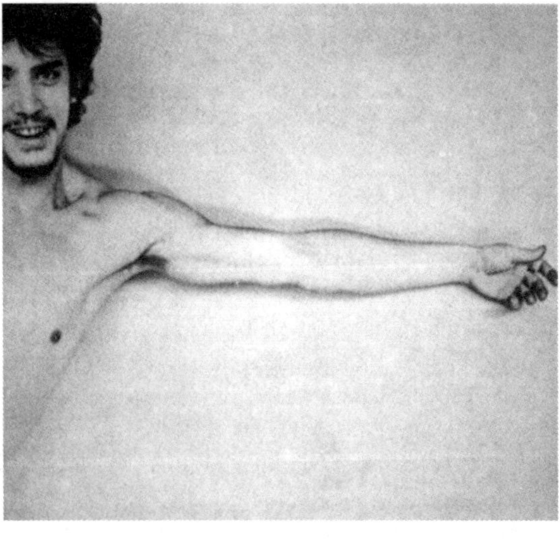

Abb. 11.: Robert Mapplethorpe, Selbstporträt, 1975

Ist aber diese millimetergenaue Positionierung des Modells im quadratischen Rahmen des Bildes allein der Kontingenz des »Es-ist-so-gewesen« geschuldet? Oder setzt Barthes mit seinem Hinweis auf die Vollkommenheit dieser Geste nicht doch einen hohen Grad an Inszenierung und Komposition voraus? Jedenfalls fällt auf, dass Barthes in seiner Bemerkung, die vollkommene Geste sei »vielleicht eine Frage des ›Zufalls‹«, das Wort »Zufall« zum ersten und einzigen Mal in Anführungsstriche setzt.

Es verwundert nicht, dass die Vertreter eines fotografischen Realismus zu keiner positiven Bestimmung der Fotografie als Kunst finden. Wenn man in der registrierenden Funktion der Fotografie ihr eigentliches Wesen erkennt, muss die gestalterische Dimension zwangsläufig als uneigentliche Zutat oder Abweichung erscheinen. Dasselbe gilt freilich auch in umgekehrter Richtung: Wo die formalen und gestalterischen Aspekte der Fotografie im Zentrum stehen, bleibt wenig Raum für eine Bestimmung ihrer registrierenden Funktion. Der Hinweis auf die automatischen Implikationen der Bildherstellung erscheint lediglich als »ein probates Mittel, um die Beteiligung des Fotografen niedrig zu halten oder das Beharren auf ihr als typisch kunsthistorische Fixierung auszugeben« (Kemp, FE: 34). Eine weitere Möglichkeit, genuin fotografische und genuin künstlerische Funktionen zu unterscheiden, formuliert der Kunsthistoriker Rolf H. Krauss (geb. 1930). Krauss trennt zwischen »künstlerischer Fotografie« und »Kunst mit Fotografie«. Die »künstlerische Fotografie« ist »konventionell«, weil sie innerhalb der technischen und ästhetischen Grenzen des Mediums verharrt und aus diesem Grund am innovativen Potenzial der Künste nicht teilhaben kann. »Kunst mit Fotografie« hingegen ist »konzeptionell« und verwendet das fotografische Medium lediglich als eine Ausdrucksform unter anderen, d.h. als Mittel zum Zweck.[81] Beide Erscheinungsweisen der Fotografie, mediale und künstlerische, gehören nach Krauss zwei unterschiedlichen, gegenläufigen Entwicklungslinien an. Um »Kunst mit Fotografie« zu machen, muss der Bildproduzent von den genuinen Eigenschaften der Fotografie absehen, da »das Medium Photographie aus sich selbst heraus keine Kunst hervorzubringen vermag«[82]. Daraus ergibt sich ein eigentümlicher Gegensatz von Fotografie und Kunst. Entweder hat man es mit genuinen Fotografien zu tun, die restlos durch ihre mediale Natur bestimmt sind und folglich – trotz aller gegenteiligen Bemühungen – keine Kunst sein können; oder aber mit genuinen Werken der Kunst, deren medialer Herkunft als Fotografie dann aber keinerlei Bedeutung zukommen darf. Es ist leicht einzusehen, dass eine kunsttheoretische Bestimmung der Fotografie auf dieser Grundlage unmöglich ist. *Fotografie als Kunst* lässt sich unter dem Vorzeichen dieser kategorischen Zweiteilung nicht denken, da entweder die Kunst oder aber die Fotografie aus dieser Gleichung ausgeschieden werden soll.

5.3 Kritik der Fotografie als Nicht-Kunst (Baudelaire, Töpffer)

Zu den frühen Schmähschriften gegen die Fotografie gehört die berühmte Salonkritik von Charles Baudelaire (1821 – 1867) von 1859. Wie später Bazin und Kracauer vergleicht auch Baudelaire die Fotografie mit der Malerei, die daraus abgeleiteten Wertungen könnten jedoch nicht unterschiedlicher sein. Dabei sind es zunächst durchaus ähnliche Beobachtungen, von denen die genannten Autoren ausgehen. Auch Baudelaire hebt die Genauigkeit der Fotografie hervor, erwähnt ihre registrierende Funktion und ihren dokumentarischen Nutzen. Während Bazin aus diesen Eigenschaften allerdings eine »Befreiung und Vollendung« der Malerei ableiten will, kann Baudelaire hier nur eine massive Bedrohung der bildenden Künste erkennen. Als neue Bildindustrie hat die Fotografie Anteil am materiellen Fortschritt, der dem

Wesen der Künste aber grundsätzlich zuwiderläuft. Für Baudelaire gilt, »daß die Industrie, wenn sie in die Kunst einbricht, deren schlimmste Todfeindin wird und daß die Verquickung der Funktionen die gehörige Durchführung jeder einzelnen verhindert« (SA: 138). Auch Baudelaire plädiert also – wie später Bazin und Kracauer – für eine kategorische Trennung von Malerei und Fotografie, begründet diese Position allerdings vor einem gänzlich anderen Hintergrund. Im Zentrum der baudelaireschen Kunsttheorie steht der Begriff der »Einbildungskraft« (*imagination*). Damit ist eine »Kardinalfähigkeit« des Menschen gemeint, ein ursprüngliches, schöpferisches Vermögen, das in der Kunst seinen privilegierten Ausdruck findet, sich aber ebenso in Wissenschaft, Politik, Kriegführung, Rechtsprechung oder Moral entfalten muss. Einer faktenorientierten Weltsicht setzt die Einbildungskraft die Produktivität der Fantasie, der Ahnung und der Intuition entgegen. »Das ganze sichtbare Universum ist nur eine Vorratskammer von Bildern und Zeichen, denen die Einbildungskraft eine Stelle anweist und einen relativen Wert verleiht; es ist eine Art Nahrung, welche die Einbildungskraft verdauen und verwandeln muß. Alle Fähigkeiten der menschlichen Seele müssen der Einbildungskraft unterstellt werden, die sich aller insgesamt zu ihren Zwecken bedient.« (SA: 148) Für die Malerei folgt daraus, dass ein Künstler die sichtbare Welt lediglich als Rohstoff für das schöpferische Wirken seiner Einbildungskraft betrachten soll. »Ein gutes Gemälde [...] soll wie eine Welt hervorgebracht werden.« (SA: 147) Baudelaires Polemik richtet sich deshalb gegen jede Form des Naturalismus in der Malerei. Der naturalistische Maler verfällt dem Irrtum, »nicht das zu malen, was er träumt, sondern das, was er sieht« (SA: 139). Zugleich versucht er, diese sichtbaren Dinge so zu zeigen, wie sie auch wären, wenn es ihn selbst gar nicht gäbe: Sein Ideal ist eine »Welt ohne den Menschen« (SA: 149).

Vor diesem Hintergrund überrascht Baudelaires Verurteilung der Fotografie keineswegs. Als mechanische Wiedergabe der sichtbaren Natur steht sie in der ästhetischen Rangfolge noch weitaus tiefer als die realistische Malerei. Statt am schöpferischen Potenzial der Einbildungskraft teilzuhaben, haftet sie am Tatsächlichen und bringt lediglich ein »triviales Abbild« der Natur hervor. Der Grund, warum Baudelaire die Fotografie in seinen kunstkritischen Schriften überhaupt erwähnt, ist seine Überzeugung, dass die Popularität des neuen Mediums die Kunst kontaminiert und der Geistlosigkeit des Positivismus ausliefert. Die künstlerische Tätigkeit ist für Baudelaire so sehr an das subjektive Spiel der Einbildungskraft und das Transzendieren der sichtbaren Welt gebunden, dass eine ästhetische Dimension des fotografischen Bildes undenkbar ist. In Baudelaires Überlegungen verdichtet sich eine anti-materialistische Fotografiekritik, die in der Folgezeit auch zahlreiche andere kunsttheoretische Schriften dominiert, die der Fotografie ihre Unfähigkeit zur Idealisierung vorhalten. So kritisiert der englische Maler und Zeichner Philip G. Hamerton (1834–1891) die Indifferenz der fotografischen Kamera, die ihr Motiv immer nur registrieren, es aber nicht deuten und gestalten kann. John Ruskin (1819–1900) schätzt den dokumentarischen Nutzen der Fotografie, hält aber daran fest, dass sie im Gegensatz zur Kunst nur den »Schein der Wahrheit« trägt.[83]

Die »erste umfassende kunsttheoretische Verurteilung« (ETF 1: 70) der Fotografie stammt nach Wolfgang Kemp jedoch aus der Feder des Schweizer Schriftstellers, Zeichners und Professors für Ästhetik, Rodolphe Töpffer (1799–1846). Obwohl zeitlich wesentlich näher an den heftigen Debatten um die Erfindung der Fotografie, argumentiert Töpffer in seinem Essay *Über die Daguerreotypie* (1841) ungleich differenzierter als Baudelaire. Auch Töpffer setzt voraus, dass die Bedeutung der Fotografie nicht auf dem Gebiet der bildenden Künste liegen kann. Zwar erzielt sie eine ungeahnte Detailtreue und Genauigkeit, in den bildenden Künsten geht es aber nicht um ein exaktes Kopieren der Natur, sondern um die Ausbildung einer persönlichen »Manier«. Töpffer legt seinen Ausführungen eine Theorie der Nachahmung zugrunde, nach der »in den nachahmenden Künsten die Nachahmung nicht das Ziel, sondern das Mittel der Kunst« (ÜD: 72/73) darstellt. Während die Fotografie auf eine bloße Verdopplung der Welt zielt, nimmt die bildende Kunst die Nachahmung lediglich als Ausgangspunkt, um auf ihrer Grundlage zum Ausdruck subjektiven Empfindens zu gelangen. Die Tätigkeit des Fotografen endet dort, wo die eigentliche Arbeit des Künstlers überhaupt erst beginnt. Auf dieser Grundlage formuliert Töpffer eine idealtypische Unterscheidung von bildender Kunst und Fotografie, in deren Zentrum der Gegensatz von »Identität« und »Ähnlichkeit« steht. Als Beispiel imaginiert er ein fotografisches und ein gezeichnetes Porträt Napoleons III. Die Fotografie würde jedes äußerliche Merkmal des Kaisers, jede Wimper, jede Bartstoppel, jede Falte seiner Kleidung, detailgetreu reproduzieren. Das Resultat wäre ein identisches Abbild, das aber nichts vom Wesen und der Eigenart des Dargestellten enthüllen könnte. Ein Zeichner hingegen, der den Kaiser in wenigen gekonnten Strichen skizzieren würde, hätte ein Bildnis geschaffen, das mit seinem Vorbild zwar nicht identisch, ihm aber ähnlich wäre. Denn Ähnlichkeit wird nicht durch die bloße Wiedergabe äußerer Merkmale erlangt, sondern durch ein Hervorholen und Akzentuieren des Charakteristischen. Selbst wenn von dem gezeichneten Porträt Napoleons einzig der Hut zurückbliebe, so fügt Töpffer in einer überspitzten Pointe hinzu, enthielte dieser Rest immer noch mehr Ähnlichkeit mit dem Dargestellten als die wesenlose Fotografie. »Zu diesem Beispiel könnte man sagen, daß der Hut eher ein Symbol als ein Identitätsmerkmal ist. Ich pflichte dem bei, um so lieber, als ich dieses Beispiel gewählt habe, um zu zeigen, daß alle Ähnlichkeit ein Symbol ist und daß aus diesem Grund die Merkmale der Ähnlichkeit nicht nur einer anderen, sondern auch einer höheren Ordnung angehören als die der Identität. Was ist denn ein Symbol? Es ist ein Zeichen, das in abgekürzter Form an zahlreiche und komplexe Objekte und Beziehungen erinnert.« (ÜD: 75)

Die Ähnlichkeit bewahrheitet sich also nicht nur im Bereich des Sichtbaren, sondern im gleichen Maß auch in der Erinnerung, durch Assoziation und Imagination. Die Fotografie scheint von dieser Sphäre abgeschnitten. Die von ihr erzeugte Identität liefert immer wieder nur »das Bild des Sichtbaren anstelle des Zeichens für das Unsichtbare« (ÜD: 76). Wie Baudelaire insistiert auch Töpffer auf der unvermeidlichen Kunstlosigkeit der Fotografie, da »keine Maschine – und mag sie noch so vollkommen sein und wunderbare Leistungen vollbringen – jemals das geringste Phänomen produzieren kann, das der Ähnlichkeit und damit der Kunst angehört« (ÜD: 76). Die Möglichkeit künstlerischer Eingriffe in das fotografische Bild wird hier kategorisch ausgeschlossen. Das Grundprinzip der Fotografie ist die Identität, und auf diesem Weg kann sie sich mit jedem technischen Fortschritt nur weiter vom Wesen der Kunst entfernen. Töpffer verdichtet sein Argument in einem bemerkenswerten Gedankenexperiment: Selbst wenn die Fotografie die Dinge in Farbe und zudem in ihrer natürlichen Bewegung abbilden könnte – 1841 ein utopisches Szenario –, käme sie ihnen doch nicht näher, sondern würde sich im Gegenteil nur immer weiter von ihrem Wesen entfernen. Je genauer die Reproduktion, desto größer die Unähnlichkeit mit dem Dargestellten.

5.4 Fotografie als bildende Kunst (Sizeranne)

1897 stellt der französische Schriftsteller Robert de la Sizeranne (1866–1932) erneut die Frage »Ist die Fotografie eine Kunst?«, kommt aber zu einem völlig anderen Ergebnis als Baudelaire und die Kritiker des fotografischen Realismus. Hintergrund seiner Ausführungen ist der *Piktorialismus*, jene Richtung der Kunstfotografie, die für Roland Barthes ein Jahrhundert später den Inbegriff einer künstlerische Praxis markierte, die mit dem »Noema der Fotografie« gebrochen hatte. Die fotografische Tätigkeit verschiebt sich hier vom mechanischen Prozess der Aufnahme auf die nachträgliche Gestaltung des Bildes. Durch manuelles Bearbeiten des Negativs und den Einsatz aufwendiger Edeldruckverfahren wird der Kunstlosigkeit der Fotografie systematisch entgegengearbeitet. Die registrierende Funktion der Fotografie tritt in der Ästhetik des Piktorialismus vollständig zurück. Die fotochemische Aufzeichnung ist lediglich eine Skizze, auf deren Grundlage die gestalterische Arbeit am Bild zuallererst beginnt. Nicht der Automatismus der Aufzeichnung, sondern die gezielte Intervention wird zum Kennzeichen der Fotografie. Auf der Grundlage des mechanischen Verfahrens entfaltet sich eine anthropologisch fundierte Bildschöpfung: »Das Negativ ist Sache der Maschine, aber der Abzug ist Sache des Menschen, so wie der Stil der Mensch ist.« (IFK: 215) Das ästhetische Programm sieht dementsprechend vor, »aus der Realität all das zu entfernen, was dem Ideal nicht zuträglich ist« (IFK: 213). Für das fotografische Bild werden jetzt all jene künstlerischen Qualitäten in Anspruch genommen, die Töpffer und Baudelaire ihr kategorisch abgesprochen hatten: Stil, Idealisierung, Originalität. Wenige Jahrzehnte zuvor hatte bereits der Schriftsteller Francis Wey (1812–1882) auf die unverwechselbare Individualität fotografischer Stile hingewiesen: »[...] der Einfluß des Individuums wird so sehr spürbar, daß erfahrene Kunstkenner beim Anblick einer Papierfotografie normalerweise erraten, wer ihr Urheber ist.«[84] Das fotografische Bild verweist weniger auf die faktische Existenz der Objekte, die es reproduziert, als auf die Intervention des Fotografen, der ihnen Gestalt verleiht. Auch das »Unbestimmte« wird jetzt zum ästhetischen Merkmal der Fotografie erklärt. Sizeranne hebt ausdrücklich hervor, dass es ein »Irrtum ist, wenn man alles definieren will, denn angesichts einer vollkommen definierten Sache bleibt für die Phantasie nichts zu tun« (IFK: 212). Die Detailgenauigkeit und Schärfe fotografischer Aufnahmen weicht einer »Ästhetik der Unschärfe«[85].

Sizeranne fügt dieser Neudefinition des Mediums eine zweite Positionsbestimmung hinzu: Bei den genannten Merkmalen der Fotografie handelt es sich um Qualitäten, »die nur ihr eigen sind« (IFK: 217). Der Autor will hier offensichtlich dem Vorwurf begegnen, die künstlerische Fotografie sei lediglich eine Imitation der Malerei. An dieser Stelle wird dann doch die »Genauigkeit des Objektivs« bemüht, um die Spezifik des Fotografischen hervorzuheben. Diese Genauigkeit steht für Sizeranne allerdings nicht im Dienst exakter Reproduktion, sondern stellt ihrerseits ein künstlerisches Stilmittel dar: bestimmte Nuancierungen der Tonwerte, kaum wahrnehmbare Übergänge von Licht und Schatten, die Wiedergabe flüchtiger Lichteffekte – das alles, so Sizeranne, sei nur mit den Mitteln der Fotografie zu erreichen. Letztendlich ist es den Theoretikern des Piktorialismus freilich nicht gelungen, die Paradoxie ihres theoretischen Unterfangens vollständig aufzuheben. Ihre Positionsbestimmung der Fotografie bemüht zwei gegenläufige Tendenzen: Der Kunstwert der Fotografie soll an ihrer strukturellen Ähnlichkeit mit Malerei und Zeichnung aufgezeigt werden, zugleich soll dieser Vergleich aber auch die ästhetische Eigenständigkeit der Fotografie begründen. Der amerikanische Fotograf Paul Strand (1890 – 1976) hält diesen Versuchen eine Stellungnahme entgegen, die Kracauers spätere Kritik an der Grenzverwischung der Medien und Künste vorwegnimmt: »Die volle Wirkungsweise jedes Mediums hängt davon ab, wie rein es angewandt wird [...].« Die piktorialistische Ästhetik bringt aus dieser Perspektive nur eine hybride »Foto-Malerei« hervor (F: 59). Auf dem Umweg über die Malerei kann demnach keine positive Bestimmung der Fotografie gefunden werden.

5.5 Reine Fotografie – künstlerische Objektivität (Strand)

Strand geht von einer Maxime aus, die noch einmal ganz auf die Funktion der Kamera setzt: »Die Fotografie, der einzige bedeutende Beitrag der Wissenschaft zu den Künsten, findet ihre Legitimation, wie alle Medien, in der vollkommenen Einzigartigkeit ihrer Mittel. In diesem Fall heißt das: absolute und unbestimmte Objektivität. Während die anderen Künste in dieser Beziehung wirklich antifotografisch sind, macht diese Objektivität den wahren Wesensgrund der Fotografie aus [...].« (F: 59) Für Baudelaire und Töpffer bildeten die etablierten Künste die Norm, an der auch die Werke der Fotografie gemessen werden mussten. Selbst Sizeranne, der die Fotografie als eigenständige Kunst ausweisen will, argumentiert ganz im Sinne dieser Logik. Strand kehrt diese Ordnung um: Die »Objektivität« der Fotografie begründet ihre »Einzigartigkeit« und definiert einen Maßstab, der alle übrigen Künste als »antifotografisch« erscheinen lässt. Dass Strand ausgerechnet auf »Objektivität« setzt, um das künstlerische Potenzial der Fotografie unter Beweis zu stellen, mag zunächst überraschen.

Lorraine Daston und Peter Galison haben den verschiedenen Konjunkturen und Bedeutungen dieses Begriffs eine umfassende wissenschaftsgeschichtliche Studie gewidmet. Das wissenschaftliche Ideal der »mechanischen Objektivität« beruht demnach auf dem »Bestreben, willentliche Einmischungen des Autors/Künstlers zu unterdrücken und statt dessen eine Kombination von Verfahren einzusetzen, um die Natur, wenn nicht automatisch, dann mit Hilfe eines strengen Protokolls sozusagen zu Papier zu bringen«[86]. Im konkreten Fall der Fotografie bedeutet das eine »Abwendung vom interpretierenden, intervenierenden Autor/Künstler« und eine weitgehende Übertragung der Bildherstellung auf die technische Apparatur. In diesem Sinne verwendet auch Bazin den Begriff, wenn er die »Objektivität der Fotografie« dadurch begründet sieht, dass in ihr eine mechanische »Wirklichkeitsübertragung vom Ding auf seine Reproduktion« (OPD: 37) stattfindet, die auf der »Abwesenheit« des Menschen beruhe (vgl. Kapitel 1.8). Strands Definition einer »reinen« Fotografie zwingt ihn nicht nur, auf Anleihen bei anderen Künsten zu verzichten, sondern setzt auch voraus, das Konzept der »mechanischen Objektivität« zurückzuweisen. Auf dieser Grundlage wäre kaum zu begründen, worin der künstlerische Gehalt der automatisch erzeugten Bildprodukte bestehen soll. »Objektivität« im Sinne Strands schließt deshalb das Intervenieren des Künstlers keineswegs aus. Anders als im Piktorialismus soll die Intervention aber nicht durch Manipulationen des Materials erfolgen, sondern durch konzeptuelle Entscheidungen bei der Aufnahme. Bei der »Anordnung der Objektivität kommt die Weltanschauung des Fotografen ins Spiel« (F: 59). Eine »anzuordnende» Objektivität setzt aber gezielte Eingriffe voraus. »Objektivität« bedeutet bei Strand vor allem: »Ehrfurcht vor dem Objekt«. Dieser Haltung wird man nicht dadurch gerecht, dass man in einem mechanischen Akt die »Sache selbst« zum Vorschein kommen lässt, sondern indem man ihr im Medium der Fotografie zu einem »lebendigen Ausdruck« (F: 59) verhilft, den das Objekt ohne diesen Akt der Bildwerdung nicht hätte. Strands Entwurf zielt auf eine spezifisch fotografische Sicht der Dinge, der die Kamera als »Instrument intuitiver Erkenntnis« (FNG: 62) dient. An diesem Punkt ist Strand dann doch bereit, einen Vergleich mit der Funktionsweise der Malerei zuzulassen: »In dem Augenblick, bevor das Bild entsteht, erweist sich eine formale Konzeption, aus dem Gefühl oder aus dem Intellekt oder aus beiden geboren, als ebenso notwendig wie in dem Moment, bevor der Maler den Pinsel auf die Leinwand führt.« (F: 59) Die Berufung auf eine notwendige, letztlich aber nicht rationalisierbare Intuition zeigt deutlich, dass Strand hier nicht als Theoretiker der Fotografie spricht. Sein Entwurf einer künstlerischen Objektivität musste sich schließlich auch nicht durch begriffliche Schärfe bewahrheiten, sondern in der Betrachtung seiner Fotografien (Abb. 12).

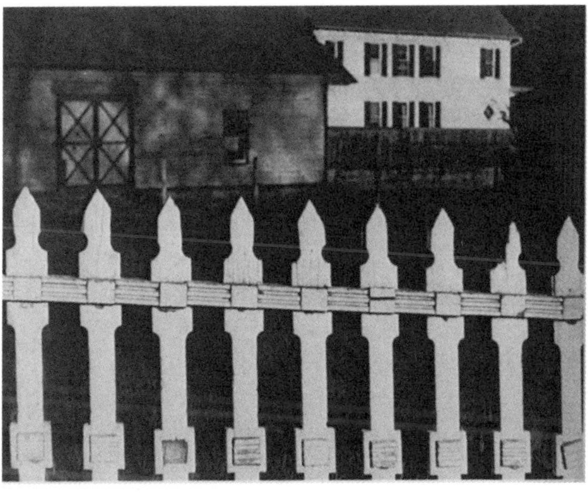

Abb. 12: Paul Strand, Zaun, 1916

Trotzdem lässt sich aus Strands Überlegungen zur Objektivität eine Beobachtung ableiten, die auch für eine theoretische Bestimmung der Fotografie von zentraler Bedeutung ist. Ungeachtet aller Differenzen waren die Skeptiker und Befürworter der künstlerischen Fotografie darin einig, dass die mechanische Funktionsweise der Kamera in jedem Fall als Gegenpart zur Kunst gedacht werden müsse. Für Baudelaire und Töpffer ergab sich daraus die prinzipielle Kunstlosigkeit der Fotografie, nach Sizeranne konnte die Fotografie eine Kunst werden, indem der Fotograf der Maschine durch manuelle Interventionen entgegenarbeitete. Strand hebt diese Polarität auf. Der Fotograf arbeitet *mittels* der Maschine, nicht *gegen* sie: »Der Künstler ist es, der mittels der Optik und der Chemie des Lichts, der Metalle und des Papiers auf den ewigen Wert der handwerklichen Arbeit verweist. [...] Indem er bewußte und schöpferische Kontrolle über die Maschine ausübt, hat er eine neue Methode der Wahrnehmung und der Wiedergabe des objektiven Lebens erreicht.« (FNG: 62) Objektivität und Kontrolle, mechanische Wiedergabe und Ausdruck, Maschine und Mensch schließen einander nicht aus. Fotografie im Sinne Strands ist eine »Maschinenkunst« (Kemp, TDF 2: 62), in der Objektivität und Gestaltung, Sachgerechtigkeit und Komposition sich gegenseitig bedingen. Ohne die gestalterische Tätigkeit des Fotografen würden die Objekte schließlich nicht zu ihrer »Realisation« (F: 59) gelangen. Zugleich unterliegt diese Realisation aber keiner subjektivistischen Willkür, sondern bleibt, wie Wolfgang Kemp hevorhebt, »Ausdruck der Sache« (FE: 80). Expliziter noch als Strand formuliert dieses wechselseitige Verhältnis wenige Jahre zuvor der amerikanische Kunstkritiker Marius de Zayas (1880–1961): »Der Künstlerische Fotograf umgibt Objektivität mit einer Idee, verhüllt das Objekt mit dem Subjekt.«[87] Auch bei de Zayas ist diese subjektive Verhüllung nicht als Verstellung oder Verfremdung des Objekts gemeint, sondern zielt auf dessen genuinen fotografischen Ausdruck. Künstlerische Fotografie ist eine zugleich »systematische und persönliche Darstellungsweise«[88].

5.6 Die Inszenierung der Wirklichkeit (Brock, Coleman)

Mit seiner Definition einer »realistischen« und einer »formgebenden« Tendenz der Fotografie hat Kracauer eine idealtypische Unterscheidung formuliert, welche die Fototheorie in verschiedenen Variationen immer begleitet hat. Beide Formen unterscheiden sich vor allem durch ihre gegensätzliche Positionsbestimmung des Fotografen. Im Fall der »realistischen« Fotografie erscheint er als bloßer Operator, der die Natur – »sowie sie unabhängig von uns existiert« (F: 52) – mithilfe seiner Kamera registriert und die Spuren seiner eigenen Aktivität dabei so gering wie möglich zu halten sucht. Im Fall der »formgebenden« Tendenz bildet die registrierende Funktion der Kamera lediglich die Basis für die gestalterische Arbeit des Fotografen. Synthesen aus Realismus und Formgebung sind bei Kracauer nicht vorgesehen und gelten nur als Verwischung der medienspezifischen Qualitäten der Fotografie. Bereits Strands Konzept der künstlerischen »Objektivität« ist darauf angelegt, eine solche Polarisierung zu unterlaufen. Die registrierende Funktion der Kamera und der konzeptuelle Einsatz des Fotografen gehören zusammen und lassen sich nicht in antagonistische Erscheinungsweisen der Fotografie auflösen. Realismus ohne Formgebung ist undenkbar. Das Konzept der »inszenierten Fotografie« bildet eine andere, radikalere Möglichkeit, die Dichotomie von »realistischer« und »formgebender« Tendenz zu unterlaufen. Spätestens seit den 1980er Jahren ist verstärkt von einer solchen »inszenierenden« oder »konstruierenden« Praxis der künstlerischen Fotografie die Rede. Statt von der Unantastbarkeit einer gegebenen Faktizität auszugehen, zielt sie auf eine Realität, die zum Zweck ihrer fotografischen Aufnahme zuallererst hervorgebracht wird. »Bei diesem Bildtyp verfährt der Künstler wie ein Werbefotograf oder Filmregisseur: Zuerst entwickelt er eine Bildidee – das ›Drehbuch‹ sozusagen –, läßt dann entsprechende Kulissen, Requisiten, Kostüme und, wo nötig, Masken anfertigen, wählt Darsteller aus und inszeniert mit ihnen schließlich fiktive Begebenheiten [...].«[89]

Im Folgenden interessieren weniger die historischen Gründe für diese Konjunktur der Inszenierung oder die Vielfalt ihrer Erscheinungsweisen als vielmehr die kunsttheoretischen Bestimmungen, die sie begleitet oder vorbereitet haben. Bazon Brock (geb. 1936) verwendet den Begriff der »inszenierenden Fotografie« im Zusammenhang einer Unterscheidung, die noch deutlich an Kracauers Aufteilung des fotografischen Feldes erinnert – wenn auch ihr normativer Charakter nun entfällt. Brock unterscheidet zwischen einer »objektivierenden« und einer »inszenierenden« Fotografie als den beiden wesentlichsten Formen fotografischer Realiätsbewältigung. Die objektivierende Fotografie zielt auf die möglichst exakte Wiedergabe einer vorgängigen Realität. Das fotografische Medium wird dementsprechend als reines Transportvehikel verstanden, dem kein eigenständiger Gestaltungsspielraum zukommt, so dass »die Wirklichkeit dem Betrachter oder dem Künstler oder dem Fotografen gegenüber als selbständige und eigenständige erscheinen kann« (FIO: 237). Als Beispiel dieser Form der Realitätsbewältigung nennt Brock die Reportage und das journalistische Ereignisfoto. Die inszenierende Fotografie hingegen will sich eine eigene Bildwirklichkeit erzeugen. ›Inszenierung‹ meint dabei die Wahl eines bestimmten Blickwinkels, die Umsetzung formaler und ästhetischer Kriterien und die Einbeziehung der Betrachterposition ins Bild. Ein darzustellendes Ereignis gilt nicht als Selbstzweck, sondern als »Auslöser der fotografischen Tätigkeit« (FIO: 238).

Brocks Begriff der Inszenierung geht also von Ereignissen aus, die im Bild zwar gedeutet und gestaltet werden, die aber auch ohne ihre fotografische Aufbereitung stattgefunden hätten: Die Fotografie inszeniert und deutet Ereignisse, aber sie bringt diese

Ereignisse nicht eigentlich hervor. Verglichen mit den Auslegungen, von denen im Folgenden noch die Rede sein wird, erscheint diese Definition des Inszenatorischen eher moderat. Brocks Unterscheidung ist aber aus anderem Grund von Interesse. Eher beiläufig kommt er auf das Problem der fotografischen Fälschung zu sprechen. Fälschende Fotografie ist »alles, was nicht eindeutige und bewußte fotografische Handlungsweise ist« (FIO: 239). Umgekehrt bedeutet das: Unverfälscht ist, was sich offen zur Bedeutung der eigenen Handlungsweisen bekennt. Die Pointe dieser Überlegung besteht darin, dass Brock das Potenzial des Fälschens nicht der inszenierenden, sondern der objektivierenden Fotografie zuschreibt. Verfälschend ist nicht diejenige Form der Fotografie, die mit Vorsatz und Bestimmtheit inszeniert, sondern diejenige, die um Objektivität bemüht ist und die eigenen Handlungsweisen deshalb nicht offenlegt. »Wirklichkeitsverfälschende Fotografie ist jeweils das bloße Zufallsresultat eben nicht festgelegter und unterschiedener fotografischer Arbeit.« (FIO: 239) Verfälschung der Wirklichkeit kommt demnach nicht durch ein Zuviel, sondern ein Zuwenig expliziter Darstellungsweisen zustande.

Eine weiter gehende Definition des Inszenierten in der Fotografie formuliert der amerikanische Fotografiekritiker A.D. Coleman. Am einen Ende der Skala steht auch bei Coleman die möglichst unbeeinflusste Wiedergabe des Gegebenen, die er als »informative« bzw. »darstellende Fotografie« (*informational photography*, *contemplative/representational photography*) bezeichnet. »Als persönliches, subjektives Moment ist einzig die Entscheidung des Fotografen zugelassen, welchen Teilen der Realität er sich zuwendet. Alle anderen Aspekte der Präsentation werden als neutral erachtet.« (IF: 240) Am anderen Ende der Skala steht die »inszenierende« Fotografie (*directorial photography*). Mit »Inszenierung« meint Coleman nun aber die Darstellung von Ereignissen, die jenseits ihrer fotografischen Darstellung gar nicht existieren würden. »Hier *erzeugt* der Fotograf bewußt und intentional Ereignisse aus dem einzigen Grund, davon Bilder zu machen.« (IF: 241) Damit entfällt das Konzept eines transparenten Mediums, das lediglich aufzeichnet, was auch ohne seine Intervention bereits vorhanden war. Die für sämtliche Realismustheorien der Fotografie so zentralen Begriffe der Wiedergabe, der Registrierung oder Reproduktion werden hier einer entscheidenden Revision unterzogen. Das fotografische Bild reproduziert, was zum Zweck seiner Herstellung zuallererst produziert wurde – Darstellung und Herstellung fallen zusammen.

Aus Colemans Überlegungen lassen sich zwei entscheidende Unterschiede zu Kracauers Zweiteilung des fotografischen Feldes ableiten. Mit dem Begriff der »inszenierenden Fotografie« wird eine Form der Einflussnahme benannt, die das Potenzial bloßer Formgebung bei Weitem überschreitet. Zweitens werden die verschiedenen Formen fotografischer Repräsentation nicht als gegensätzliche Tendenzen der Fotografie betrachtet, sondern als äußerste Markierungen eines kontinuierlichen Spektrums. Dementsprechend nennt Coleman mit der sogenannten »empfänglichen« Fotografie (*responsive photography*) eine dritte Form des fotografischen Bildes, die zwischen den beiden genannten Polen oszilliert. Sie setzt einerseits eine »aktivere Auseinandersetzung zwischen Ding an sich und Bild« voraus als die »informative« Fotografie: »[...] der Urheber des Bildes interpretiert ganz offen die Gegenstände, Wesen und Vorgänge vor seiner Kamera.« (IF: 241) Andererseits vermeidet sie es, aktiv in die physische Integrität der Geschehnisse einzugreifen.

Coleman geht es vor allem darum, in der fototheoretischen Diskussion der 1970er Jahre Stellung zu beziehen. Zu Recht erinnert er daran, dass Praktiken der Inszenierung die Geschichte der Fotografie von Anfang an entscheidend geprägt haben. In der Künstlichkeit der Studio- und Porträtfotografien waren sie ebenso gegenwärtig wie in den Arrangements der ersten Kriegsfotografen. Der Verfasser greift zu einem Zeitpunkt in die Diskussion ein, als er diese Kontinuität durch den Purismus der *straight photography* und ihre prinzipielle Zurückweisung manueller Eingriffe in Misskredit gebracht sieht. Inwieweit diese Kritik berechtigt ist, muss im vorliegenden Zusammenhang nicht verhandelt werden. Stärker als der kunstkritische und kunsthistorische Kontext interessieren hier die kunsttheoretischen Bestimmungen, die Colemans Überlegungen zum inszenatorischen Potenzial der Fotografie zugrunde liegen.

Wie Strands Konzept der künstlerischen Objektivität erlaubt auch Colemans Ansatz – ungeachtet aller sonstigen Differenzen –, die strikte Polarität von Realismus und künstlerischer Gestaltung aufzulösen. Für Coleman stellt prinzipiell jede Fotografie eine »Manipulation der Realität« (IF: 243) dar, da sie eine dreidimensionale Formenwelt in eine zweidimensionale Abstraktion überführt. Insofern hat auch jede dokumentarische Aufnahme Anteil am Repertoire der Inszenierung. Informative und inszenierte Fotografie definieren keine gegensätzlichen Kategorien, sondern markieren Eigenschaften, die je nach Art und Funktion des Bildes unterschiedlich verteilt sind. Umgekehrt bedeutet das auch, dass der inszenierten Fotografie ein bestimmter Grad an Realismus nicht abzusprechen ist: »Solchen Bildern eignet eine gewisse Zweideutigkeit: zwar hätten sich diese ›Ausschnitte‹ ohne Zutun des Fotografen nicht ereignet, dennoch fanden sie wirklich statt, wie die Bilder beweisen.« (IF: 241) Auch inszenierte Fotografien besitzen demnach eine Beweisfunktion. Die Ereignisse oder Objekte, die sie in Szene setzen, haben tatsächlich stattgefunden. Letztlich überwiegt in Colemans Bestimmung des Inszenatorischen aber das Motiv der Täuschung: Inszenierte Fotografien »benutzen den Wahrheitsanspruch der Fotografie gegen den Betrachter; sie beuten die anfängliche Annahme der Glaubwürdigkeit dadurch aus, daß sie sie auf Ereignisse übertragen, die vom Fotografen inszeniert sind« (IF: 241). Das inszenierte Bild zitiert den traditionellen Wahrheitsanspruch der Fotografie, um ihn bewusst infrage zu stellen. Es erweckt den Anschein, eine authentische Wiedergabe der Realität zu sein, dementiert diesen Anschein aber zugleich durch den künstlichen Charakter des Gezeigten. Insofern besitzt die inszenierende Fotografie für Coleman – wie für Brock – ein kritisches oder aufklärerisches Potenzial. Sämtliche Fotografien sind Manipulationen der Realität, aber im Unterschied zu den Bildern der dokumentarischen Tradition macht die inszenierende Fotografie ihr manipulatives Handeln offensichtlich.[90] Weder Coleman noch Brock entwickeln von hier aus einen *positiven* Begriff der Inszenierung. Ihr Konzept bleibt an die Idee der Fälschung gebunden: Inszenierung bedeutet Manipulation, und Manipulation beinhaltet prinzipiell Verfälschung und Verstellung der Realität. Die inszenierende Fotografie kann solche Verfälschungen zur Anschauung bringen, sie bleibt jedoch an diese negative Funktion gebunden. Sie führt vor Augen, was *nicht* der Fall ist, beinhaltet aber keine eigenständige Bestimmung.

5.7 Die Wirklichkeit der Inszenierung (Wall)

Sowohl in seinen fotografischen Arbeiten als auch in seinen Texten zur Fotografie entwickelt der kanadische Künstler Jeff Wall (geb. 1946) ein anderes Verständnis der Inszenierung. Wall geht zunächst von der unhintergehbaren Abbildfunktion der Fotografie aus: »Die Photographie kann, anders als die anderen bildenden Künste, keine Alternativen zur Abbildung finden. Es liegt in der physischen Natur ihres Mediums, Dinge abzubilden.« (ZI: 377) Die Möglichkeit einer radikalen Konzentration auf die eigenen Darstellungsmittel steht der Fotografie aus diesem Grund nur sehr eingeschränkt zur Verfügung. Wall bezieht sich hier auf die einflussreichen Thesen des amerikanischen Kunstkritikers Clement Greenberg. Nach Greenberg muss sich jede Kunstgattung auf die ästhetischen Möglichkeiten besinnen, die nur ihr allein zur Verfügung stehen. Durch Abstreifen aller wesensfremden Funktionen und Reduktion auf die eigenen Darstellungsmittel soll jede Kunst zum Ausdruck ihrer spezifischen Qualitäten gelangen. Im Falle der Malerei bedeutet das, auf illusionistische Nachahmung zu verzichten und stattdessen die Signaturen der eigenen Medialität – die Flachheit der Leinwand, die Eigenschaften des Materials – zur Anschauung zu bringen.[91] Der Fotografie, so Wall, bietet sich diese Form der Selbstreflexion nur sehr eingeschränkt, da sie im Unterschied zur Malerei keine verzichtbaren Eigenschaften besitzt. Das Abbilden gehört zu ihren beinahe unvermeidlichen Qualitäten, eine Isolierung und Ablösung dieser Funktion ist deshalb nicht möglich. »Die Photographie kann nicht die Erfahrung der Negation von Erfahrung vermitteln, sondern muß weiterhin die Erfahrung der Abbildung, des Bildes vermitteln.« (ZI: 433) Auf der Basis dieser Unvermeidlichkeit des Abbildens kann die Fotografie aber doch spezifische Formen der Selbstreflexion entwickeln. In seiner eigenen Arbeit unterscheidet Wall zwischen »dokumentarischen« und »cinematografischen« Fotografien. Bei den »dokumentarischen« Bildern bestimmt der Fotograf Zeit und Ort der Aufnahme, greift aber nicht in das abzubildende Geschehen ein. Die »cinematografischen« Fotografien zeigen Handlungen und Ereignisse, die bis in die Einzelheiten hinein sorgfältig inszeniert und von »Darstellern« (*performers*) aufgeführt werden (Abb. 13, nächste Seite).

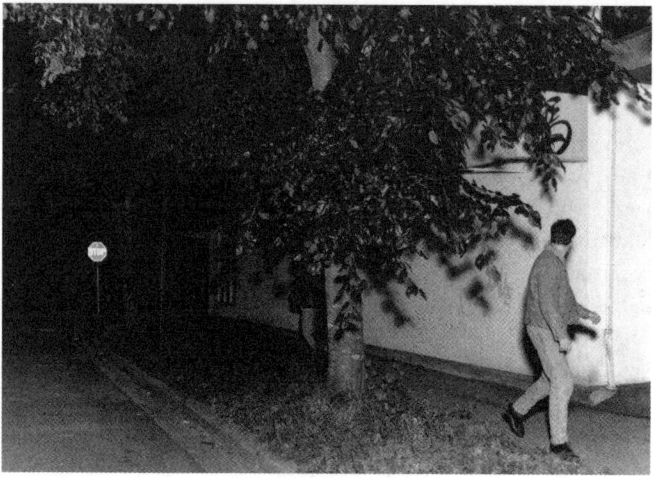

Abb. 13: Jeff Wall, Passant, 1996

Dabei können auch digitale Verfahren der Bildbearbeitung zum Einsatz kommen, die es erlauben, »Bilder von Dingen zu erschaffen, die nie existiert haben, möglicherweise nicht existieren können oder sogar nicht existieren sollten«[92].

Auf den ersten Blick entspricht diese Einteilung den genannten Unterscheidungen zwischen dokumentarischer und inszenierender Fotografie. Die Praxis der Inszenierung erscheint bei Wall aber nicht als Kritik eines vermeintlichen Realismus, sondern als eigenständige Darstellungsform, die gerade in ihrem inszenatorischen Potenzial doch wieder einen Bezug zur Faktizität herzustellen vermag. Dabei geht auch Wall zunächst von einer Zurückweisung überzogener Wahrheitsansprüche aus: »Lange Zeit war es notwendig, die klassische Ästhetik der Fotografie zu bekämpfen, da sie allzu ausschließlich in der Idee des Faktischen verwurzelt war, sowie den Anspruch auf faktische Wahrheit, den die Fotografie innerhalb und außerhalb der Kunst erhob. Ich akzeptiere diesen Anspruch zwar, aber ich glaube nicht, dass er die Grundlage einer fotografischen Ästhetik sein kann, wenn man Fotografie als Kunst versteht.« (DGF: 444) Die Schlussfolgerung lautet aber nicht, den Wahrheitsanspruch der Fotografie durch offensichtliche Inszenierung zu negieren, sondern darin, ihn »aufzuheben«: »Der Weg, auf dem ich glaubte, dieses Problem zu überwinden, war, dass ich Fotografien machte, die den faktischen Wahrheitsanspruch aufhoben (*put the factual claim in suspension*), für den Betrachter aber dennoch einen Bezug zum Faktischen herstellten (*while still creating an involvement with factuality for the viewer*). Ich versuchte dies unter anderem dadurch zu erreichen, indem ich die Beziehungen der Fotografie zu anderen bilderzeugenden Künsten unterstrich, hauptsächlich zu Malerei und Film [...].« (DGF: 444) Wall bestimmt das Verhältnis von Fotografie und Malerei noch einmal neu. Die fotografische Abbildfunktion wird weder – wie in der piktorialistischen Ästhetik – durch Imitation der Malerei zum Verschwinden gebracht noch wird sie – wie im Entwurf einer »reinen« Fotografie – verabsolutiert und zum ausschließlichen Merkmal des Mediums erhoben. Die Orientierung der Fotografie an Kompositionsprinzipien der Malerei erlaubt es vielmehr, die fotografische Abbildfunktion an die Grenzen ihrer Gültigkeit zu führen, sie aber dennoch nicht aufzugeben. Die cinematografischen Bilder sind wie Gemälde komponiert, wahren aber zugleich die von Wall hervorgehobene »physische Natur ihres Mediums, Dinge abzubilden«. Dass Wall neben der Malerei auch den Film erwähnt, entspricht diesem synthetischen Verfahren. Auch der Film kombiniert die technisch-apparative Aufzeichnung von Ereignissen mit ihrer gleichzeitigen Inszenierung. In diesem Sinne bedeutet auch der Einsatz digitaler Technologie keine Kritik des analogen Verfahrens (vgl. Kapitel 2.6), sondern eine weitere Möglichkeit, die »Abgrenzungen zwischen dem registrierenden, ›faktischen‹ Aspekt der Fotografie und den phantastischen Welten anderer schöner Künste« aufzuweichen.[93] Cinematografische Fotografie zielt also auf die Herstellung von Bildern, die keine bloße Reproduktion einer vorgängigen Realität sind, den dokumentarischen Charakter der Fotografie aber dennoch wahren. Sie sind, so betont Wall, »beinahe dokumentarisch«. Der Anspruch auf Dokumentation wird gleichsam vorsätzlich verfehlt, bleibt aber doch ein unverzichtbarer Bezugsrahmen. Entscheidend ist, dass das Dargestellte *als Bild* erscheint, nicht als unmittelbarer Abdruck der Sache selbst. Dieser Anspruch markiert auch den Unterschied zwischen der Fotografie als Kunst und einem rein dokumentarischen Verständnis. »Ein Journalist ist daran interessiert, dem Betrachter oder Leser ein Ereignis zu vermitteln. Der Künstler ist daran interessiert, dem Betrachter die Repräsentation dieses Ereignisses zu vermitteln.«[94] Im cinematografischen Bild ist das Ereignis seiner Abbildung deshalb nicht vorgeordnet, vielmehr entstehen beide zugleich.

Walls Unterscheidungen sind in erster Linie eine Reflexion seiner eigenen künstlerischen Praxis. Sie verfolgen nicht das Ziel, der Arbeit am Bild ein zusätzliches, begriffliches Instrumentarium an die Seite zu stellen. Trotzdem lassen sich auf der Grundlage der genannten Unterscheidungen einige grundsätzliche Überlegungen formulieren. Die meisten Realismustheorien leiten den dokumentarischen Charakter der Fotografie aus der registrierenden Funktion der Kamera und der gleichzeitigen Passivität des Fotografen ab. Je weniger Eingriffe von Seiten des Menschen, so die Maxime, desto unverstellter der Zugang zur Realität. Oder umgekehrt: Je sichtbarer die Spuren der gestalterischen Intervention, desto geringer der dokumentarische Wert des Bildes. Walls Kommentare erlauben es, diese Polarität von Dokumentation und Inszenierung zu durchkreuzen. Die gezielte Inszenierung fotografischer Ereignisse bedeutet keine Preisgabe des Dokumentarischen, vielmehr verschafft sie einen alternativen Zugang zum Faktischen. Insofern zeichnet sich hier eine *positive* Bestimmung der Inszenierung ab: Das Künstliche, Komponierte und Hergestellte gilt nicht länger als Beweis für einen schwachen Wirklichkeitsbezug oder als Entlarvung falscher Wahrheitsansprüche, sondern als eine Form der Ermöglichung dieses Bezugs.

Dieser Gedanke kann – weit über den Bereich der Kunst hinaus – dazu beitragen, die unproduktive Polarisierung zu verhindern, die das Nachdenken über Fotografie lange Zeit bestimmt hat: Entweder die Fotografie ist objektiv oder sie ist subjektiv; entweder ist sie eine apparativ vermittelte Aufzeichnung oder ein kreatives Menschenwerk; entweder sie wurde entdeckt oder sie wurde erfunden; entweder verlangt sie nach einer realistischen oder nach einer konstruktivistischen Beschreibung usw. Dieser Polarität ist mit der Frage zu begegnen, die Barthes bereits in seinen frühen Texten zur Fotografie formuliert hat: »Wie kann nun die Fotografie zugleich objektiv und besetzt sein, natürlich und kulturell?« (FB: 15) Sie kann es, weil beide Bestimmungen – das Objektive und die Besetzung, das Natürliche und das Kulturelle – sich nicht ausschließen. Das Vermittelnde, das Indirekte und Gestaltende ist kein Defizit der Repräsentation, sondern eine ihrer positiven Bedingungen. »[...] je mehr Vermittlung, desto besser das Begreifen der Realität.«[95]

Anmerkungen

1 László Moholy-Nagy, zit. n. Walter Benjamin, Gesammelte Schriften, Bd. III, hg. von Rolf Tiedemann, Frankfurt am Main 1972, S. 153.
2 Victor Burgin, Einleitung, in: *Thinking Photography*, hg. v. Victor Burgin, Houndmills/London 1992, S. 1-14, hier: S. 1.
3 Félix Nadar, *Als ich Photograph war*, Frauenfeld 1978, S. 23.
4 Jules Janin, Der Daguerreotyp (1839), in: *Theorie der Fotografie I*, hg. v. Wolfgang Kemp, München 1980, S. 46-51, hier S. 47.
5 Herta Wolf, Das Denkmälerarchiv Fotografie, in: dies. (Hg.), *Paradigma Fotografie. Fotokritik am Ende des fotografischen Zeitalters*, Frankfurt am Main 2002, S. 349-375, hier: S. 365.
6 Bernd Stiegler, *Theoriegeschichte der Photographie*, München 2006, S. 15.
7 Alexander v. Humboldt, Brief an die Herzogin Friederike von Anhalt-Dessau, zit. nach Stiegler [wie Anm. 6].
8 Brief Talbots vom 2. Februar 1839, zit. nach Hubertus von Amelunxen, *Die aufgehobene Zeit. Die Erfindung der Photographie durch William Henry Fox Talbot*, Berlin 1989, S. 33.
9 Carol Armstrong, *Scenes in a Library. Reading the Photograph in the Book, 1843-1875*, Cambridge, Mass./London 1998, S. 122.
10 Dominique François Arago, Rapport sur le daguerréotype, in: *Du bon usage de la photographie. Une anthologie des textes*, hg. v. Michel Frizot u. Françoise Ducros, Paris 1987, S. 11-14, hier: S. 14.
11 Zur umfassenden Darstellung der peirceschen Zeichentheorie siehe Helmut Pape, *Charles S. Peirce zur Einführung*, Hamburg 2004, S. 117-142.
12 Diesen Umstand hat der französische Physiologe und Fotopionier Étienne-Jules Marey in seiner Abhandlung *Le Mouvement* (1895) beschrieben. Der Anblick von Momentaufnahmen erzeuge einen Eindruck von Fremdheit und Sonderbarkeit (»étrangeté«) und es bedürfe zuerst einer Gewöhnung und einer »Erziehung des Auges«, um die-

sen ungewohnten Anblick allmählich zu mildern (Étienne Jules Marey, *Le Mouvement*, Nîmes 1994, S. 194-195). Auch die zeitgleichen Auseinandersetzungen zwischen Malern und Verfechtern der Momentfotografie entzünden sich nicht zuletzt an dieser Unähnlichkeit zwischen sinnlich wahrgenommenen und fotografisch aufgezeichneten Objekten.

13 Das zeigt beispielsweise ihre Deutung der Installation *P.S.1. Paint* des italienischen Künstlers Lucio Pozzi. Die Arbeit wurde in einem zum Ausstellungsraum umfunktionierten Schulgebäude in Long Island City gezeigt. Die Wände der Schule waren in unterschiedliche Farbzonen unterteilt, um getrennte organisatorische Bereiche zu markieren. An Stellen, wo die beiden Zonen aufeinandertrafen, installierte Pozzi kleine Tafeln, auf denen er die Trennlinie der beiden Bereiche identisch fortlaufen ließ. Statt also neue Formen zu erfinden, hatte der Künstler seine Gemälde chamäleonartig der vorgefundenen farblichen Ordnung angepasst. Diese Form der Registrierung und Wiederholung vorgegebener Strukturen wird von Krauss mit der »Logik« der Fotografie gleichgesetzt. Der Transfer der Merkmale der Schulwände auf die Tafeln funktioniere »analog zu dem des fotografischen Prozesses«, jedes der Gemälde sei »ein Zeichen, das auf einer rein physischen Achse mit einem Referenten verbunden ist. Und diese indexikalische Eigenschaft ist genau die der Fotografie.« (AI 1: 268) Die »physische Achse«, die Pozzis Gemälde mit der dahinterliegenden Wand verbindet, ist aber eine völlig andere als die, welche eine Fotografie mit einem ihr vorgängigen, realen Objekt verbindet. Auch bei näherer Betrachtung findet man zwischen beiden Modi der Übertragung mehr Differenzen als Gemeinsamkeiten, und es erstaunt, dass Krauss in ihren Beispielen eine so unspezifische Verwendung ihres zentralen Begriffs des Indexikalischen vorführt.

14 Hubert Damisch, Vorwort: Ausgehend von der Fotografie, in: Rosalind Krauss, *Die Originalität der Avantgarde und andere Mythen der Moderne* (= *Geschichte und Theorie der Fotografie*, Bd. 2), hg. v. Herta Wolf, Amsterdam/Dresden 2000, S. 7-13, hier: S. 9.

15 Diese erstaunliche Gleichsetzung von Ikon und Index – d. h. die Behauptung, das indexikalisch Erfasste sei dem Repräsentierten zwangsläufig »visuell ähnlich« – hat Krauss später korrigiert: »Indem der Index Referenz vermittels der Spur einführt, läßt er einen Typus von

Zeichen entstehen, die dem Ding, das von ihnen repräsentiert wird, ähnlich sehen *können.*« (MD: 79, Hervorhebung im Original).

16 Bernd Busch, *Belichtete Welt. Eine Wahrnehmungsgeschichte der Fotografie*, München 1989, S. 339-340.

17 Carlo Ginzburg, »Spurensicherung. Der Jäger entziffert die Fährte, Sherlock Holmes nimmt die Lupe, Freud liest Morelli – die Wissenschaft auf der Suche nach sich selbst« (1979), in: ders., *Spurensicherungen. Die Wissenschaft auf der Suche nach sich selbst*, Berlin 1995, S. 7-44. – Indem er neben den Indizien des Detektivs (Sherlock Holmes) und der kunsthistorischen Stilanalyse durch die Autopsie malerischer Details (Morelli) auch Freuds psychoanalytische Untersuchung des Symptoms als Musterfall der »Spurensicherung« anführt, zielt Ginzburg auf eine vergleichsweise unscharfe Definition der Spur, die jedenfalls weit über die in diesem Kapitel diskutierten Konzepte hinausgeht: das Prinzip der Spur ist hier ja stets an eine materielle Beziehung gebunden.

18 Sybille Krämer, Was also ist eine Spur? Und worin besteht ihre epistemische Rolle? Eine Bestandsaufnahme, in: *Spur. Spurenlesen als Orientierungstechnik und Wissenskunst*, hg. v. Sybille Krämer, Werner Kogge u. Gernot Grube, Frankfurt am Main 2007, S. 11-33, hier: S. 15.

19 »Spuren sind und bleiben stumm. Sofern die Spur durch narrative Deutung zum ›Reden‹ gebracht wird, handelt es sich um eine ganz und gar einseitige Kommunikation, bei der ausgeschlossen ist, dass ›Sender‹ und ›Empfänger‹ je ihre Rollen tauschen.« (Krämer [wie Anm. 18], S. 18).

20 Zur Spur als Ausdruck einer Abwesenheit siehe auch Krämer (wie Anm. 18), S. 14-15: »In der Sichtbarkeit der Spur bleibt dasjenige, was sie erzeugte, gerade entzogen und unsichtbar. [...] Die Spur macht das Abwesende niemals präsent, sondern vergegenwärtigt seine Nichtpräsenz; Spuren zeigen nicht das Abwesende, sondern dessen Abwesenheit.«

21 Siehe dazu vor allem das Kapitel »Archiv-Bild oder Schein-Bild« (BTA: 133-171).

22 Georges Didi-Huberman, *Images malgré tout*, Paris 2003, S. 93.

23 Ernst Jünger, *Strahlungen*, o.O. 1955, S. 466, zit. n. Kemp (ETF: 1), S. 31-32.

24 Zur kunsthistorischen Kritik der Indextheorie siehe auch Herbert Molderings, Evidenz des Möglichen. Fotografie und Surrealismus,

in: ders., *Die Moderne der Fotografie*, Hamburg 2008, S. 93-153, hier: S. 93-96.

25 The Art Seminar, in: James Elkins (Hg.), *Photography Theory*. New York/ London 2007, S. 129-203, hier: S. 148.

26 Dieter Mersch, *Medientheorien zur Einführung*, Hamburg 2006, S. 219.

27 Es sei denn, man wollte zugleich behaupten, für Peirce sei die Fotografie auch eine Sonnenuhr oder ein Wetterhahn, was offensichtlich wenig sinnvoll ist.

28 William Henry Fox Talbot, Brief an den Herausgeber der Literary Gazette vom 30. Januar 1839. Zit. n. Gail Buckland, *Fox Talbot and the Invention of Photography*, London 1980, S. 43 (Hervorhebung im Original).

29 Zu den *acheiropoietoi* siehe Hans Belting, *Bild und Kult. Eine Geschichte des Bildes vor dem Zeitalter der Kunst*, München 1990, S. 233-246, sowie Ewa Kuryluk, *Veronica and Her Cloth. History, Symbolism, and Structure of a »true« Image*, Cambridge, Mass./Oxford 1991.

30 Georges Didi-Huberman, *Vor einem Bild*, München/Wien 2000, S. 196.

31 Die deutsche Übersetzung spricht hier irrtümlich vom »Schweißtuch der Veronika«. Im französichen Original ist vom »Turiner Grabtuch« die Rede. Vgl. Roland Barthes, *La chambre claire. Note sur la photographie*, Paris 1980, S. 129.

32 Ein großer Teil wissenschaftlicher Anwendungen der Fotografie beruhte beispielsweise auf der partiellen Selbsttätigkeit der Apparaturen, weil man in Bereichen operierte, die dem menschlichen Auge nicht zugänglich sind. Damit ist keineswegs behauptet, die auf diese Weise entstandenen Bilder seien »objektiv«, »evident« oder »wahr«. Die teilweise Selbsttätigkeit der fotografischen Aufzeichnungsgeräte wird hier aber gezielt genutzt, um etwas noch nicht klar Konturiertes zum Vorschein kommen zu lassen. Der Autor der Aufnahmen ist dann jemand, der einen Ablauf plant und in Gang setzt, Teile seiner Versuchsanlage aber auch sich selbst überlässt. Er kontrolliert und interveniert, bleibt aus bestimmten Abläufen des experimentellen Geschehens aber auch planmäßig ausgeschlossen und sieht häufig erst nachträglich, was die Apparatur unter seiner Anleitung hervorgebracht hat – nicht selten, ohne es deuten zu können. Vgl. hierzu Peter Geimer, *Bilder aus Versehen. Eine Geschichte fotografischer Erscheinungen*, Hamburg 2009.

33 Richard Bolton (Hg.), *The Contest of Meaning. Critical histories of photography*, Cambridge, Mass. 1989.

34 Susanne Holschbach, Einleitung, in: *Diskurse der Fotografie. Fotokritik am Ende des fotografischen Zeitalters*, hg. v. Herta Wolf, Frankfurt am Main 2003, S. 7-23, hier: S. 7.

35 John Tagg, *The Burden of Representation. Essays on Photographies and Histories*, Amherst 1988, S. 118.

36 Victor Burgin, Einleitung zu *Thinking Photography*, in: *Diskurse der Fotografie* [wie Anm. 2], S. 25-37, hier: S. 25.

37 Deutsche Übersetzung zit. n. William M. Ivins, Neue Botschaften und neue Sehweisen, in: Kemp (TDF III: 96).

38 Lediglich an einer Stelle ist von einem »zentralen Vermögen« der Fotografie die Rede: von ihrer Fähigkeit, die gewöhnliche Weltsicht durch Zerstreuung der Aufmerksamkeit zu irritieren: »Als plötzlicher Schnitt in die sichtbare Welt ist die Photographie das Mittel, die solide und kompakte Wirklichkeit der alltäglichen Wahrnehmung in eine unendliche Vielfalt flüchtiger Ansichten aufzulösen, einmalige Konstellationen, Aspekte der wahrgenommenen Welt festzuschreiben, die – darauf hat Walter Benjamin hingewiesen – ihrer Flüchtigkeit wegen im Grunde gar nicht wahrgenommen werden können.« (EIK: 87) Dieses kritische Potenzial der Fotografie fällt nach Boudieu jedoch kaum ins Gewicht, da es von der »Durchschnittsfotografie« und ihrer strikten Einhaltung der Regeln und Kategorien eliminiert wird.

39 Zur Kritik an Galassis Konzept vgl. auch Abigail Solomon-Godeau, Tunnelblick (1982), in: Herta Wolf (Hg.), *Paradigma Fotografie*, S. 334-345: »*Before Photography* liefert genau die These, die das MOMA benötigt: daß nämlich die Geschichte der Fotografie wesenhaft und ontologisch von der Kunst nicht nur in Gang gesetzt wurde, sondern untrennbar mit ihr verbunden ist.«

40 Michel Foucault, *Archäologie des Wissens*, Frankfurt am Main 1981, S. 297.

41 Ebenda, 187.

42 Douglas Crimp, Das alte Subjekt des Museums, das neue der Bibliothek (1981), in: Herta Wolf (Hg.), *Paradigma Fotografie. Fotokritik am Ende des fotografischen Zeitalters*, Frankfurt am Main 2002, S. 376-388, hier: S. 384.

43 Ebenda.

44 Wolfgang Hagen, Die Entropie der Fotografie. Skizzen zu einer Genealogie der digital-elektronischen Bildaufzeichnung, in: *Paradigma Fotografie*, hg. v. Herta Wolf, Frankfurt am Main 2002, S. 195-235, hier: S. 195. Siehe auch Peter Lunenfeld: »Wenn alle Bilder vom Computer erzeugt oder modifiziert werden, ist das Fotografische kein privilegierter Bereich der visuellen Kommunikation mehr, der durch seine apparativ erzeugten Qualitäten unterschieden wird.« (DF: 165)

45 »Bald wird man nicht mehr fotografieren gehen – zumal die Videokamera schon das Instrument der ehemaligen Knipser geworden ist, aber noch mehr, weil die Motive ausgehen, begraben unter einer Flut von sich gleichenden Bildern, die bis zur Erschöpfung die Wirklichkeit zeigen, oder das, was man als diese inszeniert hat.« (BF: 21)

46 Hubertus v. Amelunxen, Kritik des Dokuments, in: *Theorie der Fotografie IV. 1980-1995*, hg. v. Hubertus v. Amelunxen, München 2000, S. 81-83, hier: S. 83.

47 *Das Hitler-Bild. Die Erinnerungen des Fotografen Heinrich Hoffmann.* Aufgezeichnet und aus dem Nachlass von Joe J. Heydecker, St. Pölten/Salzburg 2008, S. 50.

48 Hubert Damisch, Fünf Anmerkungen zu einer Phänomenologie des photographischen Bildes, in: ders., *Fixe Dynamik. Dimensionen des Fotografischen*, Berlin 2004, S. 9.

49 Hubertus v. Amelunxen, *Die aufgehobene Zeit. Die Erfindung der Photographie durch William Henry Fox Talbot*, Berlin 1989, S. 44.

50 Ludwig Schorn/Eduard Kolloff, Der Daguerreotyp, in: *Theorie der Fotografie I*, hg. v. Wolfgang Kemp, München 1980, S. 56-59, hier: S 59.

51 Gotthold Ephraim Lessing, *Laokoon: oder über die Grenzen der Mahlerey und Poesie*, in: ders., Sämtliche Schriften, Bd. 9, hg. v. Karl Lachmann, Stuttgart/Leipzig/Berlin 1893, S. 20.

52 a.a.O., S. 16.

53 a.a.O., S. 19.

54 a.a.O., S. 19-20.

55 Marcel Proust, *Auf der Suche nach der verlorenen Zeit*, Bd. 3 (Guermantes), Frankfurt am Main 2002, S. 194.

56 Iris Därmann, Noch einmal: 3/4 Sekunde, aber schnell, in: *Zeitreise. Bilder / Maschinen / Strategien / Rätsel*, hg. v. Georg Christoph Tholen, Michael Scholl u. Martin Heller, Basel/Zürich 1993, S. 189-206.

57 J. Gädicke/A. Miethe, *Praktische Anleitung zum Photographieren bei Magnesiumlicht*, Berlin 1887, S. 12.

58 Vgl. Ute Holl, die dieses Phänomen am Beispiel der medizinischen Fotografie beschreibt: »Während bei Belichtungszeiten von einer 1/2 Stunde oder selbst 1/2 Minute noch von einem authentischen, eigenen Ausdruck, einem Sich-Zeigen, Sich-Äußern die Rede sein könnte, reißt sich die Schnellfotografie in Millisekunden Evidenzen aus Bewegungen heraus, in Momenten, die so kurz sind, dass die Patienten sie nicht bemerken, geschweige denn, darauf reagieren können.« (Ute Holl, *Kino, Trance & Kybernetik*, Berlin 2002, S. 163).

59 George Santayana, Das fotografische und das geistige Bild, in: *Theorie der Fotografie I*, hg. v. Wolfgang Kemp, München 1980, S. 251-259, hier: S. 255.

60 Siehe auch Dubois: »Die Zeit vergeht. Was man fotografiert hat, ist unwiederbringlich entschwunden. In strengen zeitlichen Begriffen ausgedrückt, verschwindet übrigens das Objekt genau in dem Moment, in dem das Foto aufgenommen wird. [...] Jedes Foto entläßt, sobald es aufgenommen wird, sein Objekt für immer in das Reich der Finsternis. Es stirbt, weil es gesehen wurde.« (FA: 93)

61 Jacques Derrida, *Mémoires. Für Paul de Man*, hg. v. Peter Engelmann, Wien 1988, S. 70.

62 Vgl. William M. Ivins, *Prints and Visual Communication* (1953), Cambridge/London 1992.

63 Jean Baudrillard, *Der symbolische Tausch und der Tod*, München 1991, S. 88.

64 Moritz Thausing, Kupferstich und Fotografie, in: *Theorien der Fotografie I. 1839-1912*, hg. v. Wolfgang Kemp, München 1980, S. 133-142, hier: S. 138-139.

65 Georges Didi-Huberman, *Was wir sehen blickt uns an. Zur Metapsychologie des Bildes*, München 1999, S. 137.

66 Horst Bredekamp, Der simulierte Benjamin. Mittelalterliche Bemerkungen zu seiner Aktualität, in: *Frankfurter Schule und Kunstgeschichte*, hg. v. Andreas Berndt, Peter Kaiser, Angela Rosenberg und Diana Trinkner, Berlin 1992, S. 117-140, hier: S. 136.

67 Christopher Phillips, Der Richterstuhl der Fotografie, in: *Paradigma Fotografie*, hg. v. Herta Wolf, Frankfurt am Main 2002, S. 291-333, hier: S. 291-292.

68 André Malraux, Sur l'heritage culturel, in: Commune. Revue littéraire française pour la défense de la culture, 37 (septembre 1936), S. 1-9, hier: S. 4.

69 a.a.O., S. 2.

70 Ernst Gombrich, André Malraux and the Crisis of Expressionism, in: The Burlington Magazine 96/1954, S. 374-378, hier: S. 374, sowie Mary Bergstein, Lonely Aphrodites. »On the Documentary Photography of Sculpture«, in: The Art bulletin, Vol. LXXIV, Number 3, September 1992, S. 475-498, hier: S. 476.

71 Eine ähnliche Umwertung von Original und fotografischer Reproduktion formuliert am Ende des 19. Jahrhunderts der deutsche Kunsthistoriker Hermann Grimm in seinem Lob des Skioptikons, einer Vorform des Diaprojektors. Auch für Grimm kann die Betrachtung der fotografischen Reproduktion das Studium des Originals übertreffen. Neben der Möglichkeit des Vergleichs ist es bei Grimm die Größe des projizierten, fotografischen Bildes, die diesen visuellen Mehrwert erzeugt. »Der Anblick eines Originalwerkes selbst kann durch bestechende Eigenschaften über seinen inneren Werth täuschen, man kann es um äußerer Ursachen willen für geistig bedeutender halten, als es ist: das Skioptikon duldet diesen falschen Schein nicht.« »Auch für Dürer muß die Eigenschaft in Anspruch genommen werden, daß ein Theil seiner Werke, die, als Kupferstiche in geringem Formate nur von ihm selbst ausgeführt, ihrem inneren Gehalte nach aber als colossale Werke vor seinem Blicke standen, nun erst als solche erscheinen. [...] Das Skioptikon wird diesen Arbeiten nun erst ihren eigentlichen Rang verleihen.« (Hermann Grimm, Die Ausgestaltung der Universitätsvorlesungen über Neuere Kunstgeschichte durch die Anwendung des Skioptikons, in: Hermann Grimm, *Beiträge zur deutschen Kulturgeschichte*, Berlin 1897, S. 276-304, hier: S. 282 u. 302.

72 Henri Zerner, Malraux and the Power of Photography, in: *Sculpture and Photography. Envisioning the Third Dimension*, hg. v. Geraldine A. Johnson, Cambridge/New York/Melbourne 1998, S. 116-130, hier S. 119.

73 André Malraux, *Les voix du silence*, Paris 1951, S. 337.

74 Historischer Hintergrund dieser Beschreibung ist die massenweise Verbreitung von Stereofotografien, deren Betrachtung im Stereoskop die Illusion der Dreidimensionaliät des Dargestellten verleiht. Beflügelt durch diese Technik und in der typischen Übertreibung früher

Fortschrittsutopien schreibt Holmes 1859: »Die Form ist in Zukunft von der Materie getrennt. In der Tat ist die Materie in sichtbaren Gegenständen nicht mehr von großem Nutzen, ausgenommen sie dient als Vorlage, nach der die Form gebildet wird. [...] Es gibt nur ein Kolosseum oder Pantheon, aber viele Millionen möglicher Negative haben sie abgesondert, seitdem sie erbaut wurden – die Grundlage für Billionen von Bildern. Materie in großen Mengen ist immer immobil und kostspielig; Form ist billig und transportabel. [...] Jeder denkbare natürliche und künstliche Gegenstand wird in Bälde seine Oberfläche für uns abschälen. Die Menschen werden auf alle merkwürdigen, schönen und großartigen Gegenstände Jagd machen, so wie man in Südamerika die Rinder jagt, um ihre Haut zu gewinnen, und die Kadaver als wertlosen Rest liegen läßt. Die Folge dieser Entwicklung wird eine so gewaltige Sammlung von Formen sein, daß sie nach Rubriken geordnet und in großen Bibliotheken aufgestellt werden wird, wie es heute mit Büchern geschieht.« (ST: 119-120)

75 Ihre Überzeugung, im Akt des Fotografierens verrate sich prinzipiell die Tendenz, zu bestätigen und gutzuheißen, was man fotografiere (PH: 18), hat Sontag in ihrem späteren Essay *Die Leiden anderer betrachten* (2003) allerdings revidiert. Dort ist vom »ethischen Wert eines Bilderansturms« die Rede, der das Gezeigte nicht zwangsläufig nivelliert, sondern auch eine »Aufforderung zur Aufmerksamkeit, zum Nachdenken, zum Lernen« sein kann (Susan Sontag, *Das Leiden anderer betrachten*, München 2003, S. 136).

76 Martin Heidegger, *Aufenthalte*, Frankfurt am Main 1989, S. 25.

77 a.a.O., S. 32.

78 Günther Anders, *Die Antiquiertheit des Menschen*, München 1956, S. 180-181.

79 Martin Heidegger, Die Frage nach der Technik, in: ders., *Vorträge und Aufsätze*, Pfullingen 1980, S. 9-40, hier: S. 27-28.

80 Beim Fotogramm handelt es sich um eine Aufzeichung, die im Gegensatz zur mechanischen Fotografie nicht durch optische Projektion zustande kommt, sondern durch direktes Auflegen von Objekten auf das lichtempfindliche Papier. Man spricht deshalb auch von »kameraloser Fotografie«.

81 Vgl. Rolf H. Kraus, Kunst mit Fotografie, in: ders., *Kunst mit Fotografie und andere ausgewählte Texte zur Fotografie*, Bielefeld 2006. Siehe

auch Rolf H. Krauss, *Photographie als Medium. 10 Thesen zur konventionellen und konzeptionellen Photographie*, Ostfildern 1995.

82 Rolf H. Krauss, *Photographie als Medium* [wie Anm. 81], S. 153.

83 Siehe Philip Hamerton, Die Beziehungen zwischen Fotografie und Malerei (1862), in: *Theorie der Fotografie I*, hg. v. Wolfgang Kemp, München 1980, S. 143-150, sowie John Ruskin, Der Hauptaberglaube des 19. Jahrhunderts, a.a.O., S. 152-154.

84 Francis Wey, Über den Einfluß der Heliographie auf die Schönen Künste, in: *Theorie der Fotografie I*, hg. v. Wolfgang Kemp, München 1980, S. 85-87, hier: S. 87.

85 Wolfgang Ullrich, *Die Geschichte der Unschärfe*, Berlin 2002, S. 29.

86 Lorraine Daston/Peter Galison, *Objektivität*, Frankfurt/M. 2007, S. 127.

87 Marius de Zayas, Fotografie und Künstlerische Fotografie (1913), in: *Theorie der Fotografie I*, hg. v. Wolfgang Kemp, München 1980, S. 47-49, hier: S. 48.

88 Ebd.

89 Michael Köhler, Arrangiert, konstruiert und inszeniert – vom Bilder-Finden zum Bild-Erfinden, in: *Das konstruierte Bild. Zur Fotokunst der 80er Jahre*, hg. v. Michael Köhler, München/Zürich 1989, S. 15-46, hier: S. 15.

90 In diesem Sinne wird auch die bereits erwähnte Fotokunst der achtziger Jahre beschrieben: »Die kreative Leistung des Foto-Künstlers bemißt sich nach seiner Fähigkeit, den traditionellen Anspruch des Kamera-Bilds auf ›Wahrheit‹, ›Objektivität‹ und ›Realismus‹ zu untergraben. Und ihm dafür den Charakter eines ›autonomen‹ Bild-Objekts zu geben.« (Köhler [wie Anm. 89], S. 19.)

91 Vgl. Clement Greenberg, *Die Essenz der Moderne. Ausgewählte Essays und Kritiken*, hg. v. Karlheinz Lüdeking, Amsterdam/Dresden 1997.

92 Jeff Wall, ohne Titel (Erläuterung zu *The Stumbling Block*), in: *Jeff Wall. Catalogue raisonné 1978-2004*, hg. v. Theodora Vischer u. Heidi Naef, Basel/Göttingen 2005, S. 334-335, hier: S. 334.

93 a.a.O.

94 Audiokommentar des Künstlers auf der DVD *Contacts. Les plus grands photographes dévoilent les secrets de leurs images*, Arte France / Le centre national de la photographie 1992-2002.

95 Bruno Latour, *Iconoclash. Gibt es eine Welt jenseits des Bilderkrieges?*, Berlin 2002, S. 25-26.

Siglen

Rudolf Arnheim

FSA	Die Fotografie – Sein und Aussage, in: ders., Die Seele in der Silberschicht. Medientheoretische Texte. Photographie – Film – Rundfunk, hg. v. Helmut H. Diederichs, Frankfurt am Main 2004, S. 36-22.

Roland Barthes

FB	Die Fotografie als Botschaft (1961), in: ders., Der entgegenkommende und der stumpfe Sinn. Kritische Essays III, Frankfurt am Main 1990, S. 11-27.
HK	Die helle Kammer. Bemerkungen zur Photographie, Frankfurt am Main 1985.
RDB	Rhetorik des Bildes (1964), in: ders., Der entgegenkommende und der stumpfe Sinn. Kritische Essays III, Frankfurt am Main 1990, S. 28-46.
SCH	Schockfotos (1957), in: ders., Mythen des Alltags, Frankfurt am Main 1964, S. 55-58.

Charles Baudelaire

SA	Charles Baudelaire, Der Salon von 1859, in: ders., Sämtliche Werke/Briefe, Bd. 5 (Aufsätze zu Literatur und Kunst 1857-1860), hg. v. Friedhelm Kemp und Claude Pichois in Zusammenarbeit mit Wolfgang Drost, München/Wien 1989, S. 127-212.

Jean Baudrillard

PV Jean Baudrillard, Das perfekte Verbrechen, in: Theorie der Fotografie IV, 1980-1995, hg. v. Hubertus v. Amelunxen, München 2000.

André Bazin

OB André Bazin, Ontologie des photographischen Bildes, in: ders., Was ist Film?, hg. v. Robert Fischer. Mit einem Vorwort von Tom Tykwer und einer Einleitung von François Truffaut, Berlin 2004, S. 33-42.

Walter Benjamin

KGP Kleine Geschichte der Photographie, in: ders., Gesammelte Schriften, Bd. 2/1, hg. v. Rolf Tiedemann und Hermann Schweppenhäuser, Frankfurt am Main 1977, S. 368-385.

KTR Das Kunstwerk im Zeitalter seiner technischen Reproduzierbarkeit, in: ders., Gesammelte Schriften, Bd. 1/2, hg. v. Rolf Tiedemann und Hermann Schweppenhäuser, Frankfurt am Main 1977, S. 435-508.

Pierre Bourdieu

EIK Pierre Bourdieu/Luc Boltanski u. a., Eine illegitime Kunst. Die sozialen Gebrauchsweisen der Photographie (1965), Hamburg 2006.

Bazon Brock

FIO Fotografische Bilderzeugung zwischen Inszenierung und Objektivierung, in: Theorie der Fotografie II, hg. v. Wolfgang Kemp, München 1979, S. 236-239.

Bernd Busch

BW Belichtete Welt. Eine Wahrnehmungsgeschichte der Fotografie, München/Wien 1989.

A. D. Coleman

IF Inszenierende Fotografie. Annäherungen an eine Definition, in: Theorie der Fotografie II, hg. v. Wolfgang Kemp, München 1979, S. 239-243.

Thierry de Duve

TS Time exposure and snap shot, in: Photography Theory, hg. v. James Elkins, New York/London 2007, S. 109-123 (zuerst erschienen in: October 5 [Summer 1978], S. 113-125).

Jacques Derrida

TRB Die Tode des Roland Barthes, Berlin 1987.

Georges Didi-Huberman

ÄB Ähnlichkeit und Berührung. Archäologie, Anachronismus und Modernität des Abdrucks, Köln 1999.

BTA Bilder trotz allem, München/Paderborn 2007.

Mary Ann Doane

ECT The Emergence of Cinematic Time. Modernity, contingency, the archive, Cambridge, Mass./London 2002.

ITS Indexicality: Trace and Sign: Introduction, in: Differences. A Journal of Feminist Cultural Studies, Volume 18, Nr. 1 (2007), S. 1-6.

Philippe Dubois

FA Der fotografische Akt. Versuch über ein theoretisches Dispositiv (= Geschichte und Theorie der Fotografie, hg. v. Herta Wolf, Bd. 1), Amsterdam/Dresden 1998.

Vilém Flusser

PHF Für eine Philosophie der Fotografie, Göttingen 1983.

Christoph Hoffmann

DM — Die Dauer eines Moments. Zu Ernst Machs und Peter Salchers ballistisch-fotografischen Versuchen 1886/87, in: Ordnungen der Sichtbarkkeit. Fotografie in Wissenschaft, Kunst und Technologie, hg. v. Peter Geimer, Frankfurt am Main 2002, S. 342-377.

Wolfgang Kemp

ETF 1 — Theorie der Fotografie 1839-1912, in: Theorie der Fotografie I, hg. v. Wolfgang Kemp, München 1980, S. 13-45.

ETF 2 — Theorie der Fotografie 1912-1945, in: Theorie der Fotografie II, hg. v. Wolfgang Kemp, München 1979, S. 13-38.

FE — Foto-Essays zur Geschichte und Theorie der Fotografie. Erweiterte Ausgabe, München 2006.

Siegfried Kracauer

DPh — Die Photographie, in: ders., Das Ornament der Masse. Essays, Frankfurt am Main 1977, S. 21-39.

F — Fotografie, in: ders., Theorie des Films. Die Errettung der äußeren Wirklichkeit, hg. v. Inka Mülder-Bach unter Mitarbeit von Sabine Biebl, Frankfurt am Main 2005, S. 27-59.

Rosalind Krauss

AI 1 — Anmerkung zum Index: Teil 1, in: dies., Die Originalität der Avantgarde und andere Mythen der Moderne (= Geschichte und Theorie der Fotografie, Bd. 2), hg. v. Herta Wolf, Amsterdam/Dresden 2000, S. 249-264.

AI 2 — Anmerkung zum Index: Teil 2, in: dies., Die Originalität der Avantgarde und andere Mythen der Moderne (= Geschichte und Theorie der Fotografie, Bd. 2), hg. v. Herta Wolf, Amsterdam/Dresden 2000, S. 265-276.

DRP — Die diskursiven Räume der Photographie, in: dies., Das Fotografische. Eine Theorie der Abstände. Mit einem Vorwort von Hubert Damisch, München 1998, S. 40-58.

MD — Marcel Duchamp oder das Feld des Imaginären, in: dies., Das Fotografische. Eine Theorie der Abstände. Mit einem Vorwort von Hubert Damisch, München 1998, S. 73-89.

NO — Notes on the Obtuse, in: Photography Theory, hg. v. James Elkins, New York/London 2007, S. 339-342.

PHE — Einleitung, in: dies., Das Photographische. Eine Theorie der Abstände. Mit einem Vorwort von Hubert Damisch, München 1998, S. 13-17.

Peter Lunenfeld

DF — Digitale Fotografie. Das dubitative Bild, in: Paradigma Fotografie, hg. v. Herta Wolf, Frankfurt am Main 2002, S. 158-177.

André Malraux

IM — Das imaginäre Museum, Baden-Baden 1947.

Lev Manovich

PDF — Die Paradoxien der digitalen Fotografie, in: Fotografie nach der Fotografie, hg. v. Hubertus v. Amelunxen, Stefan Iglhaut, Florian Rötzer in Zusammenarbeit mit Alexis Cassel, Dresden/Basel 1995, S. 58-66.

William J. Mitchell

RE — The Reconfigured Eye. Visual Truth in the Post-Photographic Era, Cambridge, Mass./London 1992.

Charles Sanders Peirce

EL — Elements of Logic, (= Collected Papers of Charles Sanders Peirce. Bd. 2), hg. v. Charles Hartshorne u. Paul Weiss, Cambridge 1932.

KR — Die Kunst des Räsonierens, in: ders., Semiotische Schriften. Bd. 1, hg. u. übers. v. Christian Kloesel u. Helmut Pape, Frankfurt am Main 1986, S. 191-201.

Florian Rötzer

BF — Florian Rötzer, Betrifft: Fotografie, in: Fotografie nach der Fotografie, hg. v. Hubertus v. Amelunxen, Stefan Iglhaut, Florian Rötzer in Zusammenarbeit mit Alexis Cassel, Dresden/Basel 1995, S. 13-25.

Martha Rosler

BC — Bildsimulationen, Computermanipulationen, Einige Überlegungen, in: Theorie der Fotografie IV. 1980-1995, hg. v. Hubertus v. Amelunxen, München 2000, S. 129-170.

Allan Sekula

IPM — On the Invention of Photographic Meaning, in: Thinking Photography, hg. v. Victor Burgin, Houndmills/London 1992, S. 84-109.

Robert de la Sizeranne

IFK — Ist die Fotografie eine Kunst?, in: Theorie der Fotografie I, hg. v. Wolfgang Kemp, München 1980, S. 212-218.

Susan Sontag

BW — Die Bilderwelt, in: dies., Über Fotografie, Frankfurt am Main 1980, S. 146-172.

PH — In Platos Höhle, in: dies., Über Fotografie. Frankfurt am Main 1980, S. 9-30.

Joel Snyder

BS — Das Bild des Sehens, in: Paradigma Fotografie, hg. v. Herta Wolf, Frankfurt am Main 2002, S. 23-59.

P — Pointless, in: Photography Theory, hg. v. James Elkins, New York/London 2007, S. 369-385.

Dolf Sternberger

KP Über die Kunst der Fotografie, in: Theorie der Fotografie II, hg. v. Wolfgang Kemp, München 1979, S. 228-240.

Bernd Stiegler

TG Theoriegeschichte der Photographie, München/Paderborn 2006.

Paul Strand

F Fotografie, in: Theorie der Fotografie II, hg. v. Wolfgang Kemp, München 1979, S. 59-60.

FNG Fotografie und der Neue Gott, in: Theorie der Fotografie II, hg. v. Wolfgang Kemp, München 1979, S. 60-62.

William Henry Fox Talbot

APD Some Account of the Art of Photogenic Drawing, in: The London and Edinburgh Philosophical Magazine and Journal of Science, March 1839, S. 196-208 (dt. Übersetzung in: Wolfgang Baier, Quellendarstellungen zur Geschichte der Fotografie, München/Leipzig 1977, S. 82-86).

ZN Der Zeichenstift der Natur, in: Wilfried Wiegand (Hg.), Die Wahrheit der Photographie. Klassische Bekenntnisse zu einer neuen Kunst, Frankfurt am Main 1989, S. 45-89.

Rodolphe Töpffer

ÜD Über die Daguerreotypie, in: Theorie der Fotografie I, hg. v. Wolfgang Kemp, München 1980, S. 70-77.

Wolfgang Ullrich

DN Digitaler Nominalismus. Zum Status der Computerfotografie, in: Fotogeschichte. Beiträge zur Geschichte und Ästhetik der Fotografie, Heft 64, 1997, S. 63-73.

OF Ohne Folgen? Bilder im Plural, in: ders., Tiefer hängen. Über den Umgang mit der Kunst, Berlin 2003, S. 66-93.

Jeff Wall

DGF	Drei Gedanken zur Fotografie, in: Jeff Wall. Catalogue raisonné 1978-2004, hg. v. Theodora Vischer u. Heidi Naef, Basel/Göttingen 2005, S. 444-445.
ZI	Zeichen der Indifferenz: Aspekte der Photographie in der, oder als, Konzeptkunst, in: ders., Szenarien im Bildraum der Wirklichkeit. Essays und Interviews, hg. v. Gregor Stemmrich, Amsterdam/Dresden 1997, S. 375-434.

Oliver Wendell Holmes

ST	Das Stereoskop und der Stereograph, in: Theorie der Fotografie I. 1839-1912, hg. v. Wolfgang Kemp, München 1980, S. 114-121.

Beat Wyss

IB	Das indexikalische Bild. Hors-texte, in: Fotogeschichte. Beiträge zur Geschichte und Ästhetik der Fotografie, Heft 76/2000, S. 3-11.

Abbildungsnachweis

Personenregister

Peter Geimer ist Professor für Kunstgeschichte an der Freien Universität Berlin; Buchveröffentlichungen: *Bilder aus Versehen. Eine Geschichte fotografischer Erscheinungen*, Hamburg 2009; (Hg. zus. m. H. Schmidgen u. S. Dierig), *Kultur im Experiment*, Berlin 2004; *Die Vergangenheit der Kunst. Strategien der Nachträglichkeit im 18. Jahrhundert*, Weimar 2002; (Hg.), *Ordnungen der Sichtbarkeit. Fotografie in Wissenschaft, Technologie und Kunst*, Frankfurt am Main 2002.